翻译硕士专业学位论文写作案例集锦

主　编　吴碧宇　韩戈玲　冯　奇
副主编　赵冬梅　范家尧　史湘琳
参　编　王佳敏　胡　奇　张亦景　钱劼昳　陆奕玚
　　　　贾润姣　孙　辉　丁　悦　毛　锋　张　欢

A Collection of Translation Reports for
the Degree of Master of
Translation and Interpreting

WUHAN UNIVERSITY PRESS
武汉大学出版社

图书在版编目(CIP)数据

翻译硕士专业学位论文写作案例集锦/吴碧宇,韩戈玲,冯奇主编.—武汉:武汉大学出版社,2023.8
ISBN 978-7-307-23740-7

Ⅰ.翻… Ⅱ.①吴… ②韩… ③冯… Ⅲ.翻译—硕士学位论文—写作—案例 Ⅳ.G642.477

中国国家版本馆 CIP 数据核字(2023)第 075087 号

责任编辑:罗晓华   责任校对:汪欣怡   版式设计:马 佳

出版发行:**武汉大学出版社** (430072 武昌 珞珈山)
(电子邮箱:cbs22@whu.edu.cn 网址:www.wdp.com.cn)
印刷:湖北恒泰印务有限公司
开本:787×1092 1/16 印张:17.25 字数:355 千字 插页:1
版次:2023 年 8 月第 1 版   2023 年 8 月第 1 次印刷
ISBN 978-7-307-23740-7   定价:46.00 元

前　言

　　中国共产党第二十次全国代表大会上，习近平总书记指出要"增强中华文明传播力影响力"，"加快构建中国话语和中国叙事体系，讲好中国故事、传播好中国声音，展现可信、可爱、可敬的中国形象"。① 一个国家翻译能力的建设，直接影响到了这个国家的国际话语权。因此，提升我国高层次翻译人才的质量，是提升中国翻译能力建设、增强中国文化对外传播力的重要途径。有鉴于此，本书面向各大高校的翻译硕士，以期为我国翻译人才的培养贡献绵薄之力。

——题记

　　翻译硕士专业学位(Master of Translation and Interpreting，缩写MTI)是2007年经国务院学位委员会第23次会议批准设置的专业学位类别，于2007年正式设立，2008年首次招生。翻译硕士专业学位旨在培养德智体美全面发展、能适应全球经济一体化及提高国际竞争力的需要，适应国家社会经济、文化建设需要的高层次、应用型、专业性口笔译人才。翻译硕士专业学位论文是检查翻译硕士翻译能力的一个重要指标。全国翻译专业学位研究生教育指导委员会在《翻译硕士专业学位研究生教育指导性培养方案》中指出，翻译硕士专业学位论文写作可以采用五种类型中的一种形式，即翻译实习报告、翻译实践报告、翻译实验报告、翻译调研报告和翻译研究论文。这五种类型又涵盖十个小类，即翻译实习报告中的项目经理实习报告、项目翻译实习报告、项目审校实习报告，翻译实践报告中的笔译分析报告、口译分析报告，翻译实验报告中的笔译实验报告、口译实验报告，翻译调研报告中的翻译政策调研报告、翻译产业调研报告、翻译现象调研报告。(见表1)

　　上述五种学位论文写作类型，除了翻译研究论文属于研究型论文写作范畴，其他四类均为实践型写作类型。翻译硕士学位论文的写作模式和规范一直是学界关注热点(穆雷、

---

① 习近平：高举中国特色社会主义伟大旗帜 为全面建设社会主义现代化国家而团结奋斗——在中国共产党第二十次全国代表大会上的报告. ［2023-04-18］. https://www.gov.cn/xinwen/2022/10/25/content_5721685.htm.

1

李雯，2019；孙三军、任文，2019；朱湘军，2019；平洪，2018）。四类翻译报告中的翻译实践报告是当前翻译硕士生选择写作最多的一种类型，且比例越来越高（崔启亮，2017；刘小蓉、文军，2016）。翻译实践报告写作是否需要设置理论框架至今也没有统一的观点（韩子满等，2022；王剑，2022）。

表 1　翻译硕士学位论文写作类型和要求表

写作类型		要　　求
五种	十类	
翻译实习报告	项目经理实习报告	任务背景介绍、项目实施评估、技术应用总结、团队合作评估、用户满意度调查
	项目翻译实习报告	任务背景介绍、需求分析、时间管理、工具使用、翻译质量控制，重点总结翻译过程中遇到的问题、采取的措施、获取的经验
	项目审校实习报告	任务质量标准、时间管理、工具使用、质量监控、质量评估
翻译实践报告	笔译分析报告	任务描述、任务过程、案例分析和实践总结
	口译分析报告	
翻译实验报告	笔译实验报告	任务描述（实验目的、实验对象、实验手段等）、任务过程（假设、变量、操作性定义、受试的选择、实验的组织、实验数据的收集）、实验结果分析、实验总结、结论
	口译实验报告	
翻译调研报告	翻译政策调研报告	任务描述（调研目的、调研对象、调研方式等）、任务过程（受试的选择、调研的组织、调研数据的收集、调研结果分析、调研的结论与建设）
	翻译产业调研报告	
	翻译现象调研报告	
翻译研究论文	/	研究意义、研究目标、研究问题、文献综述、理论框架、研究方法、案例分析、结论与建议

　　鉴于翻译硕士专业学位是以培养翻译实践人才为目的的，本书主要梳理了除翻译研究论文外的"四种十类"翻译报告的写作现状，并在前贤的研究基础上建构了"四种十类"的写作模式。数据来源为中国知网（CNKI）硕博士学位论文数据库，时间限定为 2010—2021 年，检索关键词为"翻译实习报告""翻译实践报告""翻译实验报告"和"翻译调研报告"，结果显示共 20143 篇，其中翻译实习报告 116 篇，翻译实践报告 19888 篇，翻译实验报告 91 篇，翻译调研报告 48 篇。之后，我们以"985""211"和"双非"院校为抽样纬度，以综合类大学、文科类大学、理工类大学和师范类大学为抽样经度，抽样了 30 所院校，并成功从 20143 篇学位论文中抽样到 664 篇翻译报告。

116 篇翻译实习报告包括 17 篇项目经理实习报告、86 篇项目翻译实习报告写作、13 篇项目审校实习报告。写作语种为英语和汉语，用英语写作的数量远远多于用汉语写作的数量。涉及的翻译项目有英译汉项目、汉译英项目、英汉互译项目，以英译汉项目居多。选题集中在项目管理、项目实施、术语管理、项目审校、过程把控、案例分析、项目实习等领域。没有理论框架的翻译实习报告更多，少量有理论框架的翻译实习报告呈现理论使用的趋同性，其理论主要集中在语境顺应论、项目管理理论、翻译转换理论、翻译对等理论等。

19888 篇翻译实践报告显示，17420 篇为笔译分析报告，2468 篇为口译分析报告。在抽样出来的 664 篇翻译报告中有 637 篇为翻译实践报告，其中笔译分析报告 499 篇，口译分析报告 138 篇。这些翻译实践报告源自三类翻译项目：英译汉项目、汉译英项目、英汉互译项目，以英译汉项目占绝对优势。撰写翻译实践报告或用英语或用汉语，当前数据显示，用英语写作的翻译实践报告数量更多。翻译实践报告的选题主要集中在词、句、语篇的翻译技巧领域。词领域讨论术语、专有名词、文化负载词、多义词等的翻译技巧或方法；句领域关注长难句、被动句、定语从句、流水句的翻译策略或方法等；语篇领域则探讨衔接、修辞、文化差异的翻译策略。在分析或报告翻译技巧、策略或方法时，大部分翻译实践报告都采用了理论框架，不过这些理论使用具有趋同性，排在前十位的翻译理论分别是：目的论、功能对等理论、交际翻译理论、莱斯-文本类型理论、关联理论、生态翻译理论、翻译转换理论、纽马克-文本类型理论、顺应论、翻译美学。

91 篇翻译实验报告有口译实验报告 78 篇，笔译实验报告 13 篇。用英语写作的数量远远多于用汉语写作的数量。这些论文涉及三类实验项目：英译汉实验项目、汉译英实验项目和英汉互译项目，以英译汉实验项目为多。翻译实验报告的选题以翻译质量的影响因素的实验为主，也涉及翻译策略、翻译现象和翻译特点等领域。就理论运用而言，大部分翻译实验报告没有理论框架，少量有理论框架的翻译实验报告也呈现高度的趋同性，主要聚焦在认知负荷理论、同伴反馈理论、读者接受理论、图式理论等理论的运用上。

48 篇翻译调研报告有翻译政策调研报告 1 篇，翻译产业调研报告 8 篇，翻译现象调研报告 39 篇。翻译调研报告使用英语写作的比使用汉语写作的多。选题集中在翻译市场、翻译人才供求、翻译人才培养、翻译技术使用、翻译能力、翻译教学和翻译策略等领域。涉及的翻译项目可以分为自选项目和委托项目，委托项目相对较少。翻译调研报告使用理论框架的特别少，主要集中在异化翻译理论、补偿翻译理论、交际翻译理论、期望理论、供给侧结构改革理论等(见表 2)。

经过梳理，我们发现，当前"四种十类"翻译硕士专业学位论文写作存在以下问题：

(1)写作类型相对单一。我国翻译硕士专业学位已有 15 年的发展历史，尽管翻译硕士专业学位论文的数量庞大，但是整体上呈现写作结构偏颇、写作类型单一的现象。从调查数据看，翻译实践报告数量最多，有 19888 篇，但大部分写作集中在笔译分析报告，口译领域相对较少。其他类型，比如翻译实习报告、翻译实验报告和翻译调研报告的写作量很少，分别为 116 篇、91 篇和 48 篇。

表 2　翻译报告写作类型数据表

写作类型		数量（篇）	分总量（篇）
四种	十类		
翻译实习报告	项目经理实习报告	17	116
	项目翻译实习报告	86	
	项目审校实习报告	13	
翻译实践报告	笔译分析报告	17420	19888
	口译分析报告	2468	
翻译实验报告	笔译实验报告	13	91
	口译实验报告	78	
翻译调研报告	翻译政策调研报告	1	48
	翻译产业调研报告	8	
	翻译现象调研报告	39	

（2）写作语种正在从中文写作转向英文写作。《翻译硕士专业学位研究生教育指导性培养方案》提出，无论采取何种写作模式，学位论文都须用外语撰写。但调查数据显示：各类翻译报告的写作基本是英语和汉语共存。不过当前用英文写作的总数大于用汉语写作的总数。

（3）各类翻译报告所涉及的项目有三类：英译汉项目、汉译英项目和英汉互译项目，其中英译汉项目是主流，占了绝对的优势。

（4）各类翻译报告的选题和理论使用都呈现高度趋同性。选题以微观探讨词、句、语篇的翻译方法多见，涉及项目管理、项目审校、翻译调研等领域的选题非常少。每类翻译报告都是或有理论，或没有理论支撑。理论运用以目的论、功能对等理论、交际翻译理论、莱斯-文本类型理论、关联理论、生态翻译理论、翻译转换理论、纽马克-文本类型理论、顺应论、翻译美学最常见。

统计"四种十类"翻译硕士专业学位论文的写作模式、写作语种、写作选题、翻译项目和理论运用，是希望通过这些数据来呈现当前翻译硕士专业学位论文写作在选题、理论运用、语种写作等领域可供选择的空间，给翻译硕士的学位论文写作提供积极的写作实践指导。同时，因为市面上与翻译硕士专业学位论文写作相关的图书仅有两本，即《如何撰写翻译实践报告》和《MTI 毕业论文写作指南》，前者聚焦翻译实践报告，未涉及其他类别，如翻译实习报告、翻译实验报告和翻译调研报告。后者主要从微观上探讨毕业论文的写作技巧。本书在前贤的研究成果基础上，系统建构了"四种十类"翻译硕士专业学位论文的写作模式，并提供了历届优秀的翻译硕士学位论文案例。从这个意义上说，尽管本书写作尚属于摸索阶段，但仍有相对可见的参考价值。

2023 年，翻译硕士专业学位论文写作形式调整为案例分析报告和调研报告两种。新版的学位论文写作形式将翻译实践报告、翻译实习报告、翻译实践报告三种形式合并为案例分析报告，翻译调研报告隶属于调研报告类别。新版的分类厘清了各类翻译报告间或从属或并列的关系，减少了写作类型交叉的概率。从这个角度看，本书对新版的写作类型同样具有指导意义。

本书是 2022 年华东理工大学研究生教材项目"翻译硕士专业学位毕业报告写作教程"的结题成果，是 2022 年华东理工大学研究生在线课程和案例库建设项目"翻译硕士学位论文写作案例库"的阶段性成果，得到上海理工大学卓越工程师联合培养实践基地建设项目、2023 年上海理工大学研究生建设项目"MIT 翻译报告案例库"资助，也是 2022 年国家级大创项目"学生翻译能力和传播能力调查——以上海高校翻译硕士为例"（编号 202210251103）的阶段性成果以及上海外国语大学贤达经济人文学院外国语学院"语言服务团队"项目的阶段性成果。

本书由吴碧宇负责构思选题，设计写作思路、写作结构、写作内容。山西工商学院王佳敏老师和上海职业大学王东晨老师负责案例收集和整理工作。华东理工大学外国语学院大创生胡奇、张亦景、钱劼眹和陆奕场作出了主要贡献，负责收集和整理"四种十类"翻译硕士学位论文所有数据。华东理工大学研究生贾润姣和江西财经大学史湘琳副教授负责收集和整理翻译硕士专业的发展史。华东理工大学李岩老师和 2022 级研究生丁悦同学、上海外国语大学英语学院研究生范家尧同学、南京建邺区新河中华学校陈扬希老师、抚州幼儿师范专科学校教师吴扬北和上海电子信息职业技术学院孙辉副教授协助吴碧宇完成图书的修改和核对工作。具体分工如下：

前言：吴碧宇、赵冬梅

第一章：贾润姣、胡奇、史湘琳、吴碧宇

第二章：吴碧宇、胡奇、张亦景

第三章：吴碧宇、张亦景

第四章：吴碧宇、钱劼眹

第五章：吴碧宇、陆奕玚

第六章：姚换杰、许媛媛、任文茂、胡慧琴、王东晨、姜雨杉、陈燕、佟笑笑

参考文献：范家尧、李岩、丁悦、孙辉、陈扬希、吴扬北

全书统稿：吴碧宇

感谢成书过程中给予帮助和建议的老师：对外经贸大学王建国教授，上海外国语大学贤达经济人文学院冯奇教授、庄甘林老师、张欢老师，上海理工大学韩戈玲教授，华东理工大学贾卉副教授、王捷副教授，上海对外经贸大学毛锋副教授，上海财经大学赵冬梅副教授。最后还要感谢武汉大学出版社在成书过程中给予的帮助！

吴碧宇

上海·晶采坊

2023 年 7 月

目　　录

第一章 翻译硕士专业学位

翻译硕士专业学位借鉴、吸收国外高层次翻译专门人才培养的有益经验，紧密结合我国国情，特别是结合我国翻译实践领域和语言服务行业的需求和发展情况，致力于培养具有宽阔的国际视野、深厚的人文素养和良好的职业道德，具备较强的双语能力、跨文化能力、口笔译能力、思辨能力和创新能力的高层次、应用型、专业化的翻译人才。翻译硕士专业学位以口译和笔译为主要类型，以汉语与英语、法语、日语、俄语、德语、朝鲜语等外语组成不同的互译语对，以商务、科技、法律、教育、政治外交(外事)、文学文化等为主要翻译活动领域。根据不同的翻译类型、语种或翻译领域，翻译硕士专业学位可设不同专业方向，如翻译硕士(英汉口译)、翻译硕士(英汉笔译)、翻译硕士(法汉口译)、翻译硕士(法汉笔译)、翻译硕士(国际会议传译)和翻译硕士(文学翻译)等。①

本章主要对翻译硕士专业学位的发展历程、发展现状、人才培养、教育模式以及毕业论文写作现状进行梳理。资料皆来自中国知网(CNKI)、教育部官网、全国翻译专业学位研究生教育指导委员会官网、高校官网。

第一节 发 展 历 程

翻译硕士专业学位于 2007 年正式设立，2008 年首次招生。迄今，我国翻译硕士专业学位已经开设了 15 年，目前已经有 300 多个学位招生点。翻译硕士专业学位的设立为培养高层次应用型专业化翻译人才指明了方向，也为调整外语类人才培养结构和培养方式奠定了坚实基础，是翻译学科发展史上的里程碑。(仲伟合，2007)

一、发展进程

硕士学位分为学术型硕士学位和专业型硕士学位。专业学位是现代高等教育发展的产

---

① 全国翻译专业学位研究生教育指导委员会，《翻译硕士专业学位研究生教育指导性培养方案》2011 年 8 月修订版。

物，它和学术学位一起构成现代高等教育学位体系不可或缺的两大组成部分。二者的本质区别在于人才培养目标、知识结构、培养模式和人才质量标准不同。学术学位主要面向学科专业需求，培养在高校和科研机构从事教学和研究的专业人才，重在学术创新，培养具有原创精神和能力的研究型人才。专业学位主要面向经济社会产业部门专业需求，培养各行各业特定职业的专业人才，重在知识、技术的应用能力，培养具有较好职业道德、专业能力和素养，适合特定社会职业的专门人才。学术学位和专业学位两个体系的明确划分标志着我国高等教育体系越来越成熟。

翻译硕士专业学位设立之初历经两次标志性事件。第一次发生在 2004 年。那年上海外国语大学在获"外国语言文学"一级学科博士学位授权之后，自主设置了"翻译学"硕士、博士学位授权点。这一事件标志着中国翻译学学科建设跨入了一个新的阶段，翻译学成为了一门独立的学科，在中国内地的高等教育体制中获得了合法的地位。（田雨，2005：26）

第二次发生在 2007 年。2007 年国务院学位委员会在第二十三次会议上审议通过了《翻译硕士专业学位设置方案》，同年 3 月 30 日发布了"关于下达《翻译硕士专业学位设置方案》"的 2007[11]号通知。同年 5 月，国务院学位委员会在全国启动了翻译硕士专业学位的试点申报工作，全国包括北京大学等在内的 15 家高校获得翻译硕士专业学位的试点资格，2008 年 3 月招生工作正式启动。（穆雷，2021）至此，我国翻译人才的培养已初步形成学术型和职业型两种清晰明确的走向，为翻译学的学科发展指明了方向。（仲伟合，2007：9）。翻译硕士专业学位的设立标志着我国对外语类人才的定向需求越来越明晰化，这一举措是 30 多年来我国研究生教育又一次重要的改革。（黄友义，2010：50）

翻译硕士专业学位发展迅速。截至 2021 年，全国共有 316 所高校设立了翻译硕士专业学位点。① 招生方向涵盖英语、法语、日语、俄语、德语、朝鲜语、西班牙语、葡萄牙、阿拉伯语、泰语、越南语、意大利语 12 个语种的笔译、口译两个方向。招生人数从 2008 年约 350 人到如今的 8000 多人。招收翻译硕士的高校整体呈曲折递增趋势，2008 年 15 所，2009 年 25 所，2010 年 118 所，2011 年 1 所，2014 年 47 所，2016 年 10 所，2016 年至 2021 年 100 所。其中北京 28 所，上海 20 所，江苏 18 所，浙江 7 所，安徽 10 所，福建 8 所，江西 11 所，山东 19 所，河南 16 所，湖北 19 所，湖南 15 所，广东 12 所，广西 10 所，海南 2 所，重庆 9 所，四川 14 所，贵州 4 所，云南 8 所，西藏 2 所，陕西 18 所，甘肃 5 所，青海 1 所，宁夏 2 所，新疆 4 所，天津 8 所，河北 11 所，山西 3 所，内蒙古 4

---

① 数据收集截至 2021 年 11 月。

所，辽宁 12 所，吉林 9 所，黑龙江 7 所。①

二、人才培养

翻译硕士专业学位是为培养德、智、体、美全面发展，能适应全球经济一体化，服务国际交流需要，适应国内社会经济、文化建设需要的高层次、应用型、专业性口、笔译人才，要求能拥有较强的语言运用能力、熟练的翻译技能和宽广的知识面，能够胜任不同专业领域所需的高级翻译工作。(曹莉，2012)

本部分以课程设置、培养年限等为指标，从"985"院校、"211"院校和"双非"院校② 各层级的高校中抽取综合类院校、语言类院校、理工类院校和师范类院校四类院校共 30 所，调研翻译硕士人才的培养现状。③ 结果显示："985"院校 8 所，包括综合类院校 3 所、理工类院校 3 所、师范类院校 2 所，语言类院校空缺。"211"院校 10 所，包括综合类院校 3 所、语言类院校 1 所、理工类院校 3 所、师范类院校 3 所。"双非"类院校 12 所，包括综合类院校 3 所、语言类院校 3 所、理工类院校 3 所、师范类院校 3 所(见表 1-1)，具体抽样院校名称见表 1-2。

表 1-1　院校抽样数据表

学校类别	综合类院校	语言类院校	理工类院校	师范类院校	合计
"985"	3	0	3	2	8
"211"	3	1	3	3	10
"双非"	3	3	3	3	12
合计	9	4	9	8	30

表 1-2　院校抽样名单表

学校类别	"985"	"211"	"双非"	备注
综合类	四川大学 山东大学 北京大学	苏州大学 上海大学 郑州大学	河南大学 河北大学 山西大学	

① 全国翻译硕士专业学位(MTI)培养单位名单(316 所). [2023-07-24].http://rsj.pds.gov.cn/upload/files/2022/5/27175526851.pdf.

② 非"985"且非"211"语言类院校。

③ 表 1-1 中的"985"院校抽样数据有部分缺失，集中在语言类"985"院校。

续表

学校类别	"985"	"211"	"双非"	备注
语言类		北京外国语大学	四川外国语大学 西安外国语大学 广东外语外贸大学	语言类院校缺失"985"院校数据,"211"院校也只有1所
理工类	北京理工大学 大连理工大学 北京航空航天大学	武汉理工大学 大连海事大学 河海大学	浙江理工大学 华南农业大学 西安理工大学	
师范类	华东师范大学 北京师范大学	湖南师范大学 东北师范大学 南京师范大学	河南师范大学 杭州师范大学 天津师范大学	

　　国内翻译硕士专业学位的学制一般分三种:3年制、2年制和2.5年制。上述30所院校因院校的类别和级别不同,学制也不一样,其中采用3年制的学校共有8所,采用2年制的院校共有21所,采用2.5年制的院校共有1所(见表1-3)。调查数据显示,2年制是高校首选的年限,而2.5年不占主流。

表1-3　不同类别院校翻译硕士学制年限表

学校类型	3年制数量(所)	2年制数量(所)	2.5年制数量(所)	总计(所)
语言类院校	2	2	0	4
综合类院校	2	7	0	9
理工类院校	2	7	0	9
师范类院校	2	5	1	8
总计	8	21	1	30

　　从抽样学校的级别看,学制也有显著差异。"985"院校采用3年制的有1所,2年制的有7所,没有2.5年制的学校。"211"院校采用3年制有3所,2年制的有7所,没有2.5年制的学校。"双非"院校采用3年制的有4所,2年制的有7所,2.5年制的有1所。

整体看，"双非"类院校包含了三类学制，而"985"院校和"211"院校基本不采用2.5年制。2年制是三类学校首选的学制。（见表1-4）

表1-4 不同级别院校翻译硕士学制年限表

学校层次	3年制数量(所)	2年制数量(所)	2.5年制数量(所)	总计(所)
"985"院校	1	7	0	8
"211"院校	3	7	0	10
"双非"院校	4	7	1	12
总计(所)	8	21	1	30

综上所述，可得出以下结论：

（1）翻译硕士专业学位的培养年限总体以2年制居多，2.5年制较少。抽样院系中有21所院校采用了2年制，只有1所院校采取了2.5年制。穆雷（2007：13）考察了一些国际著名翻译院校的课程设置与培养目标，发现各院校的培养时间一般以2年居多，也有1年的，而3年的则以培养理论研究人才为主。由此可以看出，当前中国翻译硕士的发展与国际院校翻译硕士的发展具有一定的相似性。

（2）相比其他类别的院校，"双非"类院校更多采取3年制，而"985"院校采取3年制的数量最少。

（3）综合类和理工类院校的学制均以2年制居多。

课程设置是整个课程系统中联系课程计划与课程实施的重要纽带（文军，2004），是教学目标和培养模式的细化和具体体现（曹莉，2012）。《翻译硕士专业学位研究生教育指导性培养方案》给出了一份建议性的课程设置（见表1-5）：

表1-5 《翻译硕士专业学位研究生教育指导性培养方案》课程设置建议表

课程类型		课程名称
必修课	公共必修课	政治理论、中国语言文化
	专业必修课	翻译概论、笔译理论与技巧、口译理论与技巧
	专业方向必修课	笔译方向：应用翻译、文学翻译
		口译方向：交替口译、同声传译

续表

课程类型		课 程 名 称
选修课	综合类	第二外国语、中外翻译简史、翻译批评与赏析、跨文化交际、中外语言对比、计算机辅助翻译等
	口译类	视译、专题口译、国际会议传译、商务口译、法庭口译、外交/外事口译、口译观摩与赏析等
	笔译类	专业技术文本写作、科技翻译、国际会议笔译、商务翻译、法律法规翻译、传媒翻译、中国典籍外译、笔译工作坊、翻译及本地化管理等

概括来说，上述抽样院校开设的翻译实践类课程共有17种。从开设翻译课程种类的数量上看，综合类院校比师范类和理工类院校多。这些翻译课程开设的优选秩序分别是基础笔译、基础口译、计算机辅助翻译、文学翻译、商务翻译、科技翻译、典籍翻译、传媒翻译、应用翻译、法律翻译、非文学翻译、外事翻译、旅游翻译、影视翻译、医学翻译、社科文献翻译及地域文化翻译。其中基础笔译、基础口译、计算机辅助翻译、文学翻译、商务翻译及科技翻译课程位列前六；地域文化翻译、社科文献翻译、医学翻译、影视翻译、旅游翻译则位列倒数五位。(见图1-1)数据显示，20多所院校开设了位列前六的翻译课程，且都是基础课程，5所院校开设了位列后五位的翻译课程。

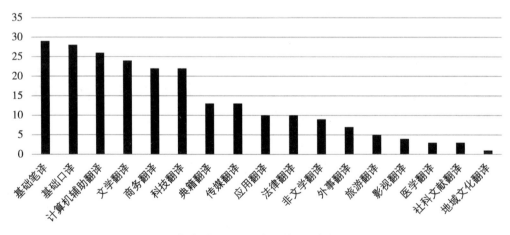

图1-1　各类课程开设的院校数量(单位：所)图

《翻译硕士专业学位研究生教育指导性培养方案》提供的课程设置仅仅是原则性的参照建议，各院校可根据本专业的培养目标和办学特色自行设置若干特色课程。事实上，绝大多数培养单位在必修课的设置上有突破，新增了一些相应的选修课。（文军、穆雷，2009）大部分院校开设的翻译课程凸显了院校办学特点和优势学科特色，彰显了应用性和专业性等特点。比如：

北京理工大学翻译硕士课程设置凸显科技翻译特色，开设了诸如科技翻译工作坊、科技文献阅读、科技语篇题材分析、机械工程英语与翻译、中国当代科技、科技口译工作坊等特色课程，这些课程与北京理工大学的办学特点密切相关。众所周知，北京理工大学以科技著称，创造了新中国科技史上多个第一：第一台电视发射接收装置、第一枚二级固体高空探测火箭、第一辆轻型坦克、第一部低空测高雷达、第一台 20 公里远程照相机等。学校的这些特色为北京理工大学翻译硕士人才培养奠定了坚实基础。

北京航空航天大学是新中国创建的第一所航空航天高等学府，学校与航空、航天、发动机、船舶等国家重点骨干企业有战略合作。学校开设的翻译硕士课程凸显了科技翻译的特色，比如《中国的科学与文明》读译、科技翻译工作坊、航空航天概论、科技英语写作等特色基础课，都尽显该校翻译硕士人才培养的特色。

武汉理工大学是教育部直属高校中为建材建工、交通、汽车三大行业培养人才规模最大的学校。学校建有内河智能航运交通运输部协同创新中心、汽车零部件技术湖北省协同创新中心。学校深厚的办学基础也体现在武汉理工大学翻译硕士课程的设置上。他们的翻译硕士课程开设了诸如材料英语、汽车英语、航海英语等应用型课程，为翻译硕士人才培养增加了特色优势。

大连海事大学是中国一所历史悠久的著名高等航海学府，为我国航运事业培养了骨干力量。该校翻译硕士的翻译课程与学校特色紧密联系，开设了诸如海事英语研究、航运管理实务及翻译实践、海事文献翻译、国际海事公约概论、商务学等课程。

华南农业大学以农业科学、生命科学为优势，是一所农、工、文、理、经、管、法、艺等多学科协调发展的综合性大学。该校翻译硕士课程设置彰显了学校的专业优势特色，开设了包括农耕文化翻译与欣赏、农经文献阅读与翻译、农业科技文献选读与翻译、生态语言学、农业工程技术与翻译、生态环境文献阅读等课程。以上各校的特色课程汇总见表1-6。

表1-6　依据学校特色设置的课程表

学校名称	特色课程
北京理工大学	科技翻译工作坊、科技文献阅读、科技语篇题材分析、机械工程英语与翻译、中国当代科技、科技口译工作坊

续表

学校名称	特色课程
北京航空航天大学	《中国的科学与文明》读译、科技翻译工作坊、航空航天概论、科技英语写作、政经翻译
武汉理工大学	材料英语、汽车英语、航海英语
大连海事大学	海事英语研究、航运管理实务及翻译实践、海事文献翻译、国际海事公约概论、商务学
华南农业大学	农耕文化翻译与欣赏、农经文献阅读与翻译、农业科技文献选读与翻译、生态语言学、农业工程技术与翻译、生态环境文献阅读

另外，还有一些院校开设的翻译课程则彰显地域特色。比如，东北师范大学在翻译课程设置的要求中特地强调要突出吉林省及东北亚区域特色。河南师范大学为了促进本省旅游经济的发展，特地设置了河南旅游资源翻译。杭州师范大学根据当地经济发展特色，设置跨境电子商务等与国际贸易相关的翻译课程。浙江理工大学依托浙江服装贸易的地域特色，设置多门与服装相关的翻译课程(见表1-7)。

表 1-7　翻译课程设置的地域特色表

院校名称	课程名称
东北师范大学	笔译工作坊(公文、科技、教育、经贸、法律、新闻等内容，突出吉林省及东北亚区域特色)
河南师范大学	河南旅游资源翻译
杭州师范大学	跨境电子商务、商务会展翻译、国际贸易实务
浙江理工大学	休闲与时尚翻译、服饰文化翻译、影视字幕翻译

翻译硕士专业学位课程设置的总体特点可以归纳为：大部分学校开设了计算机辅助翻译、文学翻译、科技翻译及商务翻译等基本必修课程；很多学校根据学校的办学特点和学科优势以及地域和经济特色增设相关的翻译课程，尽显翻译硕士人才培养特色。综合类大学开设的翻译课程几乎涵盖所有不同类型的专业职能课程；理工类院校依托学校办学特色和学科优势设置了相应的翻译课程；师范类院校开设与社科相关的翻译课程较多。

第二节　写 作 现 状

2018 年，全国翻译专业学位研究生教育指导委员会将翻译硕士的学位论文写作类型确定为"五种十类"，对每类写作提出了详细要求，即在选题上体现翻译及语言服务行业的专业性和职业性特点，针对翻译实践、翻译管理、翻译市场与行业、翻译技术与工具使用等方面的具体问题，要求有一定的理论和实用价值；研究结果能对翻译学科的建设、翻译理论和实践的发展、翻译行业的管理、翻译技术的应用等方面有所贡献，具有一定的社会经济效益和应用价值。论文在研究方法、研究内容、技术使用、文本选择、分析视角等方面具有较高的创新性。论文设计正确、周密，能准确把握所要研究问题的现状，并综合运用理论、方法和技术手段解决所发现的问题。论证过程完整，分析符合逻辑，结论或结果可靠。学位论文应用外语撰写，要求语言表述正确、清晰、流畅，条理性强，无语法和拼写错误、错别字、标点符号使用不当等错误；翻译实践和翻译案例要求译文正确，表达顺畅，无误译、错译现象；论文结构完整，图表清晰，格式排版、引用标注和参考文献等符合学术规范。本节借助中国知网（CNKI）的硕博士学位论文库，梳理 2010—2021 年我国翻译硕士学位论文写作的写作类型、项目类型、论文写作语种、选题倾向、理论运用等指标。（见表1-8）

表 1-8　翻译硕士学位论文写作类型和要求表

写作类型		要　　求
五种	十类	
翻译实习报告	项目经理实习报告	任务背景介绍、项目实施评估、技术应用总结、团队合作评估、用户满意度调查
	项目翻译实习报告	任务背景介绍、需求分析、时间管理、工具使用、翻译质量控制，重点总结翻译过程中遇到的问题、采取的措施、获取的经验
	项目审校实习报告	任务质量标准、时间管理、工具使用、质量监控、质量评估
翻译实践报告	笔译分析报告	任务描述、任务过程、案例分析和实践总结
	口译分析报告	
翻译实验报告	笔译实验报告	任务描述（实验目的、实验对象、实验手段等）、任务过程（假设、变量、操作性定义、受试的选择、实验的组织、实验数据的收集）、实验结果分析、实验总结、结论
	口译实验报告	

续表

写作类型		要　　求
五种	十类	
翻译调研报告	翻译政策调研报告	任务描述(调研目的、调研对象、调研方式等)、任务过程(受试的选择、调研的组织、调研数据的收集、调研结果分析、调研的结论与建设)
	翻译产业调研报告	
	翻译现象调研报告	
翻译研究论文	/	研究意义、研究目标、研究问题、文献综述、理论框架、研究方法、案例分析、结论与建议

一、写作概况

我们对上文除了翻译研究论文外的"四种十类"翻译报告类型进行了数据梳理。数据来源为中国知网(CNKI)硕博士学位论文数据库,关键词选择"翻译报告""翻译实习""翻译审校""口译实践""实验报告""翻译调研报告"和"翻译调查报告"①,时间限定在 2010 年至 2021 年,共检索到 27735 条结果,剔除了不相关论文②,共检索到 20143 篇英语方向的翻译硕士专业的学位论文。(见表 1-9)

表 1-9　翻译硕士学位论文写作类型表

写作类型		数量(篇)	各类型总量(篇)
五种	十类		
翻译实习报告	项目经理实习报告	17	116
	项目翻译实习报告	86	
	项目审校实习报告	13	
翻译实践报告	笔译分析报告	17420	19888
	口译分析报告	2468	
翻译实验报告	笔译实验报告	9	91
	口译实验报告	82	

---

① 因为翻译研究论文不是翻译硕士学位论文的主流写作方式,所以本书不统计。
② 本书只统计英语方向的翻译硕士学位论文数据。

写作类型		数量(篇)	各类型总量(篇)
五种	十类		
翻译调研报告	翻译政策调研报告	1	48
	翻译产业调研报告	8	
	翻译现象调研报告	39	
翻译研究论文	/	/	/
总量	20143		

表 1-9 的数据显示,"四种十类"翻译报告写作类型的数量分布不均:

(1)翻译实践报告是四种翻译报告中数量最多的写作类型,共计 19888 篇,其中笔译分析报告 17420 篇,口译分析报告 2468 篇。

(2)翻译实习报告共计 116 篇,其中项目翻译实习报告 86 篇,项目经理实习报告和项目审校实习报告分别为 17 篇和 13 篇。

(3)翻译实验报告共计 91 篇,其中口译实验报告 82 篇,笔译实验报告仅 9 篇。

(4)翻译调研报告共 48 篇,其中翻译现象调研报告 39 篇,其他两类报告数量很少,尤其是翻译政策调研报告,仅 1 篇。

"四种十类"翻译报告的数量也有非常大的差距。

翻译报告所涉及的翻译项目大致有三种类型:英译汉项目、汉译英项目、英汉互译项目。我们在 664 篇翻译报告中抽取 637 篇翻译实践报告,其中笔译分析报告 499 篇,口译分析报告 138 篇。统计数据显示:在 499 篇笔译分析报告中,395 篇是英译汉项目,100 篇是汉译英项目,4 篇是英汉互译项目。138 篇口译分析报告中,25 篇是英译汉项目,53 篇是汉译英项目,60 篇是英汉互译项目。(见表 1-10)

表 1-10 637 篇翻译实践报告的项目类型

项目类型	笔译分析报告(篇)	口译分析报告(篇)	合计(篇)
英译汉项目	395	25	420
汉译英项目	100	53	153
英汉互译项目	4	60	64
合计	499	138	637

表 1-10 显示，在 420 个英译汉项目中，笔译分析报告有 395 篇，口译分析报告有 25 篇。在 153 个汉译英项目中，笔译分析报告有 100 篇，口译分析报告有 53 篇。在 64 个英汉互译项目中，笔译分析报告有 4 篇，口译分析报告有 60 篇。这些数据说明：（1）英译汉项目是翻译实践报告的主要项目来源。（2）不管是英译汉项目还是汉译英项目，都是笔译项目占绝大多数。

116 篇翻译实习报告中有 69 个英译汉项目，其中笔译内容 51 篇，口译内容 8 篇，口笔译兼容内容 10 篇；38 个汉译英项目，其中笔译内容 20 篇，口译内容 17 篇，口笔译兼容内容 1 篇；9 个英汉互译项目，其中笔译内容 1 篇，口译内容 8 篇，口笔译兼容内容 0 篇。（见表 1-11）

表 1-11　116 篇翻译实习报告的项目类型

项目类型	笔译内容（篇）	口译内容（篇）	口笔译兼容内容（篇）	合计（篇）
英译汉项目	51	8	10	69
汉译英项目	20	17	1	38
英汉互译项目	1	8	0	9
合计	72	33	11	116

表 1-11 显示，在 72 篇与笔译内容相关的报告中，51 篇为英译汉项目，20 篇为汉译英项目，1 篇为英汉互译项目；在 33 篇与口译相关的报告中，8 篇为英译汉项目，17 篇为汉译型项目，8 篇为英汉互译项目；在 11 篇口笔译兼容内容的相关报告中，10 篇为英译汉项目，1 篇为汉译英项目。这些数据说明：（1）英译汉项目是翻译实习报告的主要项目来源，共计 69 篇。（2）翻译实习报告以笔译分析为主，共计 72 篇。

在 91 篇翻译实验报告中，有 53 个英译汉项目，其中口译实验报告 47 篇，笔译实验报告 6 篇；28 个汉译英项目，其中口译实验报告 22 篇，笔译实验报告 6 篇；10 个英汉互译项目，其中口译实验报告 9 篇，笔译实验报告 1 篇。（见表 1-12）

表 1-12　91 篇翻译实验报告的项目类型

项目类型	笔译实验报告（篇）	口译实验报告（篇）	合计（篇）
英译汉项目	6	47	53
汉译英项目	6	22	28
英汉互译项目	1	9	10
合计	13	78	91

表 1-12 显示，在 13 篇笔译实验报告中，6 篇为英译汉项目，6 篇为汉译英项目，1 篇为英汉互译项目。在 78 篇口译实验报告中，47 篇为英译汉项目，22 篇为汉译英项目，9 篇为英汉互译项目。这些数据说明：（1）翻译实验报告以英译汉项目居多。（2）口译实验报告以英译汉项目居多。

翻译调研报告数量较少，项目以自选项目和委托项目为主，鉴于该类翻译报告主要是针对翻译政策、翻译产业和翻译现象等进行调研，与上述三类语言翻译的微观项目略有不同，不做统计。

综上，翻译报告的翻译项目呈现如下特点：

（1）翻译硕士学位论文涉及的项目以英译汉项目占绝对优势。

（2）在英译汉项目中以笔译分析报告居多，尤其是在翻译实践报告和翻译实习报告中。不过，翻译实验报告的英译汉项目则以口译实验报告居多。

关于翻译报告是否要设置理论框架的问题，韩子满、侯新飞(2022)归纳了学界的四种观点：（1）质疑其必要性。（2）对现有理论框架提出批评。（3）理论框架使用理论过于集中。（4）暗示应该设置理论框架。我们也对"四种十类"翻译报告中的理论框架设置现状进行了调查。鉴于翻译实践报告量太大，我们在抽样的 637 篇翻译实践报告的样本中分析了 2013 年和 2021 年两年的数据。选择这两年主要是因为它们可以代表翻译硕士学位论文的起始阶段的数据。其他三类翻译报告由于总数少，不做抽样，共得数据 355 篇，其中翻译实践报告 100 篇，翻译实习报告 116 篇，翻译实验报告 91 篇，翻译调研报告 48 篇。（见表 1-13）

表 1-13　四类翻译报告的理论框架使用现状

翻译报告	有理论框架（篇）	无理论框架（篇）	样本总数（篇）
翻译实践报告	50	50	100
翻译实习报告	50	66	116
翻译实验报告	24	67	91
翻译调研报告	7	41	48
总计	131	224	355

表 1-13 显示，翻译报告写作在理论框架使用上有两种形式，一种是设置了理论框架，另一种是没有设置理论框架。在 355 篇样本中，没有理论框架的翻译报告共计 210 篇，有理论框架的翻译报告 145 篇。从抽样数据看，当前不使用理论框架的翻译报告更普遍。即使是使用理论框架的翻译报告也呈现出理论使用趋同的现象：

在翻译实践报告中，50 篇使用了理论框架，这些理论框架共计 24 种，包括目的论、

功能对等理论、交际翻译理论、文本类型理论、顺应论、口译精力分配模式、释意学派口译理论等。（见表 1-14）

表 1-14　翻译实践报告的理论运用表

理论名称	2013 年	2021 年	总数
目的论	7	4	11
交际翻译理论	0	6	6
功能对等理论	2	3	5
文本类型理论	2	1	3
顺应论	0	3	3
关联理论	1	1	2
翻译转换理论	0	2	2
诺德文本分析模式	0	1	1
读者反应论	1	0	1
翻译伦理模式	0	1	1
翻译变译理论	0	1	1
意义七分法	1	0	1
"信达雅"理论框架	1	0	1
翻译等值理论	1	0	1
生态翻译学理论	0	1	1
归化异化翻译理论	0	1	1
释意学派口译理论	2	0	2
口译精力分配模式	1	1	2
阐释学翻译方法	0	1	1
话语标记理论和口译中副语言信息理论的填充标记概念	0	1	1
零翻译理论	0	1	1
会话合作原则	0	1	1
参与框架理论	0	1	1
总计(篇)	19	31	50

在翻译实习报告中，50 篇使用了理论框架，理论主要集中在语境顺应论、项目管理理论、"理解、表达、取舍"框架(CEA)、目的论、布莱恩·莫斯普的 12 个审校要素、翻译转换理论、翻译对等理论、口译理解公式等。（见表 1-15）

表 1-15　50 篇翻译实习报告的理论运用表

理 论 运 用	篇数	合计
语境顺应论	4	
项目管理理论	3	
"理解、表达、取舍"框架（CEA）	3	
目的论	3	
布莱恩·莫斯普的 12 个审校要素	2	
翻译转换理论	2	
视译中的顺句驱动技巧	2	
敏捷管理方法	2	
翻译对等理论	2	
释意理论	2	
口译理解公式+释意理论	2	
口译精力负荷模式	1	
口译精力负荷模式+目的论	1	
口译理解公式+目的论	1	
口译理解公式	1	
吉尔的口译策略分析和口译质量评估标准	1	
"功能加忠诚"理论	1	
翻译行为理论+"功能加忠诚"理论	1	50
项目管理理论；人力资源管理理论	1	
把关理论	1	
法律翻译原则	1	
完整性、准确性、可读性准则	1	
准确和对等原则——"形式对等"与"动态对等"	1	
"本位观"	1	
"理解、记忆、表达、应急"框架	1	
生态翻译学理论	1	
交际翻译理论	1	
女性主义翻译理论	1	
功能对等理论	1	
合作理论	1	
译者主体性理论框架	1	
文本类型理论——语义翻译法、交际翻译法	1	
归化异化理论	1	
认知负荷模型	1	

在翻译实验报告中，24篇使用了特定的理论。理论主要集中在丹尼尔·吉尔的认知负荷理论、同伴反馈理论、读者接受理论、图式理论、丹尼尔·吉尔同传精力分配模型、思维适应控制理论（ACT）、二语习得理论、衔接理论、效益论等。（见表1-16）

表1-16 24篇翻译实验报告的理论运用表

理 论 运 用	篇数	合计
丹尼尔·吉尔的认知负荷理论	9	
同伴反馈理论	1	
读者接受理论	1	
图式理论	3	24
丹尼尔·吉尔同传精力分配模型	3	
思维适应控制理论（ACT）	1	
其他	6	

翻译调研报告中，7篇有理论支撑，其中，2篇运用了异化翻译理论，5篇分别运用了补偿翻译理论、交际翻译理论、期望理论、扎根理论和供给侧结构改革理论。（见表1-17）

表1-17 7篇翻译调研报告的理论运用表

理 论 运 用	数量（篇）
异化翻译理论	2
补偿翻译理论	1
交际翻译理论	1
期望理论	1
扎根理论	1
供给侧结构改革理论	1

综上，关于翻译报告写作是否需要设置理论框架这一问题，学界存在不同意见。文本（翻译硕士专业学位论文）的调研数据显示，当前的翻译报告在理论框架设置上存在两种现状——有理论框架和无理论框架，且无理论框架的数量比有理论框架的数量更多。

翻译报告的写作语种和选题倾向具有单一性特征。在637篇翻译实践报告中，我们考察了2013年和2021年共计100篇翻译实践报告的写作语种和选题倾向。数据显示：

2013 年的 53 篇翻译实践报告中，39 篇是用汉语写作，14 篇是用英语写作；2021 年的 47 篇翻译实践报告中，13 篇用汉语写作，34 篇用英语写作。两年选用汉语写作的翻译实践报告共计 52 篇，选用英文写作的翻译实践报告共计 48 篇。（见表 1-18）由此可见，翻译实践报告用汉语写作的数量从 2013 年到 2021 年有下降趋势，而用英语写作出现上升趋势。

表 1-18 翻译实践报告写作语种

年份	汉语	英语	合计
2013	39	14	53
2021	13	34	47
总量（篇）	52	48	100

翻译实践报告的选题以探讨翻译方法和翻译技巧为主流。词、句、语篇的翻译问题是翻译实践报告的三大主要选题范畴，少量涉及口语和听力领域的翻译问题。词集中在专业术语、专有名词、文化负载词、多义词的翻译；句主要关注被动句、长难句、定语从句、流水句的翻译；篇章翻译的内容则主要探讨衔接、修辞、文化差异、时态等。调查数据显示：2013 年的 53 篇中，写词的有 23 篇，写句的有 14 篇，写语篇的有 16 篇。2021 年的 47 篇中，写词的有 30 篇，写句的有 24 篇，写语篇的有 19 篇。（见表 1-19）

表 1-19 翻译实践报告选题类型

翻译实践报告选题		2013 年（篇）	总计（篇）	2021 年（篇）	总计（篇）
类别	分项				
词	专业术语	14	23	16	30
	专有名词	2		5	
	文化负载词	5		6	
	多义词	2		3	
句	被动句	9	14	12	24
	长难句	3		5	
	定语从句	2		4	
	流水句	0		3	

续表

翻译实践报告选题		2013 年(篇)	总计(篇)	2021 年(篇)	总计(篇)
类别	分项				
语篇	衔接	4	16	9	19
	修辞	3		3	
	文化差异	4		2	
	时态	3		1	
	名词化结构	0		1	
	插入语	2		3	

116 篇翻译实习报告中，用中文写作的有 36 篇，用英文写作的有 80 篇。在 116 篇翻译实习报告中，项目经理实习报告 17 篇，选题集中在"项目管理""项目实施""术语管理"三个方向。项目翻译实习报告 86 篇，选题集中在"项目实习""术语管理""项目管理"三个方向。项目审校实习报告 13 篇，选题集中在"过程把控"和"案例分析"。在三类写作方向中，项目翻译实习报告数量最多，项目审校实习报告数量最少。从选题分布看，术语管理横跨两个写作类型。(见表 1-20)

表 1-20　翻译实习报告写作类型和选题类型

写作类型	选题内容	数量(篇)	合计(篇)
项目经理实习报告	项目管理	15	17
	项目实施	1	
	术语管理	1	
项目翻译实习报告	项目实习	80	86
	术语管理	5	
	项目管理	1	
项目审校实习报告	过程把控	10	13
	案例分析	3	
总计		116	

91 篇翻译实验报告中，使用英语书写的有 71 篇，使用汉语写作的有 20 篇。选题主要聚焦在翻译质量的影响因素领域，相关学位论文 41 篇。其他选题，比如翻译策略、翻译现象、翻译特点等也有涉猎，数量偏少。(见表 1-21)

表 1-21　翻译实验报告选题

选题	篇数
翻译质量影响因素实验	41
翻译策略实验	18
翻译现象、问题或特点实验	10
其他问题实验	22

48 篇翻译调研报告中，有 20 篇用汉语撰写，28 篇用英语撰写。选题集中在翻译政策、翻译产业、翻译现象等宏观问题领域。1 篇涉及翻译政策的调研，选题内容为调查"一带一路"政策对翻译市场的影响；8 篇涉及翻译产业的调研，主要是调查翻译市场对翻译人才的供求关系；39 篇涉及翻译现象的研究，其中 10 篇报告对翻译文本的词、句、语篇的翻译过程进行调研，5 篇报告调查翻译能力，3 篇调查翻译技术使用情况，2 篇调查翻译硕士专业学位论文选题现状，17 篇调查翻译硕士的培养，2 篇对翻译人才培养进行了调研。（见表 1-22）

表 1-22　翻译调研报告选题类型表

选题分类	选题内容	数量（篇）	合计（篇）
翻译政策调研	"一带一路"政策对翻译市场的影响	1	1
翻译产业调研	翻译人才供求	8	8
翻译现象调研	词翻译	1	39
	句翻译	1	
	语篇翻译	5	
	混合翻译	3	
	翻译能力调查	5	
	翻译技术使用情况	3	
	翻译硕士专业学位论文题目选择	2	
	翻译硕士培养	17	
	翻译人才的培养	2	
合计	48		

综上，从写作语种看，当前英语方向的翻译报告使用英语或汉语写作，翻译硕士专业学位论文初期以汉语写作为主，目前使用英语写作的倾向越来越明显。翻译报告的选题倾

向可以分为两类，一类是微观的语言翻译技巧或策略探讨，一类是宏观的翻译政策、翻译产业、项目管理等选题。从调研数据看，微观探讨语言翻译技巧或策略的翻译报告占比较大。

二、问题与思考

翻译是以跨语言、跨文化信息传播与知识迁移为核心内涵的新兴专业领域。翻译硕士专业学位借鉴语言学及应用语言学、比较文学、跨文化交际学、对外传播学等理论，考察和研究中文和外国语言的口笔译活动及其规律，考察和研究文学和文化跨越语言、跨越民族、跨越国界的传播、接受和交流的规律及相关应用问题，包括口笔译实践能力、语言服务能力、口笔译过程研究、口笔译产品研究、翻译教育、翻译理论、翻译史、翻译批评、机器辅助翻译、中华文化对外传播等领域。

上述统计结果显示，当前翻译硕士专业学位论文存在写作类型和翻译项目单一、选题和理论使用高度趋同、写作语种英汉并存等问题。具体包括：

（1）写作类型单一。在"四种十类"翻译报告中，翻译实践报告占比最多，尤其以笔译分析报告占比最大。

（2）翻译项目单一。翻译硕士专业学位论文中涉及的英译汉翻译项目占绝对优势。

（3）写作语种英汉并存。翻译硕士专业学位论文写作以汉语写作方式常见，近些年已经出现转向英文写作的趋势。这也顺应了《翻译硕士专业学位研究生教育指导性培养方案》的要求，即任何形式的翻译报告都应该以英语写作。

（4）选题高度趋同。调查结果显示，翻译硕士专业学位论文的选题以微观探讨翻译技巧和翻译方法为主，比如词、句、语篇的翻译。较少涉及翻译管理、翻译市场、翻译政策等宏观选题。但是新时代的翻译硕士应该具有翻译能力和翻译管理能力。

（5）理论运用趋同。有些翻译硕士专业学位论文没有理论框架，使用了理论框架的学位论文在理论选择上呈现高度趋同的现象，常见的理论有目的论、功能对等理论、交际翻译理论、文本类型理论、顺应论、口译精力分配模式、释意学派口译理论等。

尽管我们已经积累了丰富的翻译硕士人才培养经验，但是作为检验翻译硕士人才能力和质量最重要的指标——翻译硕士专业学位论文却暴露出来一些比较严重的问题，这从侧面说明翻译人才的翻译能力没有得到均衡发展，不能满足社会和国家对翻译人才的需求。教会翻译硕士写好学位论文，这本身就是训练学生理论联系实践的最佳途径，也是提升翻译硕士翻译能力、写作能力、翻译管理能力和解决问题能力的集大成的训练方式。我们在接下来的章节将详细建构"四种十类"翻译硕士专业学位论文的写作模板。

第二章　翻译实践报告写作

翻译实践报告是翻译硕士专业学位论文"五种十类"写作类型中最常写的一种形式。笔译专业学生在导师的指导下选择从未有过译文的文本,译出或译入语言不少于1万个汉字,并就翻译过程中遇到的问题写出不少于5000个外语单词的分析报告;口译专业学生在导师的指导下对自己承担的口译任务进行描述和分析,其中应包括不少于1万个汉字或外语单词的口译录音转写,并就翻译过程中遇到的问题写出不少于5000个外语单词的分析报告。本章梳理2010年至2021年的翻译实践报告写作类型现状,建构可供参考的翻译实践报告撰写模板。本章资料皆来自中国知网(CNKI)与全国翻译专业学位研究生教育指导委员会官网。

第一节　写作现状

翻译实践报告分为笔译分析报告和口译分析报告两种类型,写作内容涵盖任务描述、任务过程、案例分析和实践总结等。一直以来,翻译实践报告的写作数量和比例逐年上升,已成为认可度较高的最主要的翻译硕士专业学位论文撰写形式。(许勉君、邓军涛,2021)本书借助中国知网(CNKI)的硕博士学位论文数据库,检索条件定为主题,输入"翻译实践报告""翻译报告""笔译报告""口译报告"等关键词,时间限制在2010年至2021年,检索结果显示有19888篇密切相关文献①。其中笔译分析报告17420篇,口译分析报告2468篇。(见表2-1)

表 2-1　翻译实践报告写作数量统计

写作类型	数量(篇)	百分比(%)
笔译分析报告	17420	87.6

---

① 只收集英语方向的翻译硕士专业学位论文。

续表

写作类型	数量(篇)	百分比(%)
口译分析报告	2468	12.4
总量(篇)	19888	

　　表 2-1 数据显示，笔译分析报告的数量多于口译分析报告。在 19888 篇翻译实践报告中，笔译分析报告占 87.6%，数量高达 17420 篇，口译分析报告只有 2468 篇，占 12.4%。每年翻译硕士专业学位论文中，翻译实践报告篇数的具体变化数据见图 2-1。

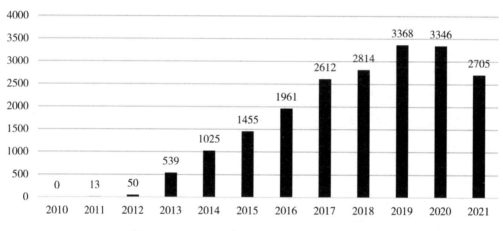

图 2-1　2010—2021 年翻译实践报告篇数统计图

　　图 2-1 显示，2010 年至 2020 年，翻译实践报告写作数量呈增长趋势，每年的增长速度很快，峰值出现在 2019 年和 2020 年，分别为 3368 篇和 3346 篇，之后有所下落，但总体上，翻译实践报告数量仍旧庞大。在样本 664 篇翻译报告里，有 637 篇翻译实践报告，其中笔译分析报告 499 篇，占 78.3%，口译分析报告 138 篇，占 21.7%。(见表 2-2)这样看来，翻译实践报告是"五种十类"的主要写作形式，而笔译分析报告又是翻译实践报告的主要写作形式。

表 2-2　翻译实践报告抽样统计——写作类型篇数表

写作类型	数量(篇)	百分比(%)
笔译分析报告	499	78.3
口译分析报告	138	21.7

写作类型	数量(篇)	百分比(%)
总量(篇)	637	

637篇翻译实践报告涉及三类翻译项目：英译汉项目、汉译英项目、英汉互译项目。具体数据见表2-3。

表2-3　翻译实践报告涉及的项目类型

项目类型	笔译分析报告(篇)	口译分析报告(篇)	合计(篇)
英译汉项目	395	25	420
汉译英项目	100	53	153
英汉互译项目	4	60	64
合计	499	138	637

表2-3显示：

(1)637篇翻译实践报告中涉及英译汉项目的有420篇，涉及汉译英项目的有153篇，涉及英汉互译项目的有64篇。这说明英译汉项目是翻译实践报告的主要项目来源。

(2)在英译汉项目里，笔译分析报告有395篇，口译分析报告仅有25篇，这说明英译汉项目主要集中在笔译分析报告。

(3)在汉译英项目里，笔译分析报告有100篇，口译分析报告有53篇，这说明汉译英项目也集中在笔译分析报告的写作领域。

(4)在英汉互译项目里，笔译分析报告4篇，口译分析报告60篇，这说明英汉互译项目主要集中在口译分析报告的写作领域。

这些翻译项目在时间分布上也呈现显著规律。637篇翻译实践报告在初期阶段(2010—2013年)有184篇，在发展阶段(2014—2017年)有227篇，在稳定阶段(2018—2021年)有226篇。其中涉及的翻译项目，不管是英译汉项目，还是汉译英项目，或英汉互译项目，其数量从初期阶段到稳定阶段逐年上升。(见表2-4)

翻译项目来源一般分为自选项目和委托项目两类，自选项目是翻译实践报告的主要来源。我们抽样调查了2013年和2021年两年的100篇翻译实践报告，其中，自选翻译项目共计78个，委托翻译项目22个，包括公司委托项目11个，政府委托项目5个，院校委托项目1个，人文社科基金资助的翻译项目1个，其他专业研究生委托翻译的毕业论文项目

1 个，其他组织或机构委托项目 3 个。(见表 2-5)

表 2-4　翻译实践报告项目类型

项目类型 阶段	英译汉(个)	汉译英(个)	英汉互译(个)	合计(个)
初期阶段	117	53	14	184
发展阶段	150	53	24	227
稳定阶段	153	47	26	226
合计	420	153	64	637

表 2-5　翻译实践报告项目来源(单位：个)

翻译项目类型	翻译项目来源	2013 年	2021 年	总计	
自选项目	自选项目	42	36	78	
委托项目	公司委托	5	6	11	
	政府委托①	4	1	5	
	院校委托②	1	0	1	22
	人文社科基金资助的翻译项目	0	1	1	
	其他专业研究生委托翻译的毕业论文	0	1	1	
	其他组织或机构委托③	1	2	3	
合计		53	47	100	

表 2-5 显示：总体上，翻译实践报告的项目来源比较稳定，2013 年和 2021 年自选项目的总量相差无几。自选项目一直是翻译实践报告的主要来源。这一发现可以为未来翻译硕士的学位论文选题提供参考。此外，数据也预示当前校企合作力度不够，为翻译硕士提供的翻译机会太少。

我们也对翻译实践报告的写作语种进行了考察。上述 100 篇翻译实践报告，2013 年的 53 篇中有 39 篇是用汉语写作，14 篇是用英语写作；在 2021 年的 47 篇翻译实践报告中，

---

　　① 如：在中非贸易会议等国际会议或会展场合进行口译实践。

　　② 如：担任某大学×××学院国际交流会议的译员时进行翻译实践。

　　③ 如：受马来西亚永义中医馆委托；受哈尔滨国际旅行社委托；受中国自然辩证法研究会第六次全国代表大会委托。

13 篇用汉语写作，34 篇用英语写作。两年选用汉语写作的翻译实践报告共计 52 篇，选用英语写作的翻译实践报告共计 48 篇。(见表 2-6)由此可见，用汉语写作的数量从 2013 年到 2021 年有下降趋势，而用英语写作的数量呈上升趋势。这说明翻译实践报告在翻译硕士培养初期采用汉语写作是比较流行的方式，但是后期逐渐向英语写作发展。

表 2-6　翻译实践报告写作语种变化趋势表(单位：篇)

年份	汉语	英语	合计
2013	39	14	53
2021	13	34	47
总量	52	48	100

翻译实践报告的选题以探讨翻译方法和翻译技巧为主流。词、句、语篇的翻译问题是翻译实践报告的三大主要选题范畴，少量涉及口语和听力领域的翻译问题。词集中在专业术语、专有名词、文化负载词、多义词的翻译；句主要关注被动句、长难句、定语从句、流水句的翻译；语篇翻译的内容则主要探讨衔接、修辞、文化差异、时态等。我们统计了2013 年 53 篇翻译实践报告的选题，结果显示，写词的有 23 篇，其中专业术语翻译占据14 篇，超过一半。写句的有 14 篇，其中被动句的翻译研究超过一半。写语篇的选题相对均衡。统计 2021 年 47 篇的选题时，发现这一阶段的翻译实践报告以综合报道常见，兼有词、句或词、句、语篇等翻译问题。分类后，有重复计数，见表 2-7。

表 2-7　翻译实践报告选题类型分析表

翻译实践报告选题		2013 年(篇)	总计(篇)	2021 年(篇)	总计(篇)
类别	分项				
词	专业术语	14	23	16	30
	专有名词	2		5	
	文化负载词	5		6	
	多义词	2		3	
句	被动句	9	14	12	24
	长难句	3		5	
	定语从句	2		4	
	流水句	0		3	

续表

翻译实践报告选题		2013年(篇)	总计(篇)	2021年(篇)	总计(篇)
类别	分项				
语篇	衔接	4	16	9	19
	修辞	3		3	
	文化差异	4		2	
	时态	3		1	
	名词化结构	0		1	
	插入语	2		3	

翻译实践报告的理论运用呈现两种方式,一是没有理论框架,二是有理论框架。有理论框架的翻译实践报告呈现理论使用的高度趋同性。以上述100篇翻译实践报告为例,50篇没有使用理论框架,50篇使用了理论框架,这50篇共计使用了23种翻译理论,其中目的论、交际翻译理论、功能对等理论、文本类型理论、顺应论、口译精力分配模式、释意学派口译理论等为最常用理论。(见表2-8)

表2-8 翻译实践报告的理论应用表

理论名称	2013年	2021年	总数
目的论	7	4	11
交际翻译理论	0	6	6
功能对等理论	2	3	5
文本类型理论	2	1	3
顺应论	0	3	3
关联理论	1	1	2
翻译转换理论	0	2	2
诺德文本分析模式	0	1	1
读者反应论	1	0	1
翻译伦理模式	0	1	1
翻译变译理论	0	1	1

续表

理论名称	2013 年	2021 年	总数
意义七分法	1	0	1
"信达雅"理论框架	1	0	1
翻译等值理论	1	0	1
生态翻译学理论	0	1	1
归化异化翻译理论	0	1	1
释意学派口译理论	2	0	2
口译精力分配模式	1	1	2
阐释学翻译方法	0	1	1
话语标记理论和口译中副语言信息理论的填充标记概念	0	1	1
零翻译理论	0	1	1
会话合作原则	0	1	1
参与框架理论	0	1	1
总计（篇）	19	31	50

第二节　模板建构

实践报告是针对实践过程中发现的问题进行分析、剖析其原因并提出解决方案。翻译实践报告是对翻译实践过程中出现的翻译问题进行分析，并提出解决措施。写作内容包括实践目的、实践背景、实践岗位与场所基本情况、实践岗位任务、实践内容、实践结果、实践体会等。（黄翔，2015；刘玉梅，2016）

孙三军、任文（2019）研究了翻译实践报告的组成部分，指出翻译实践报告由原文、译文和译评报告构成，主体部分为译评报告，主要描述论文撰写人的翻译步骤、翻译难题、运用的翻译策略或理论、获得的经验和收获、对翻译工作的指导意义等。李长栓（2021）著书详谈了撰写翻译实践报告的写作技巧。穆雷、邹兵等（2012）则对翻译硕士专业学位论文的写作模板进行建构。穆雷等建构的翻译实践报告参考模板包含了六部分：翻译任务描

述、翻译过程、翻译案例分析、翻译实践结论、参考文献、附录，并详细阐释了每个部分涵盖的写作内容。(见表2-9)

表2-9　翻译实践报告写作参考模板表

翻译任务描述	翻译任务背景介绍	
	任务性质	笔译原文本的性质和特点(如语言、风格、文化特性等)、口译任务的特点(如领域、时限、使用场合等)
	委托方要求	完成的形式、期限、质量等
翻译过程	译前准备	翻译人员的确定和分工、翻译辅助工具的准备和术语的制定、翻译策略的选择、翻译计划的制订、翻译质量控制方案的制定以及突发事件应急预案的拟定
	译中处理	翻译计划的执行情况以及突发事件的处理情况
	译后事项	审校质量控制情况：审校人员的确定、审校工作的具体操作方法(如自我校对、他人校对等)
翻译案例分析	翻译难点描述	分析案例应来自翻译任务所涉及的文本，可从中选取有代表性的例子，按照其所代表的问题类型进行分类
	翻译难点处理策略	运用一定的翻译理论从翻译策略、翻译技巧等方面对这些问题的解决进行探讨
	尝试性结论：针对同类问题的翻译对策	归纳出一般性、概括性的结论，提出建设性的翻译对策
翻译实践结论	翻译实践中未解决的问题及相关思考	
	对今后学习、工作的启发及展望	
参考文献		
附录	附录1：项目翻译原文本(讲话人音频)及译文本(口译产出音频)	
	附录2：术语表	
	附录3：所使用的翻译辅助工具列表	
	附录4：委托合同	

　　通过前文637篇翻译实践报告的分析，我们发现，当前翻译实践报告的写作框架已趋成熟，基本与穆雷等提供的参考模板吻合。但是，具体到笔译分析报告和口译分析报告，写作框架依旧存在些许差异。我们依据穆雷建构的翻译实践报告写作模板，结合637篇翻译实践报告的结构，建构了笔译分析报告写作模板(见表2-10)和口译分析报告写作模板(见表2-11)。

表 2-10 笔译分析报告写作模板

章节	名称	内容	细节
第一章	翻译项目简介	翻译任务背景	委托方/出版社介绍，文本介绍，翻译任务要求
		文本分析	文本类型，语言特点
		项目意义	出版方，读者，译者
		翻译实践报告结构	
第二章	翻译过程描述	译前准备	阅读文本，工具准备，术语整理，翻译计划制订
		译中处理	汇报采用什么理论处理翻译(词、句、语篇的翻译问题)
		译后审校	译文审校和译文质量监控
第三章	翻译难点	描写翻译中的难点，比如词、句、语篇的翻译	
第四章	翻译案例分析	选择有代表性的案例，借助适合的理论，汇报处理翻译难点的策略和方法	
第五章	翻译实践总结	翻译实践中的发现及相关思考	
参考文献			
附录		笔译样章	
		其他附录(如术语表等)	
致谢			

表 2-11 口译分析报告写作模板

章节	名称	内容	细节
第一章	翻译项目简介	背景介绍	委托方介绍，口译场合介绍
		任务介绍	口译内容介绍，口译任务要求
第二章	翻译过程描述	译前准备	有关领域的知识储备，术语整理，工具准备
		口译过程	客观叙述口译流程，如何应对突发事件
		译后评价	委托方评价，自我评价
第三章	翻译难点	口译过程中的翻译难点/问题描述，难点/问题分类	
第四章	翻译案例分析	选择有代表性的案例，借助适合的理论，汇报处理翻译难点的策略和方法	
第五章	翻译实践总结	翻译实践中的发现及相关思考	
参考文献			
附录		口译样章	
		其他附录	
致谢			

表 2-10 和表 2-11 显示，翻译实践报告（笔译分析报告和口译分析报告）都由两部分组成，即翻译实践报告和翻译实践样章。完整的翻译实践报告包括封面、中英文摘要、目录、报告正文、参考文献、附录、致谢七部分内容。报告正文至少应该有四章，第一章是翻译实践的任务背景介绍，目的是告诉读者"我"要做什么；第二章介绍翻译过程；第三章报告翻译实践样章中的翻译难点；第四章以案例的方式汇报采用相关理论处理翻译问题的策略和方法，告诉读者"我"是怎么做的；第五章是翻译实践报告的结语，这一章告诉读者"我"做了什么，还存在哪些不足。具体如下：

第一章作为翻译实践报告的引言章节，不仅要详细介绍翻译实践项目的来源和委托方的翻译要求，还需要写清楚后续章节的写作思路和写作的主要内容，让读者清楚地了解到作者将要做什么。

第二章详细汇报翻译过程。这一章主要是向读者呈现"我"是怎么翻译的。因此必须写清楚"我"的译前、译中和译后翻译历程。内容包括预读文本、对文本类型进行分类、把握文本的语言风格、建设翻译项目文本的术语库、确定翻译工具、制订翻译计划、处理翻译的理论依据和审校计划等。

第三章描写翻译实践文本中的难点，这一章应该让读者知道"我"的翻译文本中有哪些难点、有多难。一个翻译文本可能有很多难点，因此，汇报翻译难点可以有选择性，即可以选择某类词、某类句的翻译难点，也可以选择文本风格等宏观的难点进行描写，这里建议选择的翻译难点应该有一定的代表性。确定好翻译难点后，需对所描写的难点进行界定和分类，且应该调研学界对同类或相关难点的看法，并指出有无借鉴意义。

第四章主要汇报采用何种方法处理了上述的翻译难点。如何处理翻译难点本身就体现了译者的一个翻译思索过程，这必然促进译者去思考选择相关理论来指导翻译实践。因此，翻译实践报告应该有理论基础。第四章应根据第三章的翻译难点界定和归类，有的放矢地寻找相应的理论来阐释和解决翻译难点。第四章的写作必须有理有据，写作过程必须呈现"文本说""他说"的客观论述，避免"我说"的主观解释。

第五章是翻译实践报告的总结。这一章需要回顾前四个章节的内容，即"我做了什么"，和第一章形成一个闭环，回答第一章"我要做什么"的问题。且需要简单回顾"我是怎么做的"，得到什么结论，有何心得，还有哪些问题没有得到彻底解决，后续将如何再处理。

值得提醒的是：写作模式只是一种写作的结构参考模式。这种参考模式不应该限制作者的实际写作，作者应该具体问题具体分析。

第三章　翻译实习报告写作

翻译实习报告是学生在进行语言服务业实习时，在项目经理、项目译员、项目审校等岗位上，在翻译、项目管理、质量控制、审校修订等过程中，用学校培训所锻炼出来的敏锐双眼去发现问题、运用学校所教的翻译理论、翻译策略等去解决实际翻译问题的写作类型。翻译实习报告要求学生就实习过程写出不少于 1.5 万字或词的实习报告，选题方向包括项目经理实习报告、项目翻译实习报告和项目审校实习报告三类。本章梳理 2010 年至 2021 年翻译实习报告的写作现状，并尝试建构写作的基本模板。

第一节　写作现状

翻译实习报告包括项目经理实习报告、项目翻译实习报告和项目审校实习报告三类。每类报告写作要点各有侧重，项目经理实习报告涉及项目背景介绍、项目计划、项目实施评估、技术应用总结、团队合作评估和用户满意度调查等内容；项目翻译实习报告涉及翻译任务背景介绍、需求分析、时间管理、工具使用、翻译质量控制，重点总结翻译过程中遇到的问题、采取的措施，以及获取的经验等内容；项目审校实习报告涉及任务的质量标准、时间管理、工具使用、质量监控、质量评估等内容。

在中国知网(CNKI)硕博士学位论文数据库进行高级检索，以主题为检索条件，输入关键词"实习报告"，并含关键词"翻译"，以 2010 年至 2021 年为时间范围，共检索到 130 篇相关文献，为了确保数据无遗漏，我们又以同样的检索条件与时间范围进行高级检索，输入关键词"翻译"，并含关键词"项目经理"，检索结果为 95 篇相关文献；输入关键词"翻译"，并含关键词"项目审校"，检索结果呈现为 11 篇相关文献。在删除重复文献及主题或语种不相关文献并加以合并后，统计到的翻译实习报告共计 116 篇。①（见表 3-1）

---

① 数据采集截至 2022 年 8 月 10 日。

表 3-1　翻译实习报告写作类型(单位：篇)

写作类型	2010	2011	2012	2013	2014	2015	2016	2017	2018	2019	2020	2021	总计
项目经理实习报告	0	0	0	1	1	3	3	3	1	2	3	0	17
项目翻译实习报告	0	0	1	15	3	6	6	12	14	9	16	4	86
项目审校实习报告	0	0	1	1	0	1	0	1	2	3	1	3	13
总计	0	0	2	17	4	10	9	16	17	14	20	7	116

　　表 3-1 显示，项目经理实习报告和项目审校实习报告的数量很少，11 年来一直稳定在 5 篇之内。项目翻译实习报告的数量相对较多，但也只是在 15 篇上下徘徊。学者分析了其中的缘由，他们指出，翻译实习报告写作数量不多，这是因为即便学校大力推进实习工作，其过程仍会发生不尽如人意的状况，如实习生虽在翻译公司实习却从事着翻译外的其他打杂工作，或是作为实习译员不能完全掌握项目进程，并不能进行合理分析，抑或翻译材料无法达到毕业论文的材料要求，也有可能涉及公司保密问题。(于慧，2022)另外，很多培养院校和实习单位没有建立起相应的跟踪反馈和评价考核机制，无法及时给予理论和实践指导。(李金云、杨雅君，2021)还有人认为这也与实习岗位的性质有关，有些 MTI 研究生实习岗位并非与语言服务直接相关，而是涉及教育机构、金融等其他行业。(穆雷、李雯，2019)

　　不过，经过 11 年的发展，总体来看，翻译实习报告的写作趋势有一个波浪式缓步上升的趋势，这类翻译硕士专业学位论文的写作形式在 2013 年和 2020 年两年中出现过比较大的峰值，年数量值一度超过 15 篇，甚至在 2020 年达到 20 篇，这一现象说明这类翻译报告正在慢慢成为翻译硕士专业学位论文写作的一种常见方式。(见图 3-1)。

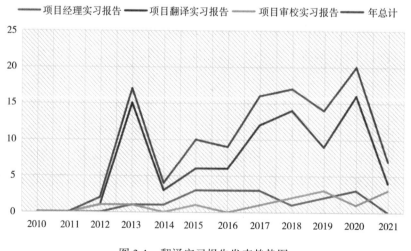

图 3-1　翻译实习报告发表趋势图

在 116 篇翻译实习报告中，项目经理实习报告 17 篇，选题集中在"项目管理"（15篇）、"项目实施"（1 篇）和"术语管理"（1 篇）三个方向。项目翻译实习报告 86 篇，选题集中在"项目实习"（80 篇）、"术语管理"（5 篇）、"项目管理"（1 篇）三个方向。项目审校实习报告 13 篇，选题集中在"过程把控"（10 篇）和"案例分析"（3 篇）。在三种写作类型中，项目翻译实习报告数量最多，项目审校实习报告数量最少。从选题分布来看，术语管理横跨两个写作类型。（见表 3-2）

表 3-2　翻译实习报告写作类型和选题类型

写作类型	选题内容	数量（篇）	合计（篇）
项目经理实习报告	项目管理	15	17
	项目实施	1	
	术语管理	1	
项目翻译实习报告	项目实习	80	86
	术语管理	5	
	项目管理	1	
项目审校实习报告	过程把控	10	13
	案例分析	3	
总计		116	

翻译实习报告写作一般采用汉语或英语写作，当前用英语或用汉语撰写翻译实习报告的差距较大。数据显示，在 116 篇翻译实习报告中，用英语写作的数量更多，有 80 篇，占比 69%；其余 36 篇用汉语写作。（见表 3-3）

表 3-3　翻译实习报告写作语种

写作语种	数量（篇）	占比（%）
汉语	36	31
英语	80	69
总计	116	100

从时间阶段看，初期阶段（2010—2013 年）有 19 篇，用汉语写作的有 14 篇，用英语写作的有 5 篇。发展阶段（2014—2017 年）有 39 篇，用汉语写作的有 15 篇，用英语写作的有

24 篇。稳定阶段(2018—2021 年)有 58 篇,用汉语写作的有 7 篇,用英语写作的有 51 篇。数据显示,11 年来,翻译实习报告更倾向于用英语写作,写作数量也是逐年增高。(见图 3-2)

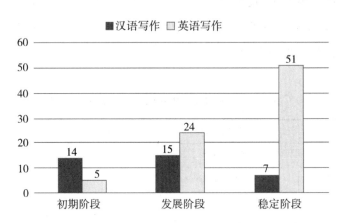

图 3-2　翻译实习报告学位论文中英文写作阶段统计图

翻译实习报告所涉及的项目类型一般分为英译汉项目、汉译英项目,以及英汉互译项目三类。116 篇翻译实习报告中,69 篇涉及英译汉项目,38 篇涉及汉译英项目;9 篇涉及英汉互译项目。(见表 3-4)英译汉项目占比超过一半,这一现象说明翻译实习报告的项目来源主要是英译汉项目。

表 3-4　116 篇翻译实习报告的项目类型

项目类型	笔译内容(篇)	口译内容(篇)	口笔译兼容内容(篇)	合计(篇)
英译汉项目	51	8	10	69
汉译英项目	20	17	1	38
英汉互译项目	1	8	0	9
合计	72	33	11	116

表 3-4 显示,在 72 篇与笔译内容相关的报告中,51 篇涉及英译汉项目,20 篇涉及汉译英项目,1 篇涉及英汉互译项目。在 33 篇与口译相关的报告中,8 篇涉及英译汉项目,17 篇涉及汉译英项目,8 篇涉及英汉互译项目。在 11 篇口笔译兼容内容的相关报告中,10 篇涉及英译汉项目,1 篇涉及汉译英项目。

翻译实习报告的"实习"类型分为纯笔译型、纯口译型和口笔译混合型三类。116篇翻译实习报告中，纯笔译项目有72个，约占62.07%；纯口译项目有33个，约占28.45%；口笔译混合型项目有11个，约占9.48%（见表3-5）。统计数据显示，笔译项目居多，纯口译以及口笔译混合型项目较少。且2016年以前的实习以纯口译型占比大。这些数据侧面说明学生的口译实习机会相对较少。

表 3-5 翻译实习报告实习类型

实习类型	数量（个）	占比（%）
纯笔译	72	62.07
纯口译	33	28.45
口笔译混合	11	9.48
总计	116	100

就理论运用来看，116篇翻译实习报告有66篇没有理论框架，50篇使用了理论框架。但理论选择比较集中，呈现高度趋同性的特点。语境顺应论、项目管理理论、"理解、表达、取舍"框架（CEA）、目的论、布莱恩·莫斯普的12个审校要素、翻译转换理论、翻译对等理论、口译理解公式等是翻译实习报告写作的常用理论。各理论使用的数量详见表3-6。

总而言之，当前翻译实习报告写作现状呈现如下特点：

（1）写作类型单一。在三种写作类型中，项目翻译实习报告占绝对优势，项目经理实习报告与项目审校实习报告数量极少。

（2）项目类型单一。翻译实习报告中涉及的英译汉翻译项目占比超一半，汉译英与英汉互译项目较少。

（3）实习类型单一。纯笔译占绝对优势，纯口译与口笔译混合的实习类型偏少。

（4）选题呈现趋同型。翻译实习报告的选题基本集中在"项目实习—前期准备、实施过程、评价反馈""项目管理—过程把控"及"项目审校—过程把控"。

（5）理论运用趋同。翻译实习报告的理论框架以语境顺应论、项目管理理论、"理解、表达、取舍"框架（CEA）、目的论居多。

表 3-6　翻译实习报告的理论运用表

理 论 运 用	篇数	合计
语境顺应论	4	
项目管理理论	3	
"理解、表达、取舍"框架(CEA)	3	
目的论	3	
布莱恩·莫斯普的 12 个审校要素	2	
翻译转换理论	2	
视译中的顺句驱动技巧	2	
敏捷管理方法	2	
翻译对等理论	2	
释意理论	2	
口译理解公式+释意理论	2	
口译精力负荷模式	1	
口译精力负荷模式+目的论	1	
口译理解公式+目的论	1	
口译理解公式	1	
吉尔的口译策略分析和口译质量评估标准	1	
"功能加忠诚"理论	1	50
翻译行为理论+"功能加忠诚"理论	1	
项目管理理论；人力资源管理理论	1	
把关理论	1	
法律翻译原则	1	
完整性、准确性、可读性准则	1	
准确和对等原则——"形式对等"与"动态对等"	1	
"本位观"	1	
"理解、记忆、表达、应急"框架	1	
生态翻译学理论	1	
交际翻译理论	1	
女性主义翻译理论	1	
功能对等理论	1	
合作理论	1	
译者主体性理论框架	1	
文本类型理论——语义翻译法、交际翻译法	1	
归化异化理论	1	
认知负荷模型	1	

第二节　模 板 建 构

要不要为翻译实习报告提供写作框架,学界存在两种观点。于慧(2022)认为没有必要。穆雷(2011;2012)则坚持可以根据每一类方式拟定相应的写作模板,这样更加具体且便于操作。她指出,由于项目审校岗位的特殊性,项目审校实习报告模板主要是针对笔译项目;而项目经理实习报告和项目翻译实习报告的模板则同时适用于口笔译项目。根据不同写作类型,翻译实习报告的模板可进行相应的变化,具体内容如下:

(1)项目经理实习报告可包括项目背景介绍、项目计划、项目实施评估、技术应用总结、团队合作评估和用户满意度调查等内容,真实项目还可以增加用户的项目满意度调查以增强学生的信心,锻炼学生的沟通能力。

(2)项目翻译实习报告可包括翻译任务背景介绍、需求分析、时间管理、工具使用、翻译质量控制,重点总结翻译过程中遇到的问题、采取的措施,以及获取的经验等内容,围绕时间控制、质量问题和相关语料、工具的应用展开。

(3)项目审校实习报告可包括本次任务的质量标准、时间管理、工具使用、质量监控、质量评估等方面,相应地关注质量标准、查错纠错、可利用的相关工具和技巧总结。

本书认为,我国翻译专业硕士学位发展时间不长,教和学是在摸索中积累经验并完善的。从这个角度看,可以为翻译实习报告提供写作模板来指导翻译硕士的学位论文写作。

也就是说,本书支持穆雷的观点,即可以建构写作模板。本节在参考社会学等成熟学科实习报告写作的基础上,以《翻译硕士专业学位论文基本要求》(2018)为纲领,参照穆雷(2012)和蔡瑞珍(2015)的相关模板,为翻译实习报告建构了三类写作模板:项目经理实习报告写作模板、项目翻译实习报告写作模板与项目审校实习报告写作模板。

我们先考察了实习报告的写作技巧。实习报告的写作基本内容包括实习背景概述、实习内容、实习总结或体会、参考文献、附录等。(见表3-7)

表3-8是穆雷建构的翻译实习报告写作模板。2012年,穆雷从翻译硕士人才培养角度提出并建构了翻译实习报告写作的参考模板,给翻译实习报告写作提供了实践指导。如今,翻译硕士专业学位有了15年的发展历史,学位论文的写作模式日趋成熟与稳定,

表 3-7 实习报告写作模板

报告目录	写作范围	具 体 内 容
实习背景概述	实习的目的和意义	实习背景
		实习重要性(可联系专业特性)
	实习单位的发展情况及实习要求	实习时间、地点概述
		公司与实习岗位概况
		负责的工作、任务
		任务规范
实习内容	前期准备	计划安排(可包括团队分工)
		指导实践的科学理论
		相应技术支持,或能控制任务过程,缩短任务周期,提高任务效率的技巧、方法
		专业知识储备
		应急措施
	实习过程	联系专业背景进行过程阐述,可按照过程的不同阶段分为前期、中期和后期或按照不同任务要求进行实习过程阐述
	实习结果	实习成果与客户、上下级同事、指导教师评价
		遇到的问题
		问题解决方案
实习总结或体会	在过程中完成了什么	
	自己收获了什么	职场新人的体会
		关于专业的思考
		今后的发展方向
	对社会的价值与意义	
参考文献	实习报告中的参考文献	
附录	实习证明及评价的原始资料等	

很多细节可以再完善。据此,本书在现有的研究成果上,建构了翻译实习报告的三类写作模板,即项目经理实习报告写作模板、项目翻译实习报告写作模板及项目审校实习报告写作模板。

表 3-8 翻译实习报告写作基本模板①

章节	名称	内容	细 节
第一章	实习任务描述	项目背景介绍	项目名称及编号
			项目详情：翻译类型、语种、领域、场合、字数、时限等
			目标受众：译文读者、口译听众、使用场合等
			客户要求：容错率、表达流畅程度、排版、译员仪态等
		项目需求分析	结合项目基本情况和客户需求对本次翻译项目进行合理定位
			相关技术和资源支持：项目管理软件、通信工具、术语库、CAT 工具等
		项目计划制订	项目经理可针对译员、审校、排版、客服四块进行人员分工，制定项目管理规范和项目实施流程
			项目译员可制定翻译进度安排及翻译质量自我控制方案
			项目审校可制定审校进度安排和本项目翻译质量标准
			突发事件处理预案
第二章	实习项目实施	项目实施过程	项目流程的执行情况
			项目管理/翻译/审校进度的控制情况
			翻译质量的控制情况
			突发事件处理
第三章	项目评估	客户的反馈和评价	
		项目其他成员的反馈和评价	
		项目经理/译员/审校自我评估	
第四章	项目实习总结	项目实施过程中出现的问题类型及解决措施	
		未解决的问题及相关思考	
		对今后学习、工作的启发及展望	
参考文献			
附录		项目经理实习报告附录包括项目合同书、项目计划书、用户满意度调查问卷等	
		项目译员实习报告附录包括项目翻译原文本(讲话人音频)及翻译文本(口译产出音频)、项目翻译工作计划书、术语表等	
		项目审校实习报告附录包括项目原文本、审校前后的译文本、审校意见书等	
致谢			

---

① 穆雷建构的写作模板原表头是"项目实习报告参考模板"，鉴于这一说法与官方表述有出入，本书使用了更准确的表述，以防引起歧义。

　　根据实习报告写作模板和穆雷建构的翻译实习报告写作模板，并参照《翻译硕士专业学位基本要求》(2018)，我们建构了三类翻译实习报告的三个小类的写作模板。(见表3-9~表3-11)

表 3-9　项目经理实习报告写作模板

章节	名称	内容	细　节
第一章	概述	实习项目概述	项目经理岗位职责
			项目经理重要性
		项目背景介绍	公司介绍
			语言翻译项目介绍
			客户需求
		本报告主要内容	
第二章	前期准备	项目可行性分析	
		项目计划制订	项目人员分工
			项目质量管理规范
			项目实施流程
			突发事件处理预案
第三章	质量控制	译前质量控制	需求确认
			文本分析
			项目计划
			材料和工具准备
		译中质量控制	术语库和翻译记忆库使用
			客户答疑
			交流与监控
		译后质量控制	低错检查
			客户修改及反馈
			语言质量签发
			翻译记忆库和术语库更新
第四章	总结与展望	项目评估	项目实施评估
			技术应用评估
		项目管理中出现的问题及解决方案	项目实施过程中的问题
			对应问题解决方案
		未解决的问题及相关思考	
		对今后工作的启发及展望	

续表

章节	名称	内容	细　节
参考文献			
附录	附录 1	项目合同书	
	附录 2	实习合同	
	附录 3	SDL 质量评估报告	
	附录 4	质量评估标准错误严重性定义	
致谢			

表 3-10　项目翻译实习报告写作模板

章节	名称	内　　容	
第一章	任务介绍	项目岗位的职责(阐述项目岗位的重要性)	
		项目背景介绍	项目名称及编号
			项目相关术语概述(如视译、敏捷管理等)、整体大环境描述
			项目详情(如翻译类型、语种、领域、场合、字数、时限等)
			目标受众(如译文读者、口译听众、使用场合等)
			客户要求(如容错率、表达流畅程度、排版、译员仪态等)
		本报告主要内容(即实习报告大纲)	
第二章	前期准备	项目需求分析	结合项目基本情况和客户需求对本次翻译项目进行合理定位
		项目计划制订	可制定翻译进度安排及翻译质量自我控制方案
		相关技术和资源支持(如项目管理软件、通信工具、术语库、CAT 工具等)	
		突发事件处理预案	
第三章	项目实施	项目实施过程	项目流程的执行情况
			项目翻译进度的控制情况
			翻译质量的控制情况
		突发事件处理	
第四章	项目评估	客户的反馈和评价	
		项目其他成员的反馈和评价(如同事、主管)	
		项目译员自我评估	

续表

章节	名称	内容	
第五章	总结与展望	项目实施过程中出现的问题类型及解决措施	
		未解决的问题及相关思考	
		对今后学习、工作的启发及展望	
参考文献			
附录		项目翻译原文本(或讲话人音频)	
		翻译文本(或口译产出音频)	
		项目翻译工作计划书	
		术语表	
致谢			

表 3-11　项目审校实习报告写作模板

章节	名称	内容	
第一章	任务介绍	校订者的职责(阐述项目校订的重要性)	
		项目背景介绍	项目名称及编号
			项目详情(如材料类型、语种、领域、场合、字数、时限等)
			目标受众(如译文读者、口译听众、使用场合等)
			客户要求(如容错率、表达流畅程度、排版、译员仪态等)
		本报告主要内容(即该报告摘要内容)	
第二章	前期准备	项目需求分析	结合项目基本情况和客户需求对本次翻译项目进行合理定位(相关知识的掌握、对校对材料的了解、工作原则)
		项目计划制订	可制定审校进度安排和本项目翻译质量标准(校对参数)
		相关技术和资源支持(如项目管理软件、通信工具、术语库、CAT 工具等)	
		突发事件处理预案	
第三章	项目实施	校对实施过程	项目流程的执行情况
			项目审校进度的控制情况
			翻译质量的控制情况
		突发事件处理	
		客户的反馈和评价	
		项目其他成员的反馈和评价	
		项目审校自我评估	

续表

章节	名称	内　　容
第四章	结论和展望	项目实施过程中出现的问题类型及解决措施
		未解决的问题及相关思考
		对今后学习、工作的启发及展望
参考文献		
附录		项目原文本
		审校前后的译文本
		审校意见书
致谢		

　　需要注意的是，以上参考模板仅供参考，实习生可根据自身切实经验和体会进行改动，有选择地删改或增补模板内容，在实践中磨砺自己，发挥翻译专业实践性、专业化和职业化的特色。另外，建议翻译实习报告的题目中直接写明"翻译实习报告"字样，其中项目经理实习报告题目中突出"项目经理"字样，项目审校实习报告突出"项目审校"字样，凸显翻译实习报告及其各个写作类型的特色，也加强论文撰写的目的性。

第四章 翻译实验报告写作

实验报告是在科学研究活动中为检验某一种科学理论或假设,通过实验中的观察、分析、综合、判断,如实地把实验的全过程和实验结果用文字形式记录下来的书面材料。实验报告形式多样,有化学实验报告、物理实验报告、生物实验报告、翻译实验报告等。翻译实验报告分笔译实验报告和口译实验报告两类,是学生在导师的指导下就英语口译、笔译或语言服务业的某个环节展开实验,并就实验的过程和结果进行分析,写出不少于1.5万字或词的实验报告。本章梳理翻译实验报告的写作现状并建构翻译实验报告写作的基本框架。

第一节 写 作 现 状

在中国知网(CNKI)硕博士学位论文数据库里,以主题为检索条件,输入关键词"实验报告"进行高级检索,检索到论文共820条结果,又因翻译硕士专业学位于2008年首次招生,第一批翻译硕士于2010年毕业,因此通过结果筛选,本次收集到的翻译实验报告样本为2010—2021年的实验报告共91篇,数据统计截至2022年3月10日。

发文量和发文趋势是一个学术领域被长期研究后其学术成果的总体现。2010年至2021年翻译实验报告发文趋势见图4-1。

图4-1显示:

(1)2012年以来,翻译实验报告的发文量整体呈现先上升后下降的趋势,而后五年间呈波浪式浮动的趋势。

(2)2012年至2014年,发文量呈现较大幅度的上升状态,但整体发文量仍不高,最高发文量为2014年的15篇,三年间发表总量为29篇。

(3)2015年至2016年,发文量逐渐呈现下降趋势,几乎跌回2012年至2013年的数量水平,两年间发表总量为20篇。

(4)2017年至2021年,发文量呈现波动趋势,总发文量为42篇。

文献的总参考数、总被引数、总下载数等指标也是体现文献权威度和影响力的重要指

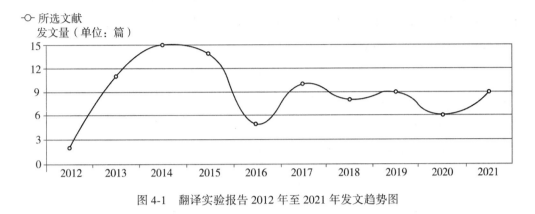

图 4-1　翻译实验报告 2012 年至 2021 年发文趋势图

标。2010 年至 2021 年翻译实验报告总参考数、总被引数等指标特点如图 4-2 所示。

文献数	总参考数	总被引数	总下载数	篇均参考数	篇均被引数	篇均下载数	下载被引比
91	971	83	14366	10.67	0.91	157.87	0.01

图 4-2　翻译实验报告指标分析图

　　91 篇翻译实验报告的总参考数为 971 次，总被引数为 83 次，总下载数为 14366 次，篇均参考数为 10.67 次，篇均被引数为 0.91 次，篇均下载数为 157.87 次，下载被引比为 0.01。（见图 4-2）总体说来，91 篇翻译实验报告有一定的影响力和关注度。

　　91 篇翻译实验报告有 53 篇涉及英译汉项目，其中口译实验 47 篇，笔译实验 6 篇。28 篇涉及汉译英项目，其中口译实验 22 篇，笔译实验 6 篇。10 篇涉及英汉互译项目，其中口译实验 9 篇，笔译实验 1 篇。（见表 4-1）

表 4-1　翻译实验报告涉及的项目类别表

项目类型	笔译实验（篇）	口译实验（篇）	合计（个）
英译汉项目	6	47	53
汉译英项目	6	22	28
英汉互译项目	1	9	10
合计	13	78	91

　　表 4-1 显示，在 13 篇笔译实验报告中，6 篇涉及英译汉项目，6 篇涉及汉译英项目，1

篇涉及英汉互译项目。在 78 篇口译实验报告中，47 篇涉及英译汉项目，22 篇涉及汉译英项目，9 篇涉及英汉互译项目。这些数据说明：（1）翻译实验报告以英译汉项目居多。（2）口译实验报告以英译汉项目居多。

　　翻译实验报告的实验类型分口译实验和笔译实验。口译实验又细分为对同声传译、交替传译和其他口译形式的实验研究。91 篇翻译实验报告中，口译实验报告有 78 篇，笔译实验报告有 13 篇。在 78 篇口译实验报告中，涉及同传实验的报告有 15 篇，涉及交传实验的报告有 26 篇，其他类型的口译实验报告有 37 篇。（见表 4-2）

表 4-2　翻译实验报告写作类型表

写作类别	分项	篇数	合计
口译实验报告	同传	15	78
	交传	26	
	其他	37	
笔译实验报告	笔译	13	13
合计		91	

　　翻译实验报告的写作语种有两种：汉语和英语。91 篇翻译实验报告使用英语书写的有 71 篇，使用汉语写作的有 20 篇。（见表 4-3）这说明翻译实验报告大多用英语写作，这也是翻译硕士专业学位论文的大趋势。

表 4-3　翻译实验报告的写作语种

写作语种	篇　　数
英语	71
汉语	20
合计	91

　　翻译实验报告的理论运用呈现两种方式，一是没有理论框架，二是有理论框架，但是理论运用具有趋同性。91 篇翻译实验报告中，67 篇没有理论框架；24 篇有理论支撑，且理论使用有趋同性，主要集中在认知负荷理论、同伴反馈理论、读者接受理论、图式理论等。其中 9 篇使用认知负荷理论，1 篇使用同伴反馈理论，1 篇使用读者接受理论，3 篇使用图式理论，3 篇使用丹尼尔·吉尔同传精力分配模型，1 篇使用思维适应控制（ACT）理

论，使用其他理论诸如二语习得理论、韩礼德和哈桑的衔接理论、效益论等的有 6 篇。
（见表 4-4）

表 4-4　翻译实验报告的理论运用表

理 论 运 用		篇数
认知负荷理论	9	24
同伴反馈理论	1	
读者接受理论	1	
图式理论	3	
丹尼尔·吉尔同传精力分配模型	3	
思维适应控制（ACT）理论	1	
其他	6	

综上，由于翻译实验报告取材的特殊性，现有的翻译实验报告里，大多数是没有特定理论支撑的，只通过实验分析的定性、定量等方法得出结论，说明翻译领域内大多数常用理论在翻译实验领域利用率低，翻译实验报告也更注重数据的采集和分析，通过数据之间的关联和直观呈现得出最后结论。

在阅读、分析有理论支持的翻译实验报告后，我们发现，理论使用和论证部分契合度不高，但是有了理论支撑后，报告结构更合理，进行数据分析时有逻辑性，结论更可信。同时，在准备阶段对前人的研究以及理论有充分的了解或是综述基础，会对实验前期准备的假设环节起到至关重要的作用，也决定了实验的整个走向。

91 篇翻译实验报告的选题主要聚焦在翻译质量的影响因素领域，有 41 篇相关实验报告。其他选题，比如翻译策略、翻译现象、翻译特点等也有涉猎，数量偏少。（见表 4-5）

表 4-5　翻译实验报告选题

选 题	篇 数
翻译质量影响因素实验	41
翻译策略实验	18
翻译现象、问题或特点实验	10
其他问题实验	22

第二节　模 板 建 构

翻译实验报告是翻译硕士学位论文的一个子类，是检测翻译硕士人才培养质量的重要指标之一，综合体现了翻译硕士的翻译能力、写作能力和翻译案例分析能力。《翻译硕士专业学位论文基本要求》(2018)对翻译实践报告的写作做了基本要求，即学生在导师的指导下就口译、笔译或语言服务业的某个环节展开实验，并就实验的过程和结果进行分析，写出不少于1.5万个外语单词的实验报告，内容包括任务描述(实验目的、实验对象、实验手段等)、任务过程(假设、变量、操作性定义、受试的选择、实验的组织、实验数据的收集)、实验结果分析以及实验总结与结论等。

穆雷、邹兵等(2012)建构了翻译实验报告参考模板，内容包含七部分：翻译实验描述、翻译实验过程、翻译实验结果、翻译实验结论、翻译实验总结、参考文献、附录，并详细阐释了每个部分涵盖的写作内容。(见表4-6)

表 4-6　翻译实验报告参考模板

翻译实验描述	实验内容	用简洁的语言反映该实验的对象、领域、方法和问题
	实验类型	验证型实验、设计型实验、创新型实验或综合型实验
	实验目的	验证某一翻译理论或假说、研究某一翻译现象或环节、测试某一翻译工具或技术
	实验原理	研究假设、研究问题和研究方法(包括实验手段与途径、数据收集方法、数据分析方法等)
	实验步骤	每一阶段具体操作、工具器材等
翻译实验过程	前期准备	实验环境：时间、地点、工具器材
		被试选择：选择的条件、数量、取样方法、分组方式等
		实验前测
		变量控制
		应急预案
	实验过程	实验现场记录
		意外情况处理

翻译实验结果	实验数据收集与整理	有效数据筛选及依据、数据分类汇总	
	实验数据统计与描述	文字形式、图表形式、多媒体形式	
	对实验数据的分析与讨论	结合相关理论对实验结果进行解释与分析	
翻译实验结论	从实验结果中归纳出一般性、概括性的结论，注意，结论不是重复罗列实验结果，而是简要总结本实验所能验证的理论或能说明的问题		
翻译实验总结	翻译实验中出现的问题类型及解决措施		
	未解决的问题及相关思考		
	对今后学习、工作的启发与展望		
参考文献			
附录	附录1：翻译实验中得到的原始数据		
	附录2：翻译实验中用到的工具		

分析前文 91 篇翻译实验报告的写作框架，我们发现，现有的翻译实验报告的写作框架与穆雷等（2012）提供的参考模板大同小异，于是我们依据穆雷建构的翻译实验报告写作模板，结合 91 篇翻译实验报告的结构，建构了更为细致的翻译实验报告写作模板。（见表 4-7）

表 4-7 翻译实验报告写作模板

章节	名称	内容	细节
第一章	翻译实验项目描述	实验背景	包括实验涉及的领域、诱发实验的原因和想要探讨的问题
		实验目的	验证某一翻译理论或假说、研究某一翻译现象或环节、测试某一翻译工具或技术
第二章	文献综述与理论基础	对实验所应用的翻译领域或其他科学领域的理论或模型的阐述	
		对实验相关领域前人的研究经验及文献综述	

续表

章节	名称	内容	细　节
第三章	实验设计	实验类型	验证型实验、设计型实验、创新型实验或综合型实验等
		实验内容	实验对象、方法等
		实验步骤/过程	前期准备
			实验环境：时间、地点、器材等
			每一阶段具体操作
		实验意义	理论意义
			实践意义
第四章	实验结果	实验数据收集与整理	筛选数据(相关依据)、数据分类及汇总
		实验数据统计与描述	图表、文字形式
		对实验数据的分析	结合理论对结果进行分析与解释
第五章	实验结论与启发	概括性结论	
		实验中存在的不足以及对今后学习的启发	
参考文献			
附录			
致谢			

第五章　翻译调研报告写作

翻译调研报告是翻译硕士专业学位论文"五种十类"中的一种写作形式，是对翻译政策、翻译产业和翻译现象展开调研，收集数据并对数据进行客观准确的分析与讨论。内容包括任务描述(调研目的、调研对象、调研方式等)、任务过程(受试的选择、调研的组织、调研数据的收集)、调研结果分析以及调研的结论与建议等。学生在导师的指导下，写出不少1.5万个外语单词的翻译调研报告。本章统计2010—2021年的翻译调研报告的写作现状，并建构翻译调研报告的写作模板，以供参考。

第一节　写　作　现　状

相较于其他几种翻译报告形式，翻译调研报告写作成果稀少。我们借助中国知网(CNKI)的硕博士学位论文数据库，设定检索条件"主题"，输入关键词"翻译调研报告"或"翻译调查报告"，时间截至2022年4月1日，检索结果显示共有103篇学位论文，剔除不相关论文，密切相关的翻译调研报告有48篇。尽管成果总量不多，但是整体数量呈现缓慢增长趋势。这表明越来越多的翻译硕士开始选择翻译调研报告作为其学位论文的写作形式。(见图5-1)

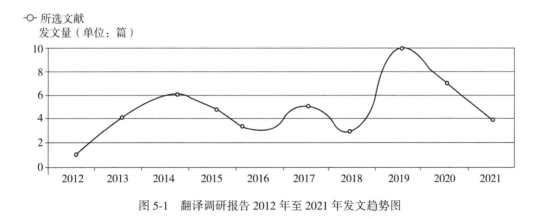

图5-1　翻译调研报告2012年至2021年发文趋势图

翻译调研报告的写作类别有三种：翻译政策调研报告、翻译产业调研报告和翻译现象调研报告。48 篇翻译调研报告中有翻译政策调研报告 1 篇，翻译产业调研报告 8 篇，翻译现象调研报告 39 篇。这样看来，翻译现象调研报告是翻译调研报告的主流写作方向。

48 篇翻译调研报告的写作语种有汉语和英语两种，总体上用英语撰写的报告更多，11 年来写作语种呈现出由汉语写作转向英语写作的趋势。48 篇翻译调研报告有 20 篇用汉语撰写，28 篇用英语撰写。从时间阶段看，初期阶段有 11 篇，用汉语撰写的有 6 篇，约占 55%，用英语撰写的有 5 篇，约占 45%；发展阶段有 26 篇，用汉语撰写的有 11 篇，约占 42%，用英语撰写的有 15 篇，约占 58%；稳定阶段有 11 篇，用汉语撰写的有 3 篇，约占 27%，用英语撰写的有 8 篇，约占 73%。（见表 5-1）

表 5-1　翻译调研报告写作语种变化趋势表

阶段	总量（篇）	汉语		英语	
		数量（篇）	占比（%）	数量（篇）	占比（%）
初期阶段	11	6	55	5	45
发展阶段	26	11	42	15	58
稳定阶段	11	3	27	8	73
合计	48	20		28	

表 5-1 显示：

（1）总体上，用英语撰写的翻译调研报告多于用汉语撰写的翻译调研报告。

（2）在初期阶段，用汉语写作的比例更高；在发展阶段，用英语写作的比例超过汉语；在稳定阶段，依旧是用英语写作的比例高。总而言之，越来越多的翻译调研报告倾向于用英语撰写，呈现出由汉语写作向英语写作转变的趋势。

现有的翻译调研报告选题主要集中在翻译政策、翻译产业、翻译现象等宏观问题领域。48 篇翻译调研报告中，1 篇涉及翻译政策的调研，选题内容为调查"一带一路"政策对翻译市场的影响；8 篇涉及翻译产业的调研，主要是调查翻译市场对翻译人才的供求关系；39 篇涉及翻译现象的研究，其中 10 篇报告选择对翻译文本的词、句、语篇的翻译过程进行调研，5 篇报告调查翻译能力，3 篇调查翻译技术使用情况，2 篇调查翻译硕士专业学位论文选题现状，17 篇调查翻译硕士的培养，2 篇对翻译人才培养进行了调研。（见表 5-2）

表 5-2　翻译调研报告选题类型表

选题分类	选题内容	数量(篇)	合计
翻译政策调研	"一带一路"政策对翻译市场的影响	1	1
翻译产业调研	翻译人才供求	8	8
翻译现象调研	词翻译	1	39
	句翻译	1	
	语篇翻译	5	
	混合翻译	3	
	翻译能力调查	5	
	翻译技术使用情况	3	
	翻译硕士专业学位论文题目选择	2	
	翻译硕士培养	17	
	翻译人才的培养	2	
合计	48		

　　综上，翻译调研报告的选题比较宽泛，有宏观也有微观。宏观选题包括翻译硕士的培养、翻译人才的供求、翻译能力的调查、翻译技术的使用情况和翻译硕士专业学位论文、题目等内容。微观选题主要聚焦语言本体，如词、句、语篇的翻译现状。翻译调研报告以自选项目居多，委托项目较少，现有文献中只有 2 篇报告是委托项目，其他均为自选项目。

　　翻译调研报告涉及的调查方法主要有问卷调查法、文献法、田野调查法、访谈法，其中以问卷调查法居多。48 篇翻译调研报告中，19 篇使用了问卷调查法，5 篇使用了文献法，2 篇使用了田野调查法或访谈法，13 篇使用了问卷调查法与田野调查法或访谈法相结合的方式，4 篇将田野调查法或访谈法与文献法相结合，2 篇使用了问卷调查法和文献法，其余 3 篇使用了三种及以上的调查方法。(见表 5-3)

表 5-3　翻译调研报告调查方法表

调查方法	数量(篇)
问卷调查法	19
文献法	5
田野调查/访谈法	2

续表

调查方法	数量(篇)
问卷调查法+田野调查/访谈法	13
田野调查/访谈法+文献法	4
问卷调查法+文献法	2
其他	3
合计	48

翻译调研报告的理论运用可以分为有理论和无理论两类。48 篇翻译调研报告中，41 篇没有运用理论框架，7 篇有理论支撑，其中 2 篇运用了异化翻译理论，其余 5 篇分别运用了补偿翻译理论、交际翻译理论、期望理论、扎根理论和供给侧结构改革理论。（见表 5-4）

表 5-4　翻译调研报告的理论运用表

理 论 运 用	篇数	合计
异化翻译理论	2	7
补偿翻译理论	1	
交际翻译理论	1	
期望理论	1	
扎根理论	1	
供给侧结构改革理论	1	

综上所述，翻译调研报告写作数量少，用英语撰写的数量多，并正在逐步从汉语写作向英语写作转变。翻译调研报告一般以自选项目居多，只有少量委托项目，选题范围广，有宏观和微观选题。宏观选题关注翻译政策、翻译产业、翻译现象等问题的调研，微观选题关注语言本体的翻译的调研问题。调研方法多样，以问卷调查法居多。尽管翻译调研报告不是翻译硕士专业学位论文写作的首选方式，但是通过我们的梳理，还是发现有学生选择这个类型进行写作，因此，出于参考借鉴的目的，我们对翻译调研报告的写作模板进行了建构。

第二节　模板建构

调研报告是以研究为目的，对某一事件、某一情况、某一问题进行调查研究之后写出的书面报告。（涂险兰，2005）调研报告以标题和正文为写作的要点，其中正文包括前言、主体和结尾三部分。（徐群，2007）（见表5-5）

表 5-5　调研报告写作要点表

	公文式标题		如《食品包装文字汉英翻译现状调研报告》
标题	一般文章式标题		如《本市老年人各有所好》
	提问式标题		如《"人情债"何时了》
	正副题结合式标题		如《交通公示语汉英翻译调研报告——以北京市及青岛市为例》
正文	前言	内容	调研的课题、对象、时间、地点、方式、经过、课题产生的由来
		写法	引起读者注意，采用设问、开门见山、承上启下、画龙点睛等，一般要求紧扣主旨，为主体部分做展开准备，文字要简练，概括性要强
	主体	反映情况类	基本情况（主要特点或成绩）、存在的问题和原因分析、改进的建议
		介绍经验类	基本情况（主要成绩）、具体做法、经验、取得的效果
		揭露问题类	基本情况（问题发生的过程和事实）、原因分析与产生的后果、经验教训与整改建议
		横式结构	对调查的内容加以综合分析，紧紧围绕主旨，按照不同的类别分别归纳成几个问题来写
		纵式结构	按调查事件的起因、发展和先后次序进行叙述和议论
		综合式结构	兼有纵式和横式两种特点，互相穿插配合，组织安排材料，一般是在叙述和议论发展过程时用纵式结构，而在写收获、认识和经验教训时采用横式结构
	结尾		归纳总结、做出展望、提出建议、点明不足、补充交代

翻译调研报告属于调研报告的一种，是对翻译政策、翻译产业和翻译现象进行调研与分析，然后将其撰写成书面报告。本节以《翻译硕士专业学位论文基本要求》(2018)为纲要，参考穆雷等(2012)的翻译硕士专业学位论文参考模板，设计了翻译政策调研报告、翻译产业调研报告与翻译现象调研报告三类翻译调研报告的写作模板。

翻译政策调研报告侧重于对有关翻译政策的执行情况进行调查与分析，指出政策制定和执行中的相关问题，帮助落实政策。翻译政策调研报告写作模板见表5-6。

表5-6 翻译政策调研报告写作模板

章节	名称		内 容
第一章	调研任务描述	调研背景	调研该政策的原因(引起热议、政策的成功或失败、暴露出的问题)； 该政策的基本内容(发布时间、执行时长、针对的对象、落实情况)； 委托方
		调研目的	调研该政策的目的与意义(反映政策可取之处、反映政策落实情况、相关问题、完善政策)； 所要探讨或解决的问题
		研究方法	调研对象(政策实施方、政策受事方)； 调研工具(问卷工具、笔记工具、分析工具)； 调研方法(问卷调查、实地观察、访谈调查、专家调查、文献调查)
第二章	调研过程	前期准备	调研环境(调研时间、地点、器材等)； 调研对象选择(选择条件、数量、取样方式、分组方式等)； 突发事件应急预案(问卷派发与回收)
		调研过程	实施调研与资料收集(问卷设计、访谈过程、实地调查经过)； 意外情况处理
第三章	结果与分析	数据统计与描述	有效数据筛选、数据分类汇总，以文字形式、图表形式、多媒体形式呈现
		数据分析	结合相关理论对调研结果进行解释与分析(对比分析法、结构分析法、交叉分析法、分组分析法)

续表

章节	名称	内　容	
第三章	结果与分析	结果分析	基于调研数据的分析结果，分析该政策取得的成效、反映出的问题、产生的原因、可能的后果
		策略与建议	政府机构的人员培养、制度改进
第四章	结论与展望	归纳出一般性、概括性结论，总结主要观点，提出展望，指出报告的不足，补充交代未涉及的问题	
参考文献			
附录	附录1：翻译调研中得到的原始数据		
	附录2：翻译调研中所用到的工具		
	附录3：调查问卷		
	附录4：访谈记录		
致谢			

　　翻译产业调研报告侧重于调查并分析有关翻译的产业、企业的发展现状及发展趋势，指出相关产业面临的问题或介绍其成功经验，帮助发展翻译产业，培养翻译人才。翻译产业调研报告写作模板见表5-7。

表5-7　翻译产业调研报告写作模板

章节	名称	内　容	
第一章	调研任务描述	调研背景	调研该产业的原因（相关公司的发展引发热议、产业发展的好与坏、市场需求、暴露出的问题）；该产业的基本内容（产业类型、经营对象、经营范围、企业模式、产业发展现状、相关公司经营状况、员工雇佣情况）；委托方
		调研目的	调研该产业的目的与意义（介绍成功经验、反映产业问题、帮助产业发展和产业人才培养）；所要探讨或解决的问题
		研究方法	调研对象（代表企业、龙头企业、主要主管部门）；调研工具（问卷工具、笔记工具、分析工具）；调研方法（问卷调查、实地观察、访谈调查、专家调查、文献调查）

续表

章节	名称	内　　容	
第二章	调研过程	前期准备	调研环境(调研时间、地点、器材等); 调研对象选择(选择条件、数量、取样方式、分组方式等); 突发事件应急预案(问卷派发与回收)
		调研过程	实施调研与资料收集(问卷设计、访谈过程、实地调查经过); 意外情况处理
第三章	结果与分析	数据统计与描述	有效数据筛选、数据分类汇总,以文字形式、图表形式、多媒体形式呈现
		结果分析	结合相关理论对调研结果进行解释与分析(对比分析法、结构分析法、交叉分析法、分组分析法)
			基于调研数据的分析结果,分析该产业发展好与坏的原因、未来发展趋势、可能的后果
			行业风气、企业制度、管理方式不足
		建议	人才培养、制度改进、管理完善
第四章	结论与展望	归纳出一般性、概括性结论,总结主要观点,提出展望,指出报告的不足,补充交代未涉及的问题	
参考文献			
附录		附录1:翻译调研中得到的原始数据	
		附录2:翻译调研中所用到的工具	
		附录3:调查问卷	
		附录4:访谈记录	
致谢			

　　翻译现象调研报告侧重于对翻译过程、翻译成果或是翻译教学中出现的共性问题或现状的调查与分析,提出建议与对策。翻译现象调研报告写作模板见表5-8。

表 5-8 翻译现象调研报告写作模板

章节	名称		内　　容
第一章	调研任务描述	调研背景	调研该现象的原因(学术界热议、共性问题); 该现象的基本内容(翻译能力、翻译教学状况、翻译策略); 委托方
		调研目的	调研该现象的目的与意义(解决共性问题,帮助人才培养); 所要探讨或解决的问题
		研究方法	调研对象(政策实施方、政策受事方); 调研工具(问卷工具、笔记工具、分析工具); 调研方法(问卷调查、实地观察、访谈调查、专家调查、文献调查)
第二章	调研过程	前期准备	调研环境(调研时间、地点、器材等); 调研对象选择(选择条件、数量、取样方式、分组方式等); 突发事件应急预案(问卷派发与回收)
		调研过程	实施调研与资料收集(问卷设计、访谈过程、实地调查经过); 意外情况处理
第三章	结果与分析	数据统计与描述	有效数据筛选、数据分类汇总,以文字形式、图表形式、多媒体形式呈现
		结果分析	结合相关理论对调研结果进行解释与分析(对比分析法、结构分析法、交叉分析法、分组分析法)
			基于调研数据的分析结果,分析该现象反映出的问题、产生的原因、可能的后果
			改进翻译人才培养,优化翻译课程
第四章	结论与展望		归纳出一般性、概括性结论,总结主要观点,提出展望,指出报告的不足,补充交代未涉及的问题
参考文献			
附录		附录 1:翻译调研中得到的原始数据
		附录 2:翻译调研中所用到的工具
		附录 3:调查问卷
		附录 4:访谈记录
致谢			

第六章　翻译实践报告写作案例

鉴于翻译实践报告是翻译硕士专业学位论文的最常见的写作形式，本书抽取了八篇优秀的翻译实践报告作为案例。报告类型涉及英译汉和汉译英两类实践报告。报告选题涵盖词、句、文化等多个领域的翻译技巧、翻译策略、翻译方法。选取的案例从写作选题、写作结构，到写作逻辑、理论运用都具有一定的参考价值。限于篇幅，本书删除了封面、摘要、附录等信息，只保留了正文和参考文献(统一放书后)。

第一节　汉译英实践报告

一、《勇敢的花朵》(节选)感官动词汉译英实践报告

1. 翻译任务

本报告基于笔者参与的儿童小说《勇敢的花朵》第七章和第八章翻译任务而撰写。《勇敢的花朵》是受云南晨光出版社委托，由中华学术外译团队承担的汉译英儿童图书，目标读者是8~16岁母语为英语的少年儿童。本报告描述了翻译任务和翻译过程，同时基于汉英压缩策略，重点汇报了感官动词的翻译方法。

本章首先报告了翻译任务的背景，包括委托方对翻译任务的要求，接着分析了任务文本类型、小说语言特点，最后介绍了此次翻译任务的意义。

1.1　任务背景

《勇敢的花朵》翻译任务是由云南晨光出版社有限责任公司委托中华学术外译团队进行汉译英的一部儿童小说。云南晨光出版社有限责任公司①(以下简称委托方)成立

---

① 　[2022-10-01]. https：//upimg. baike. so. com/doc/9684497-10030730. html.

于 1985 年，前身是云南少年儿童出版社，1993 年更名为晨光出版社，是一家以出版少年儿童读物为主的专业少儿出版社。

委托方对译文质量的要求是要符合"信、达、雅"的翻译标准：(1)译文要忠实，按原文进行翻译，忠于原著；译稿力求做到表达清楚、符合原意，无错译、漏译、跳译。(2)译文要准确：作品是给 8~16 岁少年儿童看的文学读物，故事背景是云南少数民族地区，作品内容涉及傈僳族的风土人情，因此要特别注意，对于有关傈僳族以及云南西北少数民族地区风土人情的专有名词等的翻译一定要准确，要查证；专业词汇要统一译法。(3)译文要表达流畅：语言要具备儿童小说的文学性，要做到优美、生动。

《勇敢的花朵》是儿童文学作家唐池子的作品，小说共有十二章，约有 67332 个汉字，笔者负责翻译的第七章和第八章合计 11966 个汉字。小说主要讲述了发生在云南傈僳族云古寨里的种种暖心故事——勤劳、勇敢、善良的傈僳族女孩阿春花一家，为了给有眼疾的爷爷治眼病，偶遇了来自大城市的科学家张坚和李俊，机缘巧合之下，一家人主动帮助两位科学家进行相关研究以保护濒危野生动物滇金丝猴；李俊的未婚妻——知性的城市女教师林晓来到云古寨之后，被本地乡村教师叶秀的奉献精神和人格魅力所感动，也主动留在当地继续自己的教育事业；一生献给教育事业的叶秀老师最终在一次事故中为救学生，献出了自己的生命……

委托方对翻译进度的要求：《勇敢的花朵》汉译英任务共历时 9 个月，笔者于 2021 年 1 月接手翻译任务，要求不迟于 2021 年 9 月交稿。此次外译团队共有 12 名师生，在规定时间内顺利完成了本次翻译任务。以上《勇敢的花朵》翻译任务基本信息总结如表 1.1 所示：

表 1.1 《勇敢的花朵》翻译项目基本信息表

项目介绍	项目名称	《勇敢的花朵》汉译英翻译
	委托方	云南晨光出版社有限责任公司
	执行时间	2021 年 1 月—2021 年 9 月
	项目字数	67332 个汉字
	译者团队	12 人团队
	目标读者	8~16 岁少年儿童

续表

翻译要求	目标语言	英语
	翻译内容	以云南少数民族为背景的儿童小说
	译文格式	中英对照
	交稿时间	2021 年 9 月
	译文质量	不错译、漏译、跳译；专业词汇统一译法；忠于原著

1.2　文本类型

《勇敢的花朵》任务文本是儿童文学作家唐池子撰写的一部少数民族儿童文学作品。在着手翻译之前，笔者对该小说的语言特征与文本类型进行了仔细阅读与分析。

儿童文学在语言表达方面具有自身的特征，这些体现在：儿童文学应具有趣味性(语体上简洁、明快和富于行动性，形式上具有创意性)和朴素性("自然""本色""简约""单纯""率真"的艺术风格)等特质，这是儿童文学风格的普遍性。(朱自强，2009：39-42；徐德荣、姜泽珣，2018)

少数民族儿童文学在语言表达上也有自身独特的魅力，主要体现在：少数民族儿童小说从各民族民间儿童文学中涉取、出发，从各民族儿童的生动口语中采撷、加工，它们的语言内涵都贴近本民族生活，散发出浓厚的本民族生活气息，别有一番风味。这样的民族语言，是民族化、口语化、儿童化的统一。这些语言，有的是巧言切状、联想绝妙的比喻，有的是含蓄隽永、富于哲理的格言，都是用形象的事物表达抽象的道理。(张锦贻，1994：84-85)

从语言特征上看，《勇敢的花朵》文本的语言特点符合以上学者所谈到的儿童小说与少数民族小说的语言特点，该小说在文本类型上属于表达型文本。所谓表达型文本旨在传达情感和态度，语言具有美学特征，多为文学作品。(Reiss，2000)《勇敢的花朵》语言特点具体如下：

(1)民族特色词汇较多。由于《勇敢的花朵》任务文本是以云南少数民族傈僳族为背景的儿童小说，文中多出现带有民族特色的词汇，如，对人的称呼：阿爸、阿芭、阿哟、阿美……具有少数民族特色的物品：火塘、庄房、山羊舞、葫芦笙、木楞房、珍珠鸡等，这些富含民族文化特色的词汇需要译者认真查阅相关资料将其准确译出，并且要确保译文符合少年儿童读者的认知水平。

(2)感官动词出现频率高。感官动词出现的频率之高与儿童文学的语言特点密不可分。儿童文学语言的词汇特点有以下两点：①词汇相对的形象性，太过抽象儿童不易理解，如"别理它们，贩卖正直的人最不正直"，这句话中的"正直"本是抽象的词语，2~6 岁的孩子不易理解，加上和"贩卖"搭配，就更难读懂了。（田华，2009）而《勇敢的花朵》文本中有许多具象的词汇，比如感官动词叠音词，如"再看看这个屋子里的人""看看那些像滇金丝猴那样需要保护和帮助的孩子，去看看那个云朵之上的古寨，去看看自己日夜牵挂的人"。这些叠音词的使用使表达更生动形象，使事物或情感可观、可感、可聆听、可想象，这样的语言文字更适合儿童阅读。②尽力避免艰深词语和不常用的字，力避生造词。如"……乳白色的晨岚渐渐被太阳蒸干，能见度越来越高"一句中的"晨岚"一词很少见，甚至《现代汉语成语词典》中也查找不到，这样一来，这个较为偏涩的词语势必要影响读者对作品的理解、领会。（田华，2009）相对而言，《勇敢的花朵》文本里多出现一些常见常用的词，如"车里恢复宁静，林晓的心静下来，又开始听见鸟的鸣叫，眼尖时还能看见核桃树上闪过的几羽锦色长羽毛"中的"听见""看见"，两个感官动词"看见"与"听见"，让人读后有画面感，仿佛自己能够亲眼看到这样的情景。

（3）多口语化表达。作为一部儿童小说，《勇敢的花朵》多使用简洁、通俗的口语化描述，比如，"我是阿春花啊！这几天我天天在这里等你""你果然比照片上还好看"等，通俗易懂的语言更加符合目标少儿读者的阅读水平。同时，对话描写众多，使得小说中人物角色特点鲜明立体，比如热情好客的阿春花、娴静大方的林晓老师、为科学甘于献身的年轻科学家李俊、无私奉献的叶秀老师……

（4）多使用拟人、比喻等修辞手法。任务文本中较多使用了拟人、比喻等修辞手法，使得小说中的角色栩栩如生、跃然纸上。如"只见小女孩把葫芦笙一咬，叼住了它，然后手脚并用，小心翼翼地保护着她的"华服"，像只彩色松鼠一样从树上倒退着攀爬下来"，该句中将小女孩比作"松鼠"，突出体现了小女孩身手敏捷灵活。再如，"车子像睁着大眼睛的怪物，顿时跌进了一个四面严丝合缝的黑幽幽的大箱子"，将车子比作大眼睛怪物，使得车子的形象更具体，给青少年读者丰富的想象。任务文本中修辞手法的运用有助于吸引儿童的注意，使陌生的事物变得亲切和熟悉，增强少年儿童的理解力，使他们更好地理解作品。

（5）大量的环境描写。任务文本中出现了大量的环境描写，如"站在村寨入口，看着青山远外，流瀑近前，绿树繁花，古寨仰立，林晓觉得自己像站在一个遥远的梦边，站在一个世外桃源面前"，环境描写与情节发展相呼应，既叙述了主人公林晓刚进入云古寨的情节，又描写了她身边的自然景象，这就需要译者在翻译时将故事情节发展与环境描写相结合，使得译文流畅连贯。

1.3　任务意义

本次翻译任务《勇敢的花朵》是一部儿童文学作品，整个翻译项目对云南晨光出版社、儿童文学作品的目标读者和笔者自身分别有促进文化交流与传播、启蒙教育和实践研究的意义。

整个翻译项目具有促进文化交流与传播的意义。《勇敢的花朵》传递出积极向上的正能量，将改革开放以来偏远的高原大山里少数民族少年儿童怀揣美好梦想，在逆境中不放弃、不言败，克服重重困难，为幸福生活顽强奋斗的成长励志故事描述得震撼人心。《勇敢的花朵》的翻译与出版有助于传播少数民族优秀文化，促进汉族与少数民族文化融合，推动全球文化的传播与交流。

整个翻译项目对目标读者具有启蒙教育意义。《勇敢的花朵》是一部优秀的少数民族儿童小说，目标读者阅读译文文本有助于从优秀的故事中汲取知识，丰富少年儿童的生活；通过对少数民族文化的感知与接触，也有利于提高少年儿童的接受能力和思维能力。小说中蕴涵着深刻的奋斗、拼搏、奉献意义，对少年儿童具有启蒙教育作用。

整个翻译项目对笔者具有实践研究的意义。本次翻译任务是笔者第一次接触儿童文学小说类型的翻译，通过这次翻译笔者不仅学习了更多的翻译技巧，提高了汉语与英语的掌握水平，而且通过文中对儿童文学语言特点的分析，深入了解了儿童小说的文本特点，并积累了一些儿童文学小说翻译的经验。在翻译过程中，笔者对文本中感官动词翻译难点进行归类、分析与处理，总结了感官动词翻译方法，从一定意义上拓宽了感官动词研究的领域与范围，为以后处理类似的儿童文学作品中的感官动词翻译提供了一定的思路与方向。此外，通过此次翻译项目，笔者的翻译能力和思维得到提升与锻炼，在翻译项目中严格要求自己，对翻译的质量精益求精，努力克服自己的不足，积累经验，学会如何分析、解决问题。

总之，本章主要报告了《勇敢的花朵》翻译任务背景，包括委托方对翻译任务文本的内容、翻译质量以及翻译进展的要求等。此外，本章分析了该小说文本类型的特点，最后总结了本次翻译实践的意义。

2.　翻译过程描述

《勇敢的花朵》(节选) 的翻译过程可分为三个阶段：译前准备阶段、译中处理阶段和译后审校与质量控制阶段。在译前准备阶段，主要对翻译任务进行了预读分析，根据文本内容特点准备了翻译工具，制订了翻译计划。在译中处理阶段，笔者按照委托方的要求进行"信、达、雅"的翻译，保证译文忠实、表达准确与流畅。针对文本中遇到的翻译难点问题，即专有名词、少数民族特色词汇以及感官动词的翻译等，笔者进行了思考与处理，并根据文本特点选择了汉英压缩策略来指导本次翻译实践。在翻译结束后，针对译文展开了四轮审校以确保译文质量。

2.1　译前准备

译前准备工作是后续翻译顺利进行的保证。在接到翻译任务后，笔者首先对文本和背景资料进行了预读，并对相关内容准备了相应的翻译工具，结合文本特点制订了详细的翻译计划。

2.1.1　文本预读

在文本预读阶段，笔者先预读了《勇敢的花朵》整个文本，接着预读了小说的背景资料和平行文本，最后通读案例文本，具体如下：

预读整个文本。接到翻译任务之后，笔者首先通读了整个小说，了解了文章大意。阅读过程中，笔者将难以理解的单词和句子结构用不同的颜色加以标记，方便翻译过程中重点查找及自检。同时初步了解了任务文本具有较多的少数民族特色词汇、专有名词、感官动词的语言特征。

预读小说背景资料。通过维基百科检索，掌握了作者的基本信息，以及《勇敢的花朵》的背景知识。通过查询得知，翻译文本是由儿童小说作家唐池子为庆祝改革开放四十周年撰写的作品。小说背景在遥远的滇西北傈僳族村寨，文本呈现出了傈僳族传统的生活方式和话语方式。

预读平行文本。本次翻译任务的目标读者是 8～16 岁以英语为母语的少年儿童，英语译文表达符合其阅读习惯至关重要。为了使英语译文更好地贴合英美国家少年儿童文学作品的语言风格，笔者阅读了英国作家 J. K. Rowling（2005）的经典著作 *Harry Potter and the Half Blood Prince*（《哈利·波特与混血王子》）、美国当代著名散文家 E. B. White（2010）的 *Charlotte's Web*（《夏洛的网》）以及英国著名儿童文学作家 Roald Dahl（2004）的 *Charlie and the Chocolate Factory*（《查理和巧克力工厂》）等广受大众喜爱的经典儿童文学作品，为汉译英储备充足的语言知识。

通读案例文本。经过前面几轮的预读，笔者已经对所要翻译的任务有了清晰的认识，接下来重点通读了案例文本即第七、八章。由于文本涉及云南少数民族的风土人情，以及一些具有传统特色的名词，笔者通过查阅相关资料不断补充专业知识，力求准确无误地再现原文意义与特色。

最后，笔者与翻译团队成员针对文本中涉及的云南少数民族风土人情，以及一些具有传统特色的名词，建立了原文文本的少数民族特色词汇术语表和人名术语表，如表 2.1、表 2.2 所示，确保翻译过程中特色词汇以及人名术语的翻译统一。

表 2.1　《勇敢的花朵》少数民族特色词汇术语表

原文	Translation
火塘	Kang bed-stove
庄房	Zhuangfang（grain-stored room）
山羊舞	Goats-like dancing
葫芦笙	Gourd flute
横断山脉	Hengduan Mountains
滇金丝猴	Yunnan snub-nosed monkeys
昆明动物研究所	Kunming Institute of Zoology
西双版纳	Sipsongpanna
傈僳族	Lisu
云古寨	Yungu Village
三江炖木瓜鸡	stewed chicken with Papaya
荠菜炒豆腐	Fried tofu with shepherd's purse
盖帽粉丝	Stir-fried vermicelli with bean sprouts with an omelet lidded

表 2.2　《勇敢的花朵》人名术语表

名字	Name
阿春花	Ah Chunhua
阿爸	Ahpa
阿妈	Ahma
阿芭	Ahba
阿呦	Ahyo
阿美	Ahmei
拉努	Ranu
蓝扒	Ranba
张坚	Zhang Jian

续表

名字	Name
李俊	Li Jun
林晓	Lin Xiao
叶秀	Ye Xiu
贵哥	Brother Gui
白龙大叔	Uncle Bailong

2.1.2 翻译工具

为了保证翻译项目的顺利进行，解决翻译过程中出现的难点问题，笔者准备了翻译时所需的翻译工具，具体如下：

(1)准备有关云南少数民族傈僳族的历史参考书。经过文本预读，笔者了解到《勇敢的花朵》文本以云南少数民族为背景，文中包含大量的人名、地名、少数民族特色词汇等，为了保证译文的准确无误、提高翻译质量与效率，笔者参考了纸质工具书《怒江傈僳族自治州民族志》《云南省志》和《中国民族志》。

(2)准备权威专业类别的词典。为了查找任务文本中出现的人名、地名等准确意思，笔者准备了纸质版词典《中国少数民族文化大辞典》(1999)和《中国民族语言文字大辞典》(2017)，对文本中出现的少数民族背景知识及特色词汇进行深入的了解与分析。同时针对以上人名与地名的翻译，笔者查阅了《世界地名翻译大辞典》(2008)和《世界人名翻译大辞典》(1993)等以确保翻译的准确性。

(3)准备网络搜索引擎、电子词典，搜索相关网站。针对翻译任务中出现的文化习俗、风土人情以及有关云南少数民族傈僳族的传统，笔者通过中华人民共和国国家民族事务委员会网站、中华人民共和国中央人民政府网等政府网站，以及中国知网①、万方数据知识服务平台②等学术网站帮助理解整个翻译文本，同时通过权威学术网站查阅、引用相关资料，借助《剑桥高阶英语词典》《韦氏高阶英语词典》等查找词义。

(4)准备翻译理论书。为确保翻译过程中汉英两种语言在思维、审美等方面的恰当转换，笔者查阅了相关理论书籍，如《汉英翻译学：基础理论与实践》(王建国，

---

① [2022-10-01]. https：//www.cnki.net/.
② [2022-10-01]. https：//g.wanfangdata.com.cn/.

2019)、《汉英语对比纲要》(潘文国，1997)、《新编汉英对比与翻译》(刘宓庆，2006)等，以更好地理解中英文之间的语言及文化差异，转化思维模式，提升翻译质量。

(5)准备计算机辅助翻译软件。为了提高翻译工作效率、保证翻译质量、确保术语统一性、方便整个翻译流程的质量监控与译后审校，笔者准备了 SDL Trados、SDT MultiTerm 等翻译辅助工具。

以上《勇敢的花朵》翻译工具总结为表2.3。

表2.3　《勇敢的花朵》翻译工具

纸质工具类型	翻译理论书	《汉英翻译学：基础理论与实践》(2019)	《新编汉英对比与翻译》(2006)	《汉英语对比纲要》(1997)
	纸质工具书	《中国少数民族文化大辞典》(1999)	《中国民族语言文字大辞典》(2017)	《世界地名翻译大辞典》(2008)
	历史参考书	《云南省志》	《怒江傈僳族自治州民族志》	《中国民族志》
电子工具类型	搜索引擎	Google	Wikipedia	百度
	电子词典	Longman	剑桥高阶英语学习词典	韦氏高阶英语词典
	学术网站	中国知网	万方数据	谷歌学术
	政府官网	中华人民共和国中央人民政府网	中华人民共和国国家民族事务委员会	国家统计局
	计算机辅助翻译软件	SDL Trados Studio	ABBYYFineReade	SDT MultiTerm

2.1.3　翻译计划

合理的翻译计划能够保证翻译工作的顺利进行。《勇敢的花朵》(节选)汉译英任务为儿童文学作品，文本中专业术语较多，用词多样，翻译难度大。笔者此次承担的翻译量为源语文本约11966个汉字，2021年1月接到翻译任务，要求2021年9月之前交稿，具体翻译计划如下：

2021 年 2 月进行译前准备工作，笔者对整个翻译项目进行了阅读与分析，同时准备了多个翻译工具；3—4 月为翻译阶段，在此期间完成初稿；5 月项目组成员互改译文；5 至 8 月为英语译文审校时间，共有四轮审校，分别为初审、复审、终审与出版社审校。由于与出版社签订了合同，翻译团队必须在 2021 年 9 月前提交译稿，因此翻译团队带队老师非常强调时间节点。为了提高翻译效率，不耽误整个翻译项目的进度，笔者在正式翻译前制订了翻译计划，如表 2.4 所示：

表 2.4 《勇敢的花朵》翻译过程计划表

时间	工作安排
2021 年 1 月—2021 年 2 月	译前准备
2021 年 3 月—2021 年 4 月	完成初稿
2021 年 5 月—2021 年 6 月	第一轮审校
2021 年 6 月—2021 年 7 月	第二轮审校
2021 年 7 月—2021 年 8 月	第三轮审校
2021 年 9 月	完成终稿

2.2 译中处理

译中处理主要描写了翻译计划的实际执行情况，其中包括文本难点的处理和翻译理论的选择。笔者在译中处理阶段将翻译过程中遇到的难点进行处理，并根据文本语言特点选择了汉英压缩理论来做指导。

2.2.1 文本难点

在翻译的过程中出现了许多翻译难点，比如感官动词翻译、专有名词翻译、少数民族特色词汇翻译、长句翻译等。其中，感官动词翻译是文本中比较有代表性的难点。这是因为感官动词在文本中的用法比较灵活，从思维方式、语用方式等方面都体现了汉语选词构句的特点。本次翻译任务中共有 67 个感官动词，能否处理好感官动词的翻译在一定程度上影响着整个译文的质量。对文本翻译难点的主要处理方式如下：

(1)将文本中难以理解的词句进行标注，通过查阅相关资料以及和翻译小组成员商讨，及时解决翻译难点，以求最大化地再现源语文本。对翻译文本中出现的有关傈傈族特色与文化的词汇以及专有名词进行搜索查证，确保术语翻译的统一与准确性。同时，将文本中文学性较强的长句进行句子成分划分，再进行理解翻译。

（2）对文本中出现的感官动词首先进行理解，根据汉英差异识别原文中所承载的思维方式、审美方式和语用方式，以决定是否翻译、如何翻译，根据上下文选择合适的英文表达。此外，笔者对原文出现的感官动词翻译难点进行归纳整理，基于感官动词特点以及高再兰(2012：490)对感官动词的分类，将任务文本中感官动词划分为三类，辅助解决感官动词的翻译难点。

2.2.2 理论选择

本项目在进行翻译时借鉴了一些理论做参考，尤其是汉英压缩策略，这一理论对感官动词翻译有更强的指导作用。汉英压缩策略由王建国根据汉英差异推导而提出，汉英两种语言在思维方式、审美方式等方面存在差异，如汉语民族是主客交融的思维方式，英语民族是主客两分的思维方式；汉语民族崇尚行云流水的平面美，英语民族崇尚界限清晰的立体美等。这些差异统一表现为"汉语界限性弱，英语界限性强"，这就要求译者在汉译英时，将表现汉语界限意识弱的内容进行压缩。（王建国，2019：233）

压缩是指内容或意义界限上的压缩，而非形式上的压缩，是取焦点，并围绕焦点而形成的一种边界压缩，让焦点更加清晰而做出的边界精确压缩。压缩的方法主要包括增添隐含和删除等，具体来说：（1）增添是指汉译英时通过增添语法标记（动词的时体标记、名词单复数标记）和添加内容来限定原文形式可能传达的意义边界，使英语表达的界限较为清晰。(2)隐含是将原文意义部分或全部隐含在译文中，隐含的技巧主要包括通过语法标记使用、结果导向、抽象名词使用、名词化等表述方式来实现意义上的压缩。(3)删除是指原文的形式、语义和逻辑都在译文中不存在，删除主要受到汉英思维方式、意识形态和审美方式等方面差异影响。删除的意义可以是词汇，也可以是句子或篇章层面的意义。（王建国，2019：95-102）

总而言之，汉译英时采用压缩策略，是汉英两种语言及其思维方式和审美方式差异内在的本质需求，压缩的过程就是从模糊到清晰，界限意识从含混到清晰的转换过程。（王建国，2019：77）

2.3 译后审校与质量控制

译后审校和质量控制是整个翻译过程中至关重要的环节。译后审校是核查和完善译文的最后一步，翻译质量控制贯穿整个翻译流程。（徐彬、郭红梅，2012）本次翻译任务一共进行了四轮审校，同时，在翻译的各个阶段都体现着质量控制。

2.3.1 文本审校

本次译文审校一共经历了四轮，包括自我审校、同组译员互审、外籍译员审校和出版社审校。

第一轮为初审也是自我审校，主要是笔者按照原文对译文进行逐字的审校，检查译文中是否存在语法错误、拼写错误和理解错误。其次，对译文中存在的错译、漏译等进行修改。

第二轮审校是复审也是同组译员互审，互相检查对方的译文。同组译员首先互相阅读对方的译文，核查译文是否忠实于原文，术语翻译是否前后一致。之后，提出修改意见，并对译文有问题的地方进行标注，同时对有明显错误的地方进行了修改和润色。同组译员之间互相审校有助于将前后文连贯起来，更好地理解自己翻译的文本。

第三轮是外籍译员审校。前后共有两位译员，第一位外籍译员不懂汉语，作为一名英语母语者，可以将一些中国式的表达改成更符合英语母语读者习惯的表达。第二名外籍译员略懂汉语，他的修改会更侧重译文是否忠实、准确传达了原文要表达的意思，译文上下文是否连贯。最后，笔者针对两次外籍译员的审校、修改，重新对照原文检查译文，并将存在疑问的地方与导师讨论。经过三次审校，译文得到完善，译文质量有了很大的提升。

第四轮是出版社审校。出版社主要审查出了英语译文在表达上可能造成少年儿童阅读障碍的问题，如用词生僻、句子冗长。基于出版社给出的修改意见，笔者进行了认真修改，并及时向出版社进行了反馈，最终得到了出版社的认可，进行英语译文定稿。

2.3.2 质量控制

翻译的质量控制是为确保翻译服务产品的质量而进行的有计划的系统活动。(徐彬、郭红梅，2012)为了保证翻译质量和用词规范统一，笔者基于译前建立的术语表，确保术语翻译一致。在翻译过程中，翻译项目管理人员及时对翻译活动跟踪监控，确保按时交稿，同时对翻译过程中出现的重点、难点进行解决处理。译后阶段，校对组首先对译文进行语言文字和专业技术双重校对，以消除拼写和语法上的错误，防止出现漏译、错译等常见的翻译错误。

此外，由资深翻译专家对翻译风格进行再次把关，确保译文风格统一，符合"信、达、雅"的翻译准则。同时，考虑到该项目的目标读者是以英语为母语的少年儿童，应保证英译文的可读性与流畅性，符合目标读者的认知阅读水平。最后，出版社定稿后，笔者对定稿文本进行了校对，确保英语译文符合"翻译服务规范（GB/T 19363.1—2008 和 GB/T 19363.2—2006）"与"翻译服务译文质量要求（GB/T 19682—2005）"的有关规定。

3. 感官动词翻译案例分析

感官动词的翻译是《勇敢的花朵》(节选)汉译英任务的主要难点。本章重点描述了感官动词翻译难点，并对感官动词进行了分类，以便更好地翻译感官动词，接着梳理了感官动词翻译相关研究成果，并借助汉英压缩策略对感官动词进行翻译案例分析，归纳感官动词的翻译方法。

3.1 感官动词翻译难点及分类

《勇敢的花朵》(节选)文本中共有 67 个感官动词①，感官动词的使用较为灵活，处处体现着汉民族语言与文化特点，感官动词的英译一定程度上影响着整个译文的质量。为了处理好感官动词的翻译，本章首先总结了文本中的感官动词翻译难点，接着对感官动词进行了分类。

3.1.1 感官动词翻译难点描述

感官动词翻译难点主要体现在两个方面，首先，有些感官动词无法对应翻译确实给文本翻译造成了不小的困扰。比如：

例1：林晓有点呆，觉得眼前完全像一个童话，美极了。那个女孩是不是就是阿春花或者阿美？林晓的记忆不错，记住了李俊提到的三个好朋友的名字。

只见小女孩把葫芦笙一咬，叼住了它，然后手脚并用，小心翼翼地保护着她的"华服"，像只彩色松鼠一样从树上倒退着攀爬下来。

例1汉语原文中作者使用了"只见"一词，但是"只见"的施动者未出现，从上下文来看，有可能是林晓，有可能是贵哥，也有可能是上帝的视角，总而言之，该句中"只见"的施动者不明，难以判断出句子之间的逻辑关系。而英语句子成分之间界限清

---

① 主要是视觉动词和听觉动词，由于任务文本中触觉、嗅觉、味觉词较少，故而不在本文讨论范围之内。

晰，主谓分明，词类功能分明，因此将此句中"只见"英译时，难以找到与其相对应的翻译。

此外，董秀芳（2007）指出，在现代汉语中，"只见"不仅有词和短语的用法，也逐渐发展出话语标记的用法。作为话语标记的"只见"不再是句子结构的主要成分，因而可以被删除，完全不影响结构的完整性和叙述的连贯性。这就需要译者结合上下文判断出"只见"的功能是否符合话语标记的特征，再采用合适的翻译策略。

其次，虽然有些感官动词能够在译文中找到对应翻译，达到了"忠实"的要求，但是却不通顺或者不符合英语译文语法要求，比如有些汉语感官动词可以在英语中找到对应的翻译，如"看"可以翻译成 look at/see/watch 等，"听"翻译成 hear/listen 等，但即使有对应的感官动词可以选择，感官动词的翻译也不是词对词的翻译，而是还要考虑各种因素，比如感官动词在句中的位置、时态、语法结构等。如：

例 2：看林晓目瞪口呆的样子，贵哥在哈哈大笑中启动了面包车。

例 2 中的"看"或许可以翻译成英语的感官动词 look at，但是如果我们直接把 look at 按照原文的结构顺序放在英语译文中，似乎不太可行。因为例 2 出现了三个动词"看""哈哈大笑""启动"，这三个动词在原文中是按照动作发生的时间顺序排列的，尽管动词有主次先后之分，但汉语在形态上并无"任何语义显性标记加以显示"（贾文波，1999：55），本例句中三个动作的主次界限不够清晰，难以把握"看""哈哈大笑""启动"三个动作哪个是主要动作。而英文句子追求逻辑在先，将重点信息放在主句，作为主要成分，其他成分放在从属结构中作为次要信息，主次结构分明，这样一来动词的形态会发生变化。英文的语法结构严格限制了动词的使用形态，一个英语句子通常只有一个谓语，其他出现的动词用非谓语形式来表达，或者借助动词以外的其他词类。（连淑能，2010：154）因此文本中出现的一些即使可以找到对应翻译的感官动词也是文本的感官动词翻译难点，汉译英时需要译者去自主判断句子中各个动词间的主次关系和动词形态的变化，避免误译。

综上所述，如何将汉语原文中的感官动词准确有效翻译成英语表达，成为本次翻译任务的主要难点。为了处理这些难点，笔者对原文中的感官动词进行了分类。

3.1.2　文本感官动词分类

根据本翻译任务特点，为了方便解决感官动词的翻译难点，本报告借鉴高再兰（2012：490）对汉语感官动词的分类方法，将文本中的感官动词进行了分类。

感官动词指与五种感觉器官有关的动词，赵彦春、黄建华（2001）将英语感官动词分成三类：感官动作动词、感官感知动词和感官系动词。其中感官动作动词以 Intent

(意图)为特征，如 look，listen 等；感官感知动词以 Result(结果)为特征，如 see，hear 等；感官系动词以 State(状态)为特征，如 look，sound 等。

相应地，高再兰(2012：490)根据汉语语言特点，将汉语感官动词也分成三类：感官动作动词、感官感知动词和感官系动词。感官动作动词为"V"，如"听、看、闻、尝、摸"等；感官感知动词为"V 到"(或"V 见"等)，如"听到、看到、闻到、尝到、摸到"等；感官系动词为"V 起来"，如"听起来、看起来、闻起来、尝起来、摸起来"等。

本文依据高再兰(2012)对汉语感官动词的分类，将文本中的感官动词分为三类：感官动作动词、感官感知动词和感官系动词。感官动作动词，如文本中的"看、听、看着、看看、听着"，更多地强调动作本身；感官感知动词，如"只见、看到、看见、见过"，和感官动作动词不同，更强调结果；感官系动词，如"看上去"，与前两类不同，强调主体的状态。《勇敢的花朵》(节选)文本共有感官动词 67 个，其中感官动作动词 33 个，感官感知动词 31 个，感官系动词 3 个，见表 3.1。

表 3.1　《勇敢的花朵》(节选)感官动词分类

分类	出现次数
感官动作动词	33
感官感知动词	31
感官系动词	3
总计	67

3.2　感官动词翻译研究成果

学界对感官动词的研究由来已久，本文借助中国知网(CNKI)总库中的学术期刊库与学位论文库对感官动词翻译的研究成果进行了梳理。

借助中国知网高级检索文献分类页面进行检索，检索时间截至 2022 年 8 月 8 日，检索条件依次设为四类：①"篇名"并含"主题"；②"关键词"；③"篇名"；④"主题"。首先在第一类检索条件下先后输入不同的关键词"感官动词""视觉动词"和"听觉动词"，接着在第二类检索条件下分别输入"看""听"，最后在后两类条件下输入"视觉动词"和"感官动词"进行检索。结果显示，共有学术论文 263 篇、学位论文 82 篇，见表 3.2。

表 3.2　感官动词翻译相关研究成果

研究主题	学术期刊	学位论文
感官动词翻译	1	0
视觉动词翻译	1	4
听觉动词翻译	0	2
"看"翻译	5	4
"听"翻译	131	4
视觉动词	34	23
感官动词	91	45
合计	263	82

剔除不相关文献，与本文讨论的感官动词汉译英密切相关的文献有 10 篇，见表 3.3。

表 3.3　感官动词汉译英相关研究成果

研究内容	学术期刊	学位论文
感官动词翻译	1	0
视觉动词汉译英("看""见")	5	2
听觉动词汉译英("听")	0	2
合计	6	4

在学界对感官动词翻译的研究中，一部分学者认为，感官动词翻译要根据词语所在的语境，从语用、语义、词汇搭配等角度分析，选择恰当的英语译文。

比如，在"看+名词"汉语结构中，根据"看"与名词之间关系的不同，"看"的语义随之变化。"看门"的意思是看守入口的行为，可英译为 to guard the entrance，如果"看"后的名词换成"问题"，可以翻译成 to look at a problem, to approach a problem 等，具体选择哪一种译文需要根据"看"与后面跟的名词的关系以及上下文来确定。

此外，还有学者认为感官动词翻译可以分为对应转换和非对应转换两种翻译方式。这些学者指出，由于人类体验客观世界存在共性，大量感官动词在英汉互译时，大部分是可以对应转换翻译的。（王建国、张虹，2016；王晔茹，2018；肖志月，2016；徐洁，2017）

例 3： 上官来弟清清楚楚地看到了日本兵鼻尖的汗水、花马粗壮的睫毛，听到了

从花马鼻孔里喷出的喘息声，闻到了酸溜溜的马汗的味道。（莫言，2012：18）（引自王建国、张虹，2016）

译文：Laidi saw beads of sweat on the tip of his nose and the thick lashes of his mount, and she could hear the air forced out through the horse's nostrils; she could also smell the sour stench of horse sweat. (Goldblatt, 2011：49)

分析：本例中的感官动词的施动者是主要人物上官来弟，三个连续的感官动词"看""听""闻"表现了主要人物对背景事物的感知，三个动作都是实际存在的且感官描写为焦点信息，通过上官来弟对日本兵和花马的感知引出对配角"日本兵"和"马"的布景。因此在译文中一般不能删除，汉语感官动词"看""听""闻"对应转换为英语感官动词 saw、hear 和 smell。（王建国、张虹，2016：80）

对于不能对应转换即通顺但不忠实的翻译的感官动词，这些学者认为感官动词不能对应转换的原因主要是由于汉英思维方式、语用方式和审美方式差异导致的。

例 4：武松……直奔过乱树林来；见一块光挞挞大青石，把那哨棒倚在一边，放翻身体，却待要睡，只见发起一阵狂风。那一阵风过了，只听得乱树背后扑地一声响，跳出一只吊睛白额大虫来。武松见了，叫声"阿呀"……（施耐庵，1985：81）（引自王建国，2019：33）

译文：... and he staggered into a thicket. Before him was a large smooth rock. He rested his staff against it, clambered onto its flat surface, and prepared to sleep. Suddenly a wild gale blew, and when it passed a roar came from behind the thicket and out bounded a huge tiger. Its malevolent upward-slanting eyes gleamed beneath a broad white forehead. "Aiya!" cried Wu Song. (Shapiro, 2004：227)

分析：例 4 非对应转换翻译就是由思维方式差异导致的。汉语民族受"天人合一"的思维方式的影响，有较强的主体意识，且主客不分。本例汉语原文中使用了多个感官动词，如"只见""只听得""见了"等，这些都是以武松为参照点的平面视角，带有很强的主体意识，这些感官动词与后面的客观事物形成衔接，读起来流畅自然，符合汉语表达习惯，体现了汉语主客交融的思维和平面审美特点。而英语民族受"主客两分"思维方式的影响，形成了客体性的思维方式，注重客体意识，让事物以客观的形式呈现出来，实现主体与客体界限意识分明。（连淑能，2002；潘文国，1997：363；刘宓庆，1993，2006：486；王建国，2020；张顺生，2021；何伟、闫煜菲，2022）

在本例英语译文中，这些感官词都被删除了，相关内容变成了客观且层次感较强的场景布置，原文中描述的"一块光挞挞大青石""一阵狂风"等就不再表现武松的单一视角，汉语的主体意识表述变成了凸显英文较强的客体意识表达，平面审美变成了立体审美。可以看出，感官动词在本例中没有对应转换翻译，而是在英语译文中被删除了，这就是非对应转换，非对应转换反映了汉英思维方式和审美方式差异在翻译中的作用(王建国，2019)。

例 5：婆婆的大嗓门把女儿们的号哭声压了下去。她睁开眼，幻觉消失，看到窗户一片光明。槐花的浓香阵阵袭来。一只蜜蜂碰撞着窗纸啪啪作响。(莫言，2012)(引自王建国，2019：96)

译文：Her mother-in-law's stentorian voice overwhelmed the girl's wails. She opened her eyes, and the hallucination vanished. The window was suffused with daylight; the heavy fragrance of locust blossoms gusted in. A bee banged into the paper window covering. (葛浩文译)

分析：任何翻译行为都是语用行为。(王建国，2019：4)汉语是"过程取向"语言，喜欢使用表示过程的词汇，而英语是"结果取向"语言，喜欢使用表示结果意义的词汇，英语多表事件运动或事件发展的结果状态，弱化甚至忽略达到最后状态的过程细节。(王建国、何自然，2014)比如，例 5 汉语原文中的"看到"既包含了过程"看"也包含了结果"看到"，而英语译文直接描述了"看到"的结果，即 The window was suffused with daylight，将"看到"的过程意义隐含，直接描述了结果状态，从而印证了上文提到过"汉语重过程，英语重结果"的语用原则。(王建国、何自然，2014)

综上所述，感官动词能够分为对应转换和非对应转换翻译，对应转换翻译是由于人类认知的共性，而非对应转换翻译则受到思维方式、语用方式和审美方式等差异的影响。王建国基于对汉英翻译实践的考察和汉英语言与文化方面的差异而提出的汉英压缩策略对汉英翻译实践有较强的指导作用。(张顺生，2021)采用压缩策略可以将汉语模糊性、界限意识弱的表达进行压缩，转化为英语界限性强、精确、立体审美的表述。笔者借助了汉英压缩策略来指导《勇敢的花朵》(节选)文本中感官动词的翻译。

3.3　感官动词翻译案例

本文借助汉英压缩策略，首先将文本中的感官动词翻译方式分为对应转换和非对应转换翻译两大类，再利用压缩策略下三种具体的翻译方法即增添、隐含、删除对感官动词进行翻译处理。汉英压缩策略对上述总结的感官动作动词、感官感知动词和感官系动词的翻译具有显著的指导意义。本节以感官动词的对应转换和非对应转换翻译为小节，分别对利用增添、隐含、删除三种翻译方法翻译感官动词的案例进行分析。

3.3.1 对应转换

对应转换是指在汉译英时将汉语中的感官动词翻译成英语中的感官动词，之所以能对应转换，王建国、张虹(2016)指出，人类在认知世界时的共性给对应转换提供了基础，无论说何种语言的人都是先通过感官来认识这个世界的，因而不同的语言中都有大量感官动词的使用，且这些感官动词存在共性，所以汉英翻译时可以对应转换。

基于汉英压缩理论，对应转换的具体方法主要是通过在译文中增添语法标记(动词的时体标记、名词单复数标记)实现压缩，从而达到厘清界限，使界限更为清晰并使得相关概念具有排他性的目的。(王建国，2019：102)

例 6：<u>看</u>林晓目瞪口呆的样子，贵哥在哈哈大笑中启动了面包车。

译文：<u>Looking at</u> Lin Xiao's stunned face，Brother Gui laughs as he starts up the van.

分析：按照高再兰(2012)对感官动词的分类，例 6 中的"看"是感官动作动词，表示实际的用眼睛看的动作。在语言中，感官动词用来标示主体与客体之间的联系。(Levin，1993：185；王建国，2016)本例句中感官动词"看"的施动者是贵哥，正是他看到了看林晓目瞪口呆的样子，才有接下来哈哈大笑的动作，即通过他的"看"引出了接下来的动作，"看"在这里是感官焦点信息。因此，汉语感官动词"看"在译文中对应转换为英语中的感官动作动词 looking at。可以看到，本句中感官动词在英文中的形态有所变化，用了英语中的进行体 ing，这是因为汉语缺乏时间性的语法标记，表述起来非常依赖时间顺序，因而表现出很强的时间连续性，而英语具有大量的时体标记，时间界限清晰(王建国，2020：39)。所以译文中增加了英语体中的进行体 ing，使得时间界限更为清晰。

赵彦春、黄建华(2001)认为 look at 可看作一个动词，因为不及物动词加介词相当于一个及物动词，并将其归为感官动作动词，所以本例属于汉语感官动词对应转换翻译成英语感官动词。

例 7：她实在诧异一个五大三粗的大男人转瞬就完成了心思细腻角色的转化过程，当<u>听着</u>贵哥对着倒下的树述说，那种如同摇篮前的保姆或者母亲的口吻，那种柔声细语的声音……

译文：She is surprised that a strong，burly man complete the transformation with a delicate mind in a flash. As she <u>listens to</u> Brother Gui talking to the fallen tree，she can feel a tenderness in his heart that comes from nature...

分析：同样，例 7 中"听着"是感官动作动词。例 7 为林晓的内心独白，感官动词

"听着"在句中凸显了主人公林晓细腻的人物形象。正是林晓安静的"听着"，才能感受到接下来保姆或母亲的口吻、柔声细语的声音……所以，此处的"听着"动作是实际存在的，且为感官描写焦点信息，故汉语感官动词对应转换为英语感官动词 listens to，最大化地再现了原文意义。

如前所述，汉语个体结构之间没有鲜明的主次之分，各个结构之间连续性和平面性较强，而英语主次分明，界限清晰，表现出明显的立体感（王建国，2020）。例 7 汉语原文按照动作发生的时间顺序对事件进行描述，符合汉语连续性强、句子之间界限性弱的特点，而英语译文 listens to 将感官动词的时体标记显化，使用 as 引导从句，强化了译文的主从关系，主次结构清晰。整个译文通过使用语法标记压缩了汉语界限性弱、平面审美的表述，符合英语民族界限意识清晰、立体审美的特点。

例 8： 她以前去过一次云南旅行，走马观花的印象是这里的自然环境非常奇特，在西双版纳见过大象和孔雀，但是并没见过滇金丝猴。

译文： She had been to Yunnan once before, and her impression was that the natural environment here was very strange. She had seen elephants and peacocks in Sipsongpanna, but not Yunnan snub-nosed monkey.

分析： 按照前文感官动词分类，例 8 中的"见过"是感官感知动词，主语都是"她"，都是"林晓"发出的动作。同样，"见过"也是实际发生的动作，且感官描写为焦点信息，因此在译文中一般不能删除，汉语感官动词两个"见过"对应转换为"had seen"接后面两个宾语，从形式上看句子简单明了，符合英语行文习惯。赵彦春、黄建华（2001）将 see 归类为感官感知动词，所以本例中的感官动词属于对应转换翻译。

例 8 中有一处完成体时态标记 had seen，描述的是她在去云古寨之前去过云南，见过大象和孔雀，"见"的动作发生在过去的过去。原文中"去过"中的"过"虽然是反映汉语时体语义特性的时体标记，但是表明的时间界限依然不够清晰。英译文 had seen 增加了时体标记，标记了谓语动词的发生时间，时体标记的使用将汉语时间界限弱的意识转换成英语较强的时间界限意识表达。

此外，从语用差异方面看，上述例子感官动词"见过"的英译也能体现汉语重过程英语重结果。（王建国，2019）英语时体形式主要是通过动词的形态变化来实现的，而汉语大多是通过添加时间副词、时体助词、准时体助词、语气词等来实现的，其中"了""过""在""着""起来"和"下去"是最常用、最典型、最能反映汉语时体语义特征的时体标记，但是这些典型的时体标记依然没有明确的时间界限（瞿云华、冯志伟，2006），比如，例 8 汉语原文中"见过"没有清晰的时间界限，表现出更强的过程感。而英语译文 had seen 添加了时体标记，其实就是某时间刻度上的结果。

例9：她吹着金黄色的葫芦笙，听到声响，朝缓缓开过来的面包车好奇地张望。

译文：She is playing a golden Gourd flute when she hears the sound of a car and she looks curiously towards the van slowly driving by.

分析：例9原文中的"听到"为感官感知动词。"听到"用来表示"她"对事物的感知，由于"她"听到了声响，才有接下来朝面包车张望的动作，这里的"听到"表示实际听的动作，且为焦点信息，所以该感官动词在译文中不能删除，译者将其对应转换为英语感官动词"hears"，赵彦春和黄建华将 hear 归为英语中的感官感知动词，表示听的结果，本例采用了对应转换的翻译方式，将汉语中的感官动词对应转换为英语感官动词，也是同样表达了听的结果。

同样，例9原文连续出现多个动词"吹着""听到""开过来""张望"，各个动作之间没有明显的连接手段，但是通过分析语义便能判断出句子之间的逻辑关系，这符合汉语动词界限弱、连续性强的特点。英语译文增添了感官动词的时体标记，hears 作为一般现在时的动词有很强的时间界限标记，体现了英语时间界限意识强的特点。

3.3.2　非对应转换

对于非对应转换的感官动词，文本主要采用了隐含和删除的翻译方法。文本中非对应转换的感官动词多体现了汉语主客交融、界限性弱以及过程取向等特点，通过隐含和删除的方式，能够满足英语界限性强、客观性强的表达要求。

3.3.2.1　隐含翻译

隐含是指原文的意义被全部或部分隐含在译文中。隐含技巧的使用与汉英思维方式、语用方式差异等有关。在实际语言运用中，汉语喜欢使用表示过程的词汇，英语喜欢使用表结果的词汇，若采用隐含的翻译方法，能够满足英语静态的结果感，符合英语重结果的语用原则。隐含的技巧包括富义词(涵盖多个汉语词词义的词汇)、名词化、泛化视角、结果导向式表述等。文本使用的隐含翻译技巧主要是隐含客观过程意义的感官动词，聚焦结果意义的表达词。

例10：贵哥全神贯注盯着前方的路——这峰回路转、一步错就翻身悬崖、步步惊心的路。

译文：Brother Gui is focused on the road ahead that winds along mountain ridges. If you drive on it, you must be fear-ridden all the time and a wrong turn will lead you to fall off the cliff.

分析：根据前文感官动词的分类，例10中的"盯着"是感官动作动词。在语用上，汉语表达呈伸展型，细述每个具体的动作。英语表达呈浓缩型，着重表明行为结果状态，结果比过程更加静态，结果状态代表的是动作终止完成后所造成的结果，从时间节点来看，具有很强的界限性和离散性；过程由于模糊了动作起始持续的时间界限，故连续性更强。(王建国、谢飞，2000：100-109)

例 10 中感官动作动词"盯着"侧重于表现看的动作与过程。王建国(2020：96)指出，汉语动词倾向于过程性。笔者在进行英译时，考虑到汉英语用差异，选择了 focused on，笔者查阅了《牛津词典》，该动词短语的解释为 to give attention, effort, etc. to one particular subject, situation or person rather than another 集中(注意力、精力等于)，侧重于表达结果意义，该译文将感官动词"盯"的视觉意义隐含在这结果性的表述中，因为将注意力集中到前面的路上，实际上就暗含了用眼睛看的意思。汉语动词的界限性弱，没有排他标记，翻译到界限性强且有界限标记的英语中必然遭到压缩。(王建国，2019：184)例 10 英译文通过将过程性的动词压缩为结果性的表述，描写了感知行为后达到的最后状态，符合英语"结果取向"表达习惯。

例 11：①龙潭边是一大片飞崖走石，②犬牙交错于半空，③猛然睹之心生寒意。

译文：One can't help but feel a chill of fear by <u>the sight of</u> the large cliff indented in the air alongside Dragon's Pool.

分析：同理，例 11 中的"睹"是感官感知动词。前文提到过，感官感知动词强调感知结果，笔者在查询"睹"的意思时发现，"睹"的本义是见、看见，也是强调了视觉结果。本句中主语隐而不现，出现多个动词"交错""睹""心生寒意"，整个句子没有表示时间的显性关键词，但是仍然可根据句意和语境分辨出事件发展的先后顺序，说话人由于"看"到了"交错"的景象，才产生了"心生寒意"的结果。这几个小句英译时需要增加主从关系的介词，从而揭示事件之间的逻辑关系。这是因为汉民族秉持"时间在先"的"顺序象似性"原则(王寅，2000：3；蒋侠，2010：95)，在用语言进行思维表达时按照事理的自然顺序进行小句成分排列，并不强调事件之间的主客体关系，整体上以意驭形，呈流散型铺排(何伟、闫煜菲，2022)。

因此，笔者在英译时，整理了句子间的逻辑关系，感官动词"睹"作为方式状语放在从属结构 by the sight of 中作为次要信息。汉语原文中使用了感官动词表达，符合汉语动态表达、好用动词的特征。从语用上看，英语重结果，"结果"指在一定阶段，人们对事物或事件做出物理和心理感知行为后达到的最后状态，具有阶段性、静态的特征(王建国、谢飞，2020：100-109)。所以，笔者将视觉动词英译成表结果状态并有静态特征的英语名词 sight，隐含了感官动词的过程意义，"看"的意义隐含在英语介词短语中，通过结果意义更强的名词 sight，将"看"的视觉意思传达出来，使得意义更为压缩，满足了英语重结果的表达习惯。

此外，例 11 原文中的"睹"起到了将①②小句景象描写与"睹"后的感觉联系起来的作用。整个句子没有清晰地划分界限，整个景象是以人物的视角看下去的，但是主语没有出现，各种景象更具有平面性、连续性，表现出平面散点审美特征。而在将其翻译成英语时，考虑到英语与汉语在审美、句法上的差异，即英语讲究精确、立体审美，句法主次结构清晰，语法标记功能明显，译者将整个句子进行了划分，通过分析，汉语原文中的"睹"并非焦点信息，重点是由于看到①②小句景象后产生的感知信息。因此笔者将感官动词放在从属结构中，用介词短语表述，英语介词与名词具有更强的界限性，从而使得译文表达在审美与语法上更符合英语的行文习惯。

例 12：这些在林晓看来，都是李俊非同寻常的地方。

译文：These are all extraordinary things about Li Jun in Lin Xiao's eyes.

分析：例 12 中的"看来"是感官系动词。正如前文所述，感官系动词又叫存在动词，与施动者的状态有关。例 12 中感官动词是由动作动词"看"衍生而来，在翻译"看来"时，我们可能自然而然地想到 look 或者 seem to，若是真这样翻译，不符合英语精确的特点，同时也曲解了原文的意思。

该句中"看来"实际上表达了林晓的看法，是一种静态性的描述，不是真正的用眼睛去看。了解了原文意义以及英语特点后我们将感官系动词"看来"英译成表结果状态和界限性更强的介词短语 in Lin Xiao's eyes。此外，"看来"在本句中非感官描写的焦点信息，英译时也弱化成一个介词短语。本句的重点在感官动词后一句"都是李俊非同寻常的地方"，英译时将其放在主句位置上，因为英语习惯将重点信息置于主句，使其成为主体成分，然后再增补环境成分等客体信息，组词构篇上主客分明、结构严谨，呈聚集型压缩，从而形成"增强突出"理性思维的表述方式（何伟、刘佳欢，2019；何伟、伟圣鑫，2021）。这样的处理方式压缩了界限性较弱的感官动词的过程意义，直接用界限性强、表结果意义的介词短语表达，符合英语重结果的语用原则，从语用层面上顺应了汉英语用差异，符合英语语用表达习惯。

3.3.2.2　删除翻译

删除作为一种压缩方法，是指原文的形式、语义和逻辑在译文中都不存在。删除的意义可以是词汇，也可以是句子或篇章层面的意义。删除主要是受到汉英思维方式、意识形态和审美方式等方面差异的影响。（王建国，2020：99）比如汉民族"天人合一"的思想使得汉语民族主客不分，而与之相对的是英语民族主客两分。再如，从审美方面看，英语表现出接续性、离散性、界限性强的特点，而汉语表现出连续性强、界限性弱的特点（王建国，2019：51）。在汉译英时，译者往往通过删除主客交融的感官动词使英语译文表达符合目标读者的思维方式。

例 13： ……这意味着这个古老的村寨即将开启一个崭新的时代。

再看看这个屋子里的人，一样保持着一种岁月停止了自己脚步的宁静感。

译文： ... which means that this ancient village is about to enter a new era.

The dwellers of this house also maintain a sense of tranquility as the passage of time freezes in its tracks.

分析： 根据前文感官动词分类，例 13 中的"再看看"属于感官动作动词。本句是说林晓本来在感慨她所到的这个"与世隔绝"的小村庄即将发生的变化，但是看到眼前的阿春花一家生活的状态，立刻从回想的思绪中拉回到当时身处的环境中。

王建国（2019：94）指出，译本中被删减的部分主要是有关背景或回忆的内容，这再次印证了英语为母语的译者受到英语结果取向的影响，对汉语中表过程性的话语会采取压缩手段。例 13 原文汉语表述中的感官动词"再看看"位于段首，将前文引发的思绪与后面描写的眼前的客观事物衔接起来，由远及近，拉近了空间距离。同时，整个句子虽然隐含了视觉主体，但是根据情节很明显可以判断出是以林晓为主体，整个句子主客交融，读起来行云流水、自然连贯。然而在将其翻译成英文时，笔者并没有将"再看看"这一动作翻译出来，而是直接描写了"再看看"后的结果，这符合我们上一段说过的英语结果取向表达特点。此外，"再看看"不是感官描写的重点，而是通过使用感官动词凸显了说话人的主体意识，带有说话人的情感和主观色彩，体现了汉语主客交融的现象。英语民族比较注重客体思维，往往以客观、冷静的表达方式叙述客观事物。（连淑能，2006）笔者对该感官动词英译时，将该感官动词删除，直接描述了感官动词后的客观事物，将具有主观色彩的感官动词删除，更好地体现了英语民族具有较强的客体意识的特点。

从审美方式看，汉语在语法分析上容易遇到"中间状态"（吕叔湘，1979：11），各种句子成分的界限划分起来都非常困难。如例 13 中，整个句子没有明确的主语，感官动词位于句首，在句中的成分难以确定，而英语注重语法结构之间的关系，句法主次结构分明、主从分明，如果按照原文语序和结构将感官动词对应翻译，将不符合英语语法与句法严谨的要求，这也就造成了非对应转换。通过删除原文感官动词，该例句的译文处理方式从审美方式上也顺应了英语表达的需要：模糊审美到精确审美。

例 14： ……林晓的记忆不错，记住了李俊提到的三个好朋友的名字。

只见小女孩把葫芦笙一咬，叼住了它，然后手脚并用，小心翼翼地保护着她的"华服"，像只彩色松鼠一样从树上倒退着攀爬下来。

译文： ... Lin Xiao still remembers the names of the three friends mentioned by Li Jun.

The little girl holds the Gourd flute in her mouth and climbs down from the tree backwards like a colorful squirrel, coordinating her hands and feet carefully to protect her "fancy dress".

分析：同样，根据前文感官动词分类，例14中的"只见"是感官感知动词。"只见"隐含了视觉主体。《红楼梦》中也有一种常见的文本形式，其中只出现视觉动词，而视觉主体却隐而不现，文本中的基本表现形式为"只见……"。隐含主体的所指至少有两种可能，聚焦人物(文本叙事的主体)和全知叙事者(上帝般的眼光)。(陈琳，2008，2009)本例句中的"只见"与上述学者描述的隐含视觉主体的视觉动词类似，未出现视觉主体。那么是谁"见"到像一道亮波的黑山羊、泡梧桐树和小女孩呢？应当是全知叙事者。全知叙事者调控的视觉动词出现在句首时，译文中视觉动词省略。因此，从此角度来看，例14中的视觉感知动词省略不译。

此外，本句的场景是林晓与贵哥在进入云古寨的路上，遥远处出现一个"身手敏捷"的小女孩，从树上下来时展现了一套"行云流水"的动作。原文中"只见"没有明确该动词的施动者，可能是林晓，可能是贵哥，也可能是上帝的视角，我们很难判断。原文中通过"只见"这一主观性的词汇将后面的小女孩下树的客观动作描述衔接起来，把客观控制在主观的视野范围之内，体现了汉语主客交融的特点。原文中"只见"的使用使得整个句子读起来流畅连贯，体现出汉语的平面审美特点。而英语句子对主体、客体功能角色的区分度更高，叙述视角的客体化更加明显(何伟、闫煜菲，2022)。所以在本例译文中，感官动词被删除，原文中主体意识的表述得到压缩，使得整个场景变得客观且层次感较强。这是考虑到汉英主客体意识差异，即汉语母语者有较强的主体意识且主客不分，而英语母语者有较强的客体意识且主客两分，因此在汉译英时，需要将表现主体意识的感官动词删除以符合英语使用规范。

例15：①它们体型小好几倍，②皮毛黑咕隆咚，③耳小鼻子长，④身型瘦长，⑤不似家畜，⑥看上去仍保留着山间野兽的特征。

译文：They are many times smaller, with dark fur, small ears, long snouts, and slender bodies, not resembling livestock. They maintain an appearance of wild animals.

分析：例15中"看上去"是感官系动词。上文提到，压缩策略下的删除也是一种压缩方法，其中主动删除是译者根据本人对汉英思维方式差异、意识形态差异等方面发挥主观能动性，对原文一些内容进行删除。

例如，本例句描写了主人公在去云古寨的路上遇见黑山羊的画面。整个汉语句子有六个短句，前五个短句都是对黑山羊的客观描写，也就是"它们体型小好几倍，皮毛黑咕隆咚，耳小鼻子长，身型瘦长，不似家畜"，形成一种客观视角，并不因为有没有人"看上去"而有任何改变。原文第六个短句中，使用了"看上去"这个带有主观色彩的感官动词，并没有明确谁是"看上去"的主体，但是从这个感官系动词可以体现出说话人的主体意识。相较于汉语原文，英语译文没有将"看上去"跟随原文翻译出来，而是将其删除，该译文很好地省译了这种代表主体意识的表达方式，体现了英语母语者的客体意识。

例 16：李俊总是在电话中轻描淡写地描述各种状况给林晓听。

译文：He understated various situations he had encountered in the mountains when recounting them to Lin Xiao on the phone.

分析：例 16 中的"听"是感官动作动词。本句意思是说李俊总是将在山上的各种情况轻描淡写地讲给林晓听，事实上，林晓可能"听"也可能不"听"。这种差别反映了英汉两种语言在思维方式上的不同，尤其是主客体意识方面——汉语主客意识不分，英语主客分明。本例中的"描述……给……听"表明听话人可能会"听"也可能不"听"，感官动词"听"的使用体现了说话人较强的主体意识。然而，在翻译成英语的过程中，"听"被删除，译文直接描述客观事件，这符合西方人的思维方式或审美观，使得主观意识和客观意识之间的界限更加清晰。

王建国（2020：31）提到，汉英翻译中往往要删除主观臆测事件。所谓主观臆测事件是指该事件可能发生，也可能不发生，汉语母语者往往把主观想象或臆测通过语言形式表现出来。正如上述例子中的"描述……给……听"都是"我"主观臆测出来的事件，因为事实上，林晓可能"听"也可能不"听"，这与汉语主体意识较强的特点有关。将其翻译成英语时，为避免造成英语母语者理解困难，我们往往要顺应母语者思维方式，将其转换成适合英语行文习惯的表达。

例 17：眼见那群自在的黑山羊像一道闪亮的水波，在那葫芦苼的指引下涌向那棵泡梧桐树。

译文：The flock of black goats rushes towards the paulownia tree under the tune of the Gourd flute.

分析：按照前文感官动词的分类，例 17 中的"眼见"是感官感知动词。从汉英思维角度看，中国哲学的基本思维方式是"天人合一""主客交融"，这种整体性思维常使主语隐含于语篇之中，如本句中的"眼见"隐含了视觉主体，使得主客交融。而西方思维强调"天人对立""主客分离"，明确区分自我意识与认识对象，使客体客观化（何伟、闫煜菲，2022）。

例 17 中"眼见"没有明确施动者，却以表示人感知的感官动词开头，与后面的客观事物形成衔接，突出了主体的能动性，符合汉语母语者"行云流水"和主客交融的审美观，而英语中严格区分主体与客体，语义逻辑关系明确，句法结构严谨。所以，受到英语母语者客体思维以及英语严谨的句法结构影响，笔者对该感官动词进行英译时，将主体意识表达的感官动词"眼见"删去，相关内容一下子就变成了客观的场景布置，不再是某个视觉主体控制的景象，体现了西方人注重客体意识、主客分离的特征。

3.4　小结

本章首先对文本中重要的翻译难点即感官动词这一翻译难点进行了描述。接着借助高再兰(2012)对汉语感官动词的分类，将《勇敢的花朵》(节选)文本中的感官动词分为三类：感官动作动词、感官感知动词和感官系动词。

为了解决文本中感官动词的翻译难点，笔者回顾了学界对感官动词翻译的研究成果。一部分学者认为，感官动词翻译需要根据词语所在的语境，从语用、语义、词汇搭配等角度分析、选择合适恰当的英语译文(尹景书，2012)。此外，还有学者将感官动词翻译分成两种情况：一是将汉语感官动词翻译成英语感官动词(对应转换)，这是由于不同的民族在认识客观世界方面有着相似的认知和体验，反映了人类体验客观外界的共性，因此可以在目的语中找到对应的表达；二是非对应转换，主要是因为中西方主客体意识差异而导致的不同表达习惯，汉语主客不分，英语追求客观，要求译者在汉译英时，识别具有主观意义的感官动词，采取相应的翻译策略。

通过总结感官动词翻译的文献，笔者发现《勇敢的花朵》(节选)文本中感官动词可以分为对应转换和非对应转换两种翻译方式，笔者借助汉英压缩策略下增添、隐含和删除的翻译方法对感官动词翻译进行了案例分析。

文本中可以对应转换的感官动词是由于在句子中表示实际存在的动作，且感官描写为焦点信息，因此英译时对应转换为英语中的感官动词。对应转换下具体的翻译技巧是在译文中增添语法标记，语法标记界限性强，从而能够满足英语界限性强的表述要求。非对应转换下可以分为删除和隐含两类。删除主要是由于汉英思维方式、意识形态和审美方式等方面差异的影响，比如汉语母语者有较强的主体意识，而英语母语者客体意识较强，汉译英时需要进行主客体意识转换。因此，为了顺应英语思维方式表达，译者采取删除的方法，更好地顺应了英语表达习惯。隐含的翻译方法主要是通过隐含汉语感官动词的过程意义实现意义的压缩，在审美与语用方面满足英语使用规范。

4. 翻译实践总结

本次翻译项目由云南晨光出版社委托，对儿童文学作品《勇敢的花朵》（节选）进行翻译。项目周期为 9 个月，笔者在译前阶段做了充分的准备工作，译中处理阶段严格按照翻译计划执行，译后阶段经历四轮译后审校后，译文质量有了较大提升。其中，感官动词的翻译是本次汉译英任务的主要难点。为了方便解决感官动词这一翻译难点，笔者对文本中的感官动词进行了分类，并基于汉英压缩理论整理了感官动词的翻译方法。笔者经历了项目从开始到结束的全过程，不仅有许多发现和收获，也意识到自身存在的不足之处。

4.1　实践发现

《勇敢的花朵》（节选）翻译任务结束后，笔者总结了从翻译任务开始到结束各个阶段的发现。

本次翻译过程包括三个阶段：（1）译前阶段。接到翻译任务后，笔者首先预读了文本，准备了合适的翻译工具，并针对此次翻译任务制订了计划表以保证能够保质保量地完成任务。（2）译中处理。译中处理阶段，笔者主要严格按照翻译计划进行翻译，并解决了文本中遇到的难点。选择了汉英压缩策略来指导感官动词翻译难点。（3）译后审校与质量控制。译后审校总共有四轮：自我审校、小组成员互审、外籍译员审校和出版社审校，经过四轮译文审核，译文质量有了较大提升。翻译质量控制贯穿在翻译的各个阶段，严格的质量控制保证了译文表达的准确性与流畅性。

感官动词的英译是本次翻译实践的主要难点。笔者先将感官动词进行分类，分为感官动作动词、感官感知动词和感官系动词三类。然后根据翻译任务中感官动词翻译的特点，将感官动词翻译方式分为对应转换和非对应转换两大类。对应转换就是将汉语感官动词转换成英语感官动词。非对应转换的感官动词主要是受到汉英思维方式、审美方式和语用方式差异等难以进行对应转换。接着，根据汉英压缩理论下的增添、隐含和删除压缩方法对文本中的感官动词进行翻译处理，具体包括：

（1）增添语法标记，主要是动词的时体标记。语法标记具有厘清界限、使界限更为清晰的作用。文本在英译时增加感官动词时体标记，符合英语时间界限性强的特点。

（2）隐含汉语感官动词的过程意义，呈现结果意义的表达。对含有过程取向的感官动词采用隐含的翻译方法，将汉语过程性表述转换为英语结果性表述。

(3)删除带有主客不分意识的感官动词,直接描述客观事物或现象。英语母语者对客观事物或现象进行描写时往往不强调主观感觉,英译时,将主客交融的感官动词删除,使得英语译文达到一种客观的表述。

当然,具体的翻译方法和技巧还需译者在翻译实践过程中根据不同的语境、语义等多种因素去把握。文中列举的翻译方法仅基于本次翻译实践,还有不足的地方需要译者继续去发现并完善。

4.2 实践启示

通过此次翻译项目实践,笔者认为一个合格的译者要具备良好的翻译职业素养。翻译功底的积累并非一朝一夕,而是与实践紧密结合,提高个人能力,善于总结和反思在翻译过程中遇到的具有代表性的问题,才能在接下来的翻译过程中避免不必要的错误。

首先,需要具备扎实的语言功底,还要有广博的非语言知识。在日常学习中,应注重知识的积累,充分将所学知识与实践相结合。只有熟知源语言与目的语的基本语言知识,具备运用语言知识、翻译技巧和方法的能力,才能做到在源语和目的语之间自由地转换,才能在翻译工作中得心应手。阅读是提高语言能力的有效途径,无论是纸质版书籍,还是通过网络获取的各类资源,都是非常好的学习材料,有助于扩大译者的知识储备。对于译者来说,知识的广博度是非常重要的一项素质。

其次,在接到翻译任务时,要做好充分的译前准备工作;在翻译进行阶段,应充分利用网络资源高效解决翻译难题;在译后阶段,译文的审校工作至关重要,译文的审核和完善能够大大提高译文质量。翻译绝不是对等的语码转换,而是根植于文化深处的一种行为。作为一名合格的译者,在进行翻译时,首先要考虑到忠实的翻译原则,此外,在尊重源语信息与文化的基础上,应提高译文的流畅度与美感。

最后,翻译项目有助于提高译者的时间管理能力、团队合作能力、资源协调能力。笔者做到了以下几点:(1)笔者在翻译项目实践过程中,充分制订翻译计划,提高翻译效率,严格遵守项目交付时间,在规定时间内完成了翻译工作。此次项目提高了笔者的时间管理能力。(2)笔者在翻译过程中,不断和同组译员交流翻译工作,在遇到困难时积极和翻译团队老师沟通交流,译后审校时多次和审校专家沟通,对译文进行润色修改。此次翻译项目提高了笔者的团队合作能力。(3)在整个翻译项目过程中,笔者充分利用各种书籍、网络资源,使得翻译过程高效、便捷。

4.3　不足之处

通过此次翻译实践，笔者意识到自身在百科知识储备与语言功底方面有待提高。

首先是百科知识储备不足。首次接触少数民族文化特色较强的儿童文学，里面有大量的人名、地名、少数民族专有词汇、古诗、引用、感官动词等。笔者在翻译过程中遇到上述词汇时，深感知识储备不够。同时，文本背景涉及少数民族儿童小说，由于笔者日常阅读量匮乏，以及阅读面较窄，较少涉及该方面的书籍，以致在进行翻译时，由于不了解背景知识给翻译工作造成了极大的不便。

其次，文本理解能力有待加强。在阅读源语文本时，由于对一些文学性较强的句子理解不透彻，耗费了大量时间。笔者深刻意识到应该在日常生活中多阅读文学书籍，提高翻译水平。

最后，笔者的语言功底不够扎实。语言是不断变化和发展的，这就要求译者不断地学习英汉语言的差异，提高自己的英汉语言水平。今后，笔者也会勤于练习和学习，不断增加自身知识积累，提高翻译能力。

(作者：姚换杰)

二、《勇敢的花朵》(节选)多动词汉译英实践报告

1. 翻译任务描述

此翻译实践报告基于笔者所参与的为庆祝改革开放40周年出版的原创儿童小说《勇敢的花朵》第九章和第十章翻译任务而撰写，重点汇报文本中多动词句(句子形式多表现为流水句，句中含有两个或两个以上动词)的翻译处理过程。

本章将从翻译任务背景(包括委托方及出版方介绍、翻译任务基本信息)、翻译项目性质及任务文本特点以及翻译项目意义(包括出版意义和实践意义)三部分对《勇敢的花朵》(节选)翻译实践做汇报。

1.1　翻译任务背景

1.1.1　委托方及出版方介绍

《勇敢的花朵》是受云南晨光出版社有限责任公司委托，由中华学术外译团队承担

的汉译英翻译项目，最终译稿的出版及世界各地发行工作由美国 21 桥出版公司（Bridge21 Publications，LLC）承担。

委托方云南晨光出版社有限责任公司于 1985 年成立，前身是云南少年儿童出版社，以出版少年儿童读物为主，把推动未成年人思想道德教育作为自己义不容辞的职责，为未成年人的健康成长营造了良好的舆论导向和文化氛围。1998 年，晨光出版社获得新闻出版总署授予的"全国良好出版社"称号，并在 2008 年新闻出版总署经营性图书出版单位等级评估中被评为二级出版社。①

针对此次翻译项目，委托方晨光出版社向我方提供 Word 文件资料和中文样书三本。并对此次翻译工作提出如下要求：

（1）对交稿时间的要求：该项目自 2021 年 1 月起，至 2021 年 9 月结束，译者团队需合理分工，保证译稿准时交付。

对译文质量的要求：委托方明确指出作品是给 8～16 岁少年儿童阅读的儿童文学读物，作品背景为云南少数民族地区，作品内容涉及傈僳族的风土人情，因此要求：①忠于原著，译稿力求做到表达清楚，符合原意，不错译、漏译、跳译。②对于有关傈僳族以及云南西北少数民族地区的风土人情的名词、专有名词等的翻译一定要准确，要查证。③语言要具备儿童小说的文学性，要做到优美、生动。

（2）对译后工作的要求：①译稿完成后需经审校、修改，确认无误后方可交付委托方。②译者团队需保证对委托方所译资料保密，不外传。③对委托方所指出的错误，译者团队需再做审校、修改。

出版方美国 21 桥出版公司（Bridge21 Publications，LLC）于 2011 年在洛杉矶成立，秉承着连接东亚与全球英美文化的使命，制作和推广该地区快速发展且兼具历史传统的学术流行作品，专注于人文和社会科学领域的学术出版物。② 美国 21 桥出版公司是此次翻译实践文本的独家出版商，全权负责《勇敢的花朵》英译本的出版及全球成册（印刷）销售任务。

1.1.2　翻译任务基本信息

《勇敢的花朵》这本书的作者是儿童文学作家、童书推荐专家和专栏作家唐池子，其作品多次入选各类优秀作品文集，此次翻译文本《勇敢的花朵》也荣获长篇小说、童话或儿童文学专著奖。《勇敢的花朵》讲述了在云南傈僳族云古寨里上演的幕幕暖心故

---

① ［2022-02-24］. https：//baike. baidu. com/item/晨光出版社/10677703？fr=aladdin.
② ［2022-02-24］. https：//www. oxbowbooks. com/dbbc/bridge21.

事——勤劳善良的傈僳族女孩阿春花一家偶遇了来自大城市的科学家张坚和李俊，并在机缘巧合之下主动帮助两位科学家进行相关研究以保护当地濒危野生动物滇金丝猴；身为李俊未婚妻的城市教师林晓来到古寨后，被唯一的教师叶秀老师的奉献精神和人格魅力所感动，主动留下共同守护云古寨的未来；一生献给教育事业的叶秀老师最终在一次事故中为救学生，献出了自己的生命……

《勇敢的花朵》正文部分共十二章，由笔者在内的共计 12 位老师与学生进行此项目的翻译、调整与审校。笔者负责的是正文第九章和第十章的翻译工作，两章共11594 个汉字，最后的定稿约 7290 个英文单词。第九章主要讲述了林晓来到云古寨的所见所思所感，聚焦于林晓和叶秀老师的对话，以鸽子树喻人升华主题，寄托了叶秀老师对云古寨的守护和对云古寨孩子最真挚的成长期盼；第十章主要讲述了主动留下支教的林晓在云古寨小学开学日这天获知镇政府砍伐森林的噩耗，鼓励全寨人同心协力打好森林保卫战的故事。

以上对《勇敢的花朵》翻译项目基本信息的总结如表 1.1 所示：

表 1.1 《勇敢的花朵》翻译项目基本信息

	项目名称	《勇敢的花朵》汉译英翻译
项目介绍	委托方	云南晨光出版社有限责任公司
	出版方	美国 21 桥出版公司（Bridge21 Publications，LLC）
	执行时间	2021 年 1 月—2021 年 9 月
	项目字数	67332 个汉字
	译者团队	12 人团队
	目标读者	8~16 岁少年儿童
翻译要求	目标语言	英语
	翻译内容	云南少数民族儿童小说，涉及傈僳族的风土人情
	译文格式	中英对照
	交稿时间	2021 年 9 月
	译文质量	忠实于原著、翻译准确；译文具备儿童小说文学性，优美生动

1.2 翻译项目性质及任务文本特点

文本分析是翻译过程中不可忽视的一个步骤。文本分析的目的是为了在掌握文本的语言特点和功能的基础上对文本进行分类，进而采取适当的翻译策略。（张美芳，

2009：54）

　　文本类型上，《勇敢的花朵》属于现实题材儿童文学作品，具有表达型文本特点。英国著名翻译理论家纽马克将文本类型划分为三大类：首先是表达型文本，强调语言的表达功能，忠实于原作者表达的思想内容；其次是信息型文本，强调语言的信息功能，传递真实信息；最后是感染型文本，强调语言的感染功能，号召读者按照源语作者的预设做出反应。（Newmark，1981：176-180）《勇敢的花朵》通过讲述发生在傈僳族的种种暖心故事，向儿童读者传递了积极向上、无私奉献的精神力量，处处彰显了人性的美好，因此该项目文本属于表达型文本。

　　针对儿童文学的语言特点，陈学佳（1934：170）指出儿童文学"文句浅显为贵，以单纯句为最合宜"。所谓"浅"，既有词汇层面的简单，亦有语义层面的低龄化；所谓"单纯句"，指需要符合儿童的思维，简化句子之间的逻辑关系。

　　本次翻译项目《勇敢的花朵》作为少数民族儿童小说，除了具有儿童文学特点外，同样展现了少数民族独具特色的魅力。张锦贻（1993：88-93）指出，少数民族儿童文学在刻画民族儿童形象的同时，还要善于捕捉特定区域中特殊的风物景象，表现奇异丰富的山水和动植物，以丰富作品画面的色彩，也使小读者开眼界、广见识，增强民族自豪感和爱国心。此外，除了地区特色、自然景象，某一地区、某一民族所特有的风尚习俗，如饮食起居、喜好、禁忌等种种习惯也构成了民族儿童生长的特定文化氛围和生活环境，这些少数民族儿童小说特点在此次翻译文本中均有所体现。

　　本次翻译项目《勇敢的花朵》语言淳朴自然、优美流畅，同时具有鲜明的语言特点：（1）由于是少数民族小说，文中出现了众多带有民族特色的词汇，比如称呼语（阿爸、阿芭、阿哟、阿美……）、地名（云古寨、古林菁……）、菜名（漆油鸡、蒸鱼干、木耳蛋……）。此部分统计结果将在译前准备过程中以术语库形式展示。（2）景色描写众多，语言使用优美，特别是四字格的运用使少数民族特有的地域特色生动形象地浮现在读者眼前。（3）对话描写众多。整个文本出现 527 处对话，而动词（行动动词、心理动词、历程动词、断事动词、使令动词、辅助动词，对于动词的分类在正文部分即第 3 章有详细描写）几乎存在于每一处对话中，含有动词的对话多达 511 处，占比 96.96%。对话的出现使得人物形象鲜明立体，勤劳勇敢的阿春花、美丽娴静的林晓老师、无私奉献的叶秀老师……每一个人物的刻画都为情节的推动增添了浓墨重彩的一笔。

　　针对笔者所负责的第九章和第十章内容而言，笔者在阅读过程中同样发现动词出现频繁，这两章内容总共 366 句，有 89 处对话包含 231 个动词，非对话部分动词有 571 个。汉语动词多的特点对于中国读者而言并不存在阅读理解困难，但为了使译文逻辑清晰、符合英语构句习惯，笔者需要在翻译这些动词的过程中灵活运用翻译策略和技巧对原文语言进行处理，力求在达到语言地道性的基础上满足儿童阅读期待。

1.3 翻译项目意义

首先，《勇敢的花朵》英译具有很重要的出版意义。儿童文学作品的英译为中西方文化交流提供了一个重要渠道，优秀的儿童文学译作可以为儿童打开新奇绚丽的文学天地。此次翻译文本《勇敢的花朵》就是一部传递着正能量的儿童小说，是一部构建儿童心灵成长、倡导保护野生动物、展现扶贫扶智的优秀作品，具有强烈的时代精神和重要的精神价值(程舟行，2019)。这样一部优秀作品的翻译有利于外国小读者了解中国故事，了解中国少数民族之一傈僳族的风土人情，感受中国小朋友的青春活力与中国改革开放时期的社会文化和精神面貌。童心是没有国界的，中国小朋友可以从《小王子》《伊索寓言》等外国优秀儿童作品中感受异域风情、汲取精神能量，外国小读者也一定能从中国儿童文学作品中收获甚多。其次，《勇敢的花朵》(节选)英译对于笔者而言具有重大的实践意义。这次儿童文学翻译是一次很宝贵的翻译经历。通过这次翻译实践，笔者对于儿童文学翻译有了更为深入的了解，深知文学翻译并非易事，受众特殊的儿童文学翻译更是需要不断斟酌语言，为以后进行此类翻译实践奠定了坚实的基础。此外，接触这次的翻译文本让笔者的知识面得到了拓展，感受到了未曾了解过的傈僳族人文风貌。在此次翻译过程中笔者也发现了自己的不足，在译文修改阶段发现自己存在翻译不地道、选词不准确等问题，积累了很多翻译实践技巧，实践能力得到了很大的提升。

2. 翻译过程描述

《勇敢的花朵》(节选)的翻译过程主要分为三个阶段：译前准备、译中处理和译后审校。在译前准备阶段，笔者首先预读文本，了解文本内容及特点，并据此准备翻译工具，然后根据团队要求及自身情况制订翻译计划；译中处理即初译(机辅翻译处理)和译后编辑(修改机辅翻译产生的译文)；译后审校分为三个环节：初审、复审和终审，其中初审阶段先由笔者自我审校，然后交由团队成员合作互审，复审阶段主要由外籍审校人员完成，终审阶段再次由笔者进行定稿前的全文检查。

2.1　译前准备

译前准备是翻译进行前不可缺少的环节。笔者接到翻译任务之后，就展开了相应的准备工作。就译前准备而言，笔者主要从预读文本、准备翻译工具、制订翻译计划这三方面展开。

2.1.1　预读文本

"就翻译活动而言，无论是文本的选择，前期的准备，还是下笔迻译和译毕后核对原文，都离不开对原文的阅读。(许钧，2014：57)预读文本是翻译进行前不可缺少的一步。

首先，通读文本，理清故事情节并感受文本的语言风格。笔者在接到翻译任务后，首先通读了整个文本。在阅读文本的过程中，笔者发现《勇敢的花朵》作为一本少数民族儿童小说，文中的确出现了很多少数民族词汇及具有民族特色的表达，为了保证参与整部小说的译者译文术语翻译一致，文中出现的地名、人名、物名等都需要提前做好统计。所以笔者在阅读过程中，在原著基础上把这些具有特色的表达及人/物/地名用不同的颜色加以标记，对其进行了初步的查阅及翻译并添加术语库(见表2.1)，方便后续正式翻译时利用 SDL MultiTerm 导入 SDL Trados 计算机辅助翻译软件执行翻译工作。

其次，充分利用搜索引擎了解小说背景。由于《勇敢的花朵》小说是以中国少数民族傈僳族作为背景的，傈僳族对于笔者而言是一个未曾了解也未听说过的民族，所以笔者需要查阅傈僳族相关文章去感受这个民族的风俗文化，以更好地理解故事情节、构建内容画面。比如文中有这样一句话："一般房子建在平地，云古寨却建在高山斜坡上，以山为屏，以林为篷，没有用一枚钉子，结构成最彻底的山居木屋。"原文中的这句话就很明显地反映出了这个少数民族的房屋特点①，针对此类描述民族特色的表达，笔者需要进行相关的背景查阅，使翻译更地道、更具专业性。

最后是动词标记。笔者阅读文本后发现整个故事不管是从语言还是内容理解上来说都是比较简单、通俗易懂的，充分考虑了目标读者即儿童的理解能力和接受程度。由于原文句子多数比较短小，且存在汉语多动词的遣词造句特点，在笔者所负责部分(第九章和第十章)存在大量动词，因此笔者对文中所有动词也做了标记，方便后续重点关注动词的翻译策略。部分术语汇总如下：

---

① 　[2022-02-20]．https：//xw．qq．com/cmsid/20220124A0BPZD00．

表 2.1 《勇敢的花朵》术语表

人名库		物名库	
原文	译文	原文	译文
阿春花	Ah Chunhua	火塘	Kang bed-stove
阿爸	Ahpa	庄房	Zhuangfang(grain-stored room)
阿妈	Ahma	乐高	Legos
阿芭	Ahba	傈僳族	Lisu
阿呦	Ahyo	云古寨	Yungu Village
阿美	Ahmei	滇金丝猴	Yunnan snub-nosed monkeys
拉努	Ranu	西双版纳	Sipsongpanna
蓝扒	Ranba	葫芦笙	The hulusheng/ Gourd pipes
张坚	Zhang Jian	横断山脉	Hengduan Mountains
李俊	Li Jun	荠菜炒豆腐	Fried tofu with shepherd's purse
林晓	Lin Xiao	三江炖木瓜鸡	stewed chicken with Papaya
叶秀	Ye Xiu	芭比娃娃	Barbie doll
贵哥	Brother Gui	昆明动物研究所	Kunming Institute of Zoology
白龙大叔	Uncle Bailong	六味地黄丸	bolus of six drugs including rehmannia

2.1.2 准备翻译工具

通过预读文本,笔者确定了本次实践所需的翻译工具。

首先,笔者利用在线翻译工具及纸质词典对原文专业词汇及民族特色表达进行了初步翻译,并利用百度、维基百科等搜索引擎对这些词汇进行背景查询。

其次,针对书中所描述的傈僳族风土人情,笔者利用 Bing、Wikipedia 等搜索引擎以及 CNKI、万方数据等学术网站对民族背景进行了一定的研究。

最后,对于本次的重点研究对象——动词的翻译处理,笔者借助了翻译相关的理论书籍,比如王建国的《汉英翻译学:基础理论与实践》(2019)、《英汉翻译学:基础理论与实践》(2020)、连淑能的《英汉对比研究(增订本)》(2010)等对本次实践提供理论指导。

具体翻译工具准备如表 2.2 所示:

表 2.2　翻译工具表

电子工具	搜索引擎	百度	Wikipedia	Google
	电子词典	剑桥词典	韦氏词典	牛津英汉词典
	学术网站	中国知网	万方数据	谷歌学术
	在线翻译网站	搜狗翻译	欧路翻译	CNKI 翻译助手
	辅助翻译软件	SDL Trados	SDT Trados MultiTerm	
纸质工具	理论书籍	王建国《汉英翻译学：基础理论与实践》(2019)	王建国《英汉翻译学：基础理论与实践》(2020)	连淑能《英汉对比研究（增订本）》(2010)
	纸质词典	《新世纪汉英大词典》(第 2 版)	《牛津高阶英汉双解词典》(第 8 版)	《朗文当代高级英语词典》(第 6 版)

2.1.3　制订翻译计划

在动笔翻译前，一份合理的工作计划表能够保证翻译有序进行。接到翻译任务时，小组负责人给参与翻译的 6 位译者 3 个月的时间完成初稿(2021 年 2 月 1 日—2021 年 4 月 30 日)。由于本次翻译任务为汉英翻译，为了保证译文更地道，后续审校工作会有外籍译者参与，因此笔者需要根据外籍专家可审校的时间灵活调整翻译进度。在初稿进行的过程中，笔者通过团队老师获悉其中一位外籍专家在 2021 年 3 月 18 日—2021 年 4 月 18 日可审校时间更为充足，所以整个初稿的翻译和外籍专家审校需要同步进行，每完成一章的翻译就交给团队负责人，保证时间利用最大化。为此，笔者根据自己的实际情况制订了如下翻译计划(见表 2.3)：

表 2.3　翻译过程计划表

时间	工作安排
2021 年 1 月 21 日—2021 年 1 月 31 日	译前准备
2021 年 2 月 1 日—2021 年 4 月 30 日	完成初稿
2021 年 3 月 10 日—2021 年 4 月 1 日	第一轮审校(译者互审)
2021 年 3 月 20 日—2021 年 8 月 31 日	第二轮审校(两位外籍专家审校)
2021 年 6 月 1 日—2021 年 9 月 10 日	第三轮审校(自我检查)

2.2 译中处理

译中处理阶段是文本正式翻译的第一步。笔者在此阶段首先利用计算机辅助翻译软件 SDL Trados 对文本进行翻译处理，观察译文质量并做标记；其次，开展译后编辑工作，对译文做初步修改。这两个步骤是译文初稿形成的关键。译中处理阶段关注的翻译细节越多，在审校阶段就会省下大量修改润色时间。

2.2.1 初译(SDL Trados 翻译处理)

在本次翻译实践项目中，笔者将初译过程交由 SDL Trados 进行翻译处理，采用的翻译插件为搜狗翻译，初步感受译文质量，并对翻译错误较大的地方进行标记。笔者发现，在一些句式简单、文学色彩要求不高的表达上，译文基本能满足忠实通顺的质量要求；然而，在特色语句及优美语句的处理上，在线翻译工具呈现的译文质量很差，需要译者后续进行大幅度修改；此外，对于一句话中多个动词的处理，机器翻译过于死板，语言缺少可读性及文学的优美感。因此，初译时，笔者除了利用 Trados 进行机辅翻译外，对需要仔细思考润色的地方做了标记，以便后续译后编辑及审校时重点关注。笔者将从初译过程中机辅翻译在处理优美句(笔者将文本中含有修辞色彩的景物描写句子视为优美句)、特色句(笔者将文本中含有俗语、诗歌等中国特色表达的句子视为特色句)及动词连续出现的句子来说明机器翻译只是翻译过程中非常基础的一步，译后编辑和多步审校环节才是译文质量的保证。

2.2.1.1 优美句

例1：她眺望着四面连绵不断的高山群，它们高可触天，有的雄伟壮丽，有的秀美迷人，有的挺拔如钢。所有的山都披着绿，翡翠的绿、滴水的绿。

初译(机翻)：She looked around at the endless mountains, some of which were magnificent, some were beautiful and charming, and some were as tall as steel. All the mountains are covered with green, emerald green and dripping green.

分析：所选例句为景色描写，刻画了云古寨优美的山景，然而机器初译的译文仅仅是把文字内容表达了出来，带有修辞色彩的表达通过机翻处理的译文僵硬，毫无优美可言。此类情况在初译中比较常见，需要译者后续不断修改润色。

2.2.1.2 特色句

例2：李俊和他的团队现在就在这莽莽绿野中，只是云深不知处。

初译(机翻)：Li Jun and his team is now in this vast green field, just how can I tell, through all these clouds?

分析：例句中的"云深不知处"出自唐代诗僧贾岛的作品《寻隐者不遇》，该句意思为：山中云雾缭绕，不知行踪。这句诗在此处出现既合乎情理，也凸显了语言的优美精练。而在线翻译工具处理后的译文缺少美感，同时在意义的传递上有所缺失，内容表达不够完整。因此，在后期修改过程中，笔者也重点关注了含有特色表达的语句，查阅相关资料，仔细斟酌选词和构句确定译文。

2.2.1.3　存在多个动词的句子

例 3：林晓在大石头上摇摇晃晃一阵，终于找到平衡，站稳在那块最高的石头上。

初译（机翻）：Lin Xiao wobbled on the big stone for a while, finally found a balance and stood firmly on the highest stone.

分析：由于英汉语差异，汉语是动态语言，更多地使用动词，而英语则是静态语言，在动词的使用上更为谨慎。因此在汉英翻译实践中，译者需要多思考汉语中多个动词的翻译处理。从机辅翻译的初译文中可以看出在动词的翻译上仍然和原文保持一一对应。这样的译文逻辑是否清晰、表达是否地道都需要译者作进一步思考。

2.2.2　译后编辑

译后编辑是对机辅翻译的文本进行必要的修改以保证译文符合预期质量。这一过程对于译文的质量至关重要。

首先，初步修改初译阶段标记的问题语句。鉴于初译过程中机辅翻译在优美句、特色句及含多个动词的句子处理上的弊端，笔者在此阶段重点关注这些问题语句，重新分析句子之间的逻辑，寻找更地道更优美的表达对句子进行修改完善，重新组织句式结构，确保无语法错误、句意通顺，尽可能让译后编辑的译文做到汉英语言差异之间的转换。

其次是术语核查，确保译法统一。在初步修改上述问题语句后，笔者需要核查原文中的少数民族特色词汇（人名、地名、物名等），保证译文和前期术语库中翻译一致，并对新发现的专业词汇进行查阅，确定译文并实时添加至术语库。

最后是细节修改，比如拼写、标点符号的处理。在译文内容基本做到忠实、通顺后需要检查译文是否存在拼写错误，重点关注文本中出现红色下画波浪线标记的词汇；全文修改标点符号，尤其是汉英逗号、引号的处理。

2.3　译后审校

译后审校是核查和完善译文的最后一步。在此次翻译项目中，笔者共进行了三轮译后审校环节。在第一轮初审阶段，笔者首先自我审校译文，然后和团队成员合作，两两互审译文；第二轮复审阶段由两位外籍专家执行审校；第三轮终审阶段由笔者自己对前两轮审校后的译文进行核对，做定稿前的最后检查。

2.3.1 初审

在此次翻译实践中，初审阶段包括自我审校和成员两两互审。在自我审校环节，笔者首先进行了准确性检查。对照原文逐句检查译文，确保没有遗漏任何内容或令人误解的地方。准确性检查完成后，笔者将原文和译文分开单独建立文档，通读译文，对译文语言进行打磨，修改措辞，以增加译文的流畅度，提高译文的可读性。

在成员互审阶段，笔者将中英对照文档发至其中一个项目成员，并接收对方译文进行互审，根据对方的批注建议再次修改译文。同时，在互审阶段，笔者认为修改对方译文的过程也是一种自省，通过观察其他成员译文学习对方好的语言表达，取其精华，去其糟粕；在互相接受对方修改建议的同时交流彼此看法，统一译文。

2.3.2 复审

复审阶段交由两位外籍专家 Karl 和 Yorgancioglu Emre 进行审校，其中 Karl 深谙中英双语，Yorgancioglu Emre 只懂自己的母语（英语），因此笔者将整理好的中英对照版（一段中文一段英文）首先发送至 Karl，由其修改翻译不地道或翻译有误的译文。笔者在得到 Karl 的批注版反馈后稍作修改再删去中文原文，整理出一份全译文（英文）文档发送至第二位外籍专家 Yorgancioglu Emre，以对译文作进一步润色，最后笔者根据两位外籍专家的反馈对译文进行全篇检查。

2.3.3 终审

终审阶段是在两位外籍专家的修改稿基础上进行的，考虑到外籍专家在语言的使用上肯定会更为地道，所以笔者在认真查看文档批注后逐一接受了对方的修改建议，并在这一过程中不断思考学习修改后的英文遣词造句。由于外籍专家审校篇幅很多、时间有限，难免会出现拼写错误及少数语法错误，因此在接受修改批注时也需要关注细节错误。此外，笔者结合了这些建议通览整篇译文，对无修改痕迹的地方仔细琢磨是否会有更好的表达，努力实现译文行文流畅、表达地道。

编辑排版同样是译文定稿前不可缺少的一步，译文经过反复修改后需要统一排版，此步主要包括字体调整、段落间距的统一以及标题 margin 值等，使版面达到美观的效果，为读者提供良好的阅读感受。

3. 多动词翻译难点及案例分析

此次汉译英项目《勇敢的花朵》第九章和第十章内容中动词出现频繁，涉及大量多动词句(多以流水句形式存在)，因此能否处理好文本中动词的翻译关系到整个文本的翻译质量。本章将首先对多动词句进行界定，接着说明本次实践中多动词句的翻译难点(多动词句中各动词句法地位确定困难、多动词句中动作施事者多变或不明)并借助流水句对多动词句进行分类，最后基于汉英压缩理论对文本中多动词进行翻译处理。

3.1　多动词翻译难点及多动词句分类

本项目报告的多动词主要是指一个句子(形式上以句号等为完句标点)中含有的两个或两个以上动词，这些动词包括行动动词、心理动词、历程动词、断事动词、使令动词、辅助动词六类(邢福义，1998)。多动词句在文本中多以流水句形式呈现，句中包含两个或两个以上动词，所谓流水句指的是一个小句接一个小句，很多地方可断可连(吕叔湘，1979：28)，笔者主要报告的是多动词句中的动词翻译，其中可能存在连动或兼语结构。《勇敢的花朵》第九章和第十章内容共366句，其中包含多动词句285句，占77.9%，因此，多动词的翻译是文本处理极重要且会造成翻译困难的部分。基于多动词句中动词的翻译难点，笔者将对所负责文本中的多动词句进行分类。

3.1.1　多动词翻译难点描述

本次翻译项目的翻译难点集中在多动词句(句子形式多表现为流水句，句中含有两个或两个以上动词)的翻译处理，主要表现在句中各动词句法地位确定困难和多动词句中各动作施事者多变或不明。因此，本节将基于本次文本所选案例说明多动词这一翻译难点。

(1)汉语多动词句中各动词句法地位确定困难。汉语中一个句子会有多个动词连续出现，尽管动词有主次先后之分，但汉语在形态上并无"任何语义显性标记加以显示"(贾文波，1999：55)，这也就意味着汉语构句中会频繁出现多个动词，在意义上需要译者根据故事情节及汉语素养去自主判断主次关系及焦点位置。而英语的语法特征决定了英语的构句需层次分明、主次清晰，显示了英语很强的界限性，反映出很强的整体意识和个体意识。英语动词的使用受到形态变化规则的严格限制。一个句子结构通常只用一个谓语动词，大量原来应该由动词表达的概念，除了用非谓语动词来表达外，必须借助于动词以外的词类。(连淑能，2010：154)因此，在实践过程中难免会出现对原文中多个动词的主次关系把握不准确的情况，引起英语谓语选择错误而导致重点偏移。

例1：他把手里的抹布<u>递给</u>阿春花，朝林晓又呵呵一<u>笑</u>："林老师，不瞒你说……"

该句话呈现流水句形式，每个小句中含有一个或一个以上动词，因此属于笔者所报告的多动词句，该句除引号中的话语内容外包含两个主要动作"递抹布"和"笑"，呈现出的是两幅画面，因此笔者需要去判断主要动词只有"笑"，将"递抹布"作为背景，还是将两个动作都独立出来，即需要判断谁是主动词谁是次动词。主要动词的选择凸显的是信息的主次关系，把握核心动词对于翻译是非常重要的。

(2)多动词句中各动作的施事者多变或不明，对动词的翻译造成困难。由于本次探讨的多动词句主要是以流水句形式出现，而流水句中主语不一致、主语隐含或无主语的情况比较普遍，这就意味着多个动词会存在多个施事对象或者无施事对象。

例2：张坚的话<u>一石激起千层浪</u>，大家纷纷<u>发表</u>意见。

例3：只有集体<u>成团</u>，<u>划出</u>一个统一的保护圈，才能<u>给</u>人带来安全感，也便于<u>管理</u>。

在例2中主语就出现了变化，两个动作分别由两个主语发出，这就要求译者结合语境和话语之间的逻辑关系确定动词的翻译方法，是选择谓语并列、断句抑或确定核心谓语。而例3中各个动词的施事对象不明，难以直接判断动词之间的逻辑关系，这就导致在翻译动词时需要译者先明确句子中动作的发出者，再采取合适的动词翻译技巧，避免误译。

因此，对于多动词句的翻译，译者不仅需要关注句中主要动词的位置问题，注意意义的传递，以满足忠实的基本要求，还需要关注汉英两种语言在句法上的差异，尽最大努力呈现地道译文。由于上述对于多动词难点的描述并未涉及分类，因此，笔者将结合多动词句中流水句句式的特点和翻译难点对多动词句进行分类，以此更快速地定位多动词的翻译方法。

3.1.2　多动词句分类

针对多动词句的分类，笔者注意到流水句的分类对于本次实践中报告的多动词句有重要借鉴意义。因此，笔者将借助流水句的分类对本次多动词句进行分类。

王文斌、赵朝永(2017：39-42)指出，依据流水句句段主语是否一致，将流水句大致分为单主语、多主语和复杂主语三大类，进而依据主语指认方式的差异，对流水句再进行若干小类的划分，据此提出抽象结构形式。根据本次翻译文本的多动词句特点，笔者主要借鉴上述对于流水句分类中的单主语和多主语两大类，并选择性借鉴其中的小类。

（1）单主语流水句：所有句段共有一个主语，主语一般承前或承后省略，结构形式可抽象为：SP1+SP2+SP3+…+SPn（S 代表主语，P 代表谓语）。

①单主语承前省略：主语一开始出现，而中间或后面省略：SP1+（S）P2+…+（S）Pn（（S）表示主语可能隐藏或省略）。

在多动词句中可归纳为：主语一开始出现，而中间或后面省略，流水句中每个小句含有一个或一个以上动词。

例1：这位大叔<u>一听</u>这个消息，马上<u>放下</u>手头的活儿，急匆匆<u>赶来商讨</u>。

分析：本句即为一个单主语承前省略多动词句，唯一的主语"大叔"在句子一开始就出现，句中包含动词"听""放下""赶来商讨"，因此笔者需要把握动词之间的逻辑关系，确定句中的核心动词。

②单主语承后省略：主语一开始不出现，到最后出现：（S）P1+（S）P2+…+<u>S</u>Pn。

在多动词句中可归纳为：主语一开始不出现，到最后出现，流水句中每个小句含有一个或一个以上动词。

例2：<u>生活在</u>深山中，云古寨的祖先们首先考虑的是生存的需要。

分析：该句即为单主语承后省略多动词句，主语最后出现，且句中包含多个动词。

（2）多主语流水句：一个流水句中含有两个以上的主语，且呈现出主语交替、主语省略、跨句段指认等特点，其中间也会出现承前或承后省略的情况，句段结构可抽象为：S1P1+S2P1+S1P2+S2P2…+S1Pn+S2Pn。

①双主语交替：含有两个主语，一般不承后省略，否则将引起主语指认混淆。

在多动词句中可归纳为：含有两个主语，一般不承后省略，流水句中每个小句含有一个或一个以上动词。

例3：张坚的话<u>一石激起千层浪</u>，大家纷纷发表意见。

分析：该句为双主语交替多动词句，句中主语发生了改变，同样需要译者根据语境判断是否需要并列谓语或者利用句意逻辑关系采用单一谓语。

在笔者所负责的第九章和第十章中，总句数为 366 句，其中多动词句占 285 句，单主语多动词句占 187 句，多主语多动词句（在文本中指双主语）占 98 句。从图 3.1 可以看出，多动词句（句子形式多表现为流水句，句中含有两个或两个以上动词）在汉语中是大量存在的。上述多动词句的分类对于多动词句中动词的翻译具有指导作用，但考虑到这两类多动词句在翻译技巧的处理上有所不同且存在交叉，因此笔者将在下文借助汉英压缩策略对这两大类多动词句做翻译技巧的归纳。

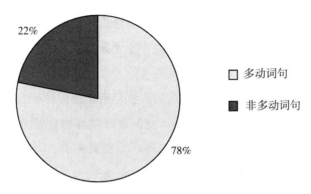

图 3.1　第九章、第十章中多动词句占比

3.2　翻译理论基础：汉英压缩策略

汉英压缩策略是基于对汉英翻译实践的观察、汉英语言和文化差异提出的，是以英语为母语的译者所展现的规律性的直觉表现。（王建国，2019：232）汉英两种语言在思维方式、审美意识和语用意识上存在的差异整体表现为"汉语界限性弱，英语界限性强"，这就要求汉英翻译时需要进行压缩，即压缩内容和意义界限，而非压缩形式。压缩的过程就是从模糊到精确、界限意识从含糊到清晰的转换过程，是取焦点，并围绕焦点形成一种边界压缩。压缩的主要翻译技巧包括隐含、删除和增添等。（王建国，2019：95）

隐含包括全部隐含和部分隐含。全部隐含指将原文意义隐含在译文中，用完全不同于原文的形式来表达，而部分隐含指的是原文的意义被部分隐含，部分意义在译文中有对应于原文的形式，部分没有。由于英汉两种语言在审美方式上的差异，两者在精练上就有不同的呈现方式，汉语的精练在于实词多用或活用和虚词慎用，而英语的精练则在于实词慎用和虚词多用和活用。汉语动词的界限性弱，没有排他性标记，翻译到界限性强且有界限标记的英语中必要遭到压缩。（王建国，2019：184）作为压缩技巧之一的隐含，就能起到增强英语界限性的功能。隐含的主要技巧包括抽象化、名词化和被动化富义词(涵盖多个汉语词词义的词汇)、泛化视角、结果导向式表述等。（王建国，2019：95）例如：她睁开眼，幻觉消失，看到窗外一片光明。（莫言，2012）"The window was suffused with daylight."（葛浩文译）译文把"她看到"的单一视角泛化为全知全觉，从而隐含了单一视角，使得原文内容和意义界限得到压缩（王建

103

国，2019：96）。

　　删除是另一种不同于全隐含的压缩方法，指原文的形式、语义和逻辑在译文中都不存在，但意义隐含在某种形式表述中。由于汉英两种语言在语篇结构差异中反映出主客体意识的不同，汉语民族主客不分，而英语民族主客两分，因此在进行汉英翻译时，译者需要进行主客意识的转换，从而产生大量的删除现象。删除可以分为主动删除和被动删除。主动删除是译者基于汉英思维方式、意识形态和审美方式等方面发挥主观能动性，对原文中一些内容进行删除；被动删除指两种语言由于存在上述各方面的差异无法转换而致，比如汉译英时隐含汉语四字格的修辞意义。（王建国，2019：77）例如：完了，她想，这辈子就这样完结了。想到死亡，心里涌上一阵悲苦，她恍惚看到自己……（莫言，2012）"It's all over, she thought, my life is all over. The thought of death brought feelings of deep sadness, and she saw herself…"（葛浩文译）译文删除了"一阵悲苦"中量词的修辞意义，其原因在于汉语民族的主客不分意识被直接转化为英语母语者的客体意识，删除了有修辞色彩这种带有主观意识角度的表达，压缩了情感意义（王建国，2019：100）。

　　增添也起到了压缩的功能，通过厘清界限，使相关概念更具有排他性功能。由于汉英两种语言在思维方式上的差异，汉语在语段结构上呈流泻式铺排，呈平行结构，并无主从之分，表现出汉语民族较弱的整体和个体意识，界限性弱；而英语句子定界清晰，主谓一目了然，句子与词级各显其式，主从句各司其职（刘宓庆，2006：491-492），呈现出更为清晰的整体和个体意识，界限意识较强，因此，在汉英翻译中，译者一定程度上需要增强主次界限，增添各种各样的界限标记。标记的增添往往使原文的某些特征得到明确，即概念内容的边界得到压缩而清晰。增添的主要技巧包括：增添语法标记（名词单复数标记、动词时体等标记）和通过添加内容来限定原文形式可能传达的意义边界，使意义的理解精确化（王建国，2019：102）。例如：七颗头发蓬乱、粘着草屑的脑袋挤在一起，往窗里张望着。（莫言，2012）"Seven little heads, pieces of straw stuck in their hair, crowded up to see what was happening inside."（葛浩文译）译文中增添了"in their hair"，描写出草屑具体粘在哪儿，以此限制了读者的理解边界，做到精确理解（王建国，2019：104）。

　　综上所述，采用压缩策略是汉英两种语言及其思维方式和审美方式差异内在的本质需求（王建国，2019：77）。本报告将基于汉英压缩策略选择性使用压缩技巧对文本中的多动词进行翻译处理。

3.3 多动词句翻译策略案例分析

本次英译项目《勇敢的花朵》为中国儿童文学作家唐池子的儿童文学作品，文本中有大量多动词句(句子形式多表现为流水句，句中含有两个或两个以上动词)，体现了汉语遣词造句的特点。多动词句中各动词句法地位确定困难，动作的施事者多变或不明，需要笔者厘清句中各个动词之间的逻辑关系，采取合适的动词翻译手段以满足汉英遣词构句的差异。因此，本节将基于汉英压缩策略对本翻译文本中多动词进行翻译处理，依据文本多动词句特征主要选取隐含和增添这两种汉英翻译压缩方法和技巧。

3.3.1 隐含

隐含指的是原文的意义全部或部分被隐含在译文中，用完全不同于原文的句法结构来表达或部分意义在译文中有对应原文的形式。(王建国，2019：95)由于汉英两种语言在动词使用上的差异，英语有一种少用(谓语)动词，或用其他手段表示动作意义的自然倾向；而汉语则有一种多用动词的固有习惯(袁昌明，1989：13)，因此，汉语译为英语后会出现汉语中原来的动词消失不见的情况。翻译是翻译意义(Nida，1982)，虽然翻译后形式发生了改变，但意义仍然在译文中保留。因此，笔者将翻译过程中出现的多动词句中的动词翻译技巧归纳为以下三类：(1)非对应翻译原文汉语动词，重建英语谓语，即由新选择的主语来确定英语的谓语动词。(2)隐含汉语动词过程意义，选用结果意义动词，满足汉英过程与结果差异取向。(3)隐含汉语重复动词，即对多动词句中反复出现的动词对应翻译一次。在本次实践文本中隐含主要用于单主语多动词句。

3.3.1.1 非对应翻译原文汉语动词，重建英语谓语

汉语母语者有较强的主体意识且主客不分，西人有较强的客体意识且主客两分(连淑能，2002；潘文国，1997：363；刘宓庆，2006：486)。这种主客意识差异在汉语遣词造句中都有体现。由于汉英两种语言在主客体意识方面的差异，在汉英翻译中，译者会进行主体意识到客体意识的转换。比如，英语中的无灵主语句、汉语感官动词的删除等都是对汉语动词进行非对应翻译，将原文含义隐含在译文中，这样英语谓语的选择就会随着主语的选择而确定。(＊此处不以直译和意译解释非对应和对应，其原因在于这两个术语并没有准确一致的界定，如庄绎传(2015：322)认为意译为"不保留原文的词语和形象"；周作人(2004：33)在《陀螺》序言中以"Lying on his back"的英文翻译为例说明直译和意译无明显差别，而是要在汉语表现力的范围中保存原文风格，表现原文意义。)

例1：

原文： 站在高石上，俯瞰云古寨视角绝佳。

初译文： Standing on the high rocks, Lin Xiao felt that she has an excellent view of the village.

译文： The high rocks offer an excellent view of the village.

分析： 例1中出现了两个行为动词"站在"和"俯瞰"，两个动作实际上是由一个主语发出的，即隐含了主语(林晓)，所以该句属于单主语承前省略，是林晓站在高石上从上往下看，此时的角度是观看云古寨的最佳视角。笔者在初译时采用非谓语形式作状语，显化句子主语，所以句中两个动词分别为现在分词"standing"和谓语动词"felt"，整个初译文满足语法正确和意思传递的要求，将整个句子重点放在了林晓身上，是林晓一人所观所感，即单一主体视角下对情景的描写，背景化云古寨。

　　而在对译文的修改过程中，原文两个动词的翻译并没有对应翻译为"站在"("stand")和俯瞰("see")。笔者在修改过程中发现这句话应该将云古寨作为重点信息，刚好例句下一句话就是描写云古寨的景："在山核桃树树叶的绿荫下，整片木楞房……"因此，笔者将最终译文确定为以"高石"作为主语，隐含原文的两个动词"站在"和"俯瞰"，将仅有的动词"offer"作为谓语。从形式上看，该动词既不对应"站在"也不对应"俯瞰"，其原因在于整句话需要进行英汉思维方式在主客体意识差异上的转换。这样一来，整个句法结构发生了改变，将主观感受下的单一视角变为客观的全知视角，从而隐含了单一视角，将整个句子聚焦到"high rocks"上，"高石提供了观看云古寨的绝佳视角"和谁站在高石上无关，谁站在上面都会看到云古寨的最佳面貌。这样的译文处理方式是基于汉英主客体意识的差异，汉语母语者有较强的主体意识且主客不分，西人有较强的客体意识且主客两分(连淑能，2002；潘文国，1997：363；刘宓庆，2006：486)。汉语更常用有灵主语，原文虽然隐含了主语，但是主语是明确的；而英语中有大量的无灵事物作主语，译文以"high rocks"正体现了这一汉英差异，所以整个句子谓语的选择由于主语发生了变化，随主语搭配决定。

例2：

原文： 林晓突然想到，应该带孩子们好好画画他们的云古寨，画画他们的高山森林。

初译文： Lin Xiao suddenly thought that they should take the children to paint their village, their mountain and forest.

译文： An idea pops into Lin Xiao's mind: she should teach the kids to paint their village, and their high mountains and forests.

分析：云古寨与世隔绝的环境、原生态的生活方式让林晓突生想法，想要带孩子们画画他们生长于斯的寨子。该句话在翻译时难度并不大，没有复杂的逻辑关系，就是简单陈述林晓的想法，由于几个动词由同一主语发出，所以同样属于单主语承前省略的多动词句。笔者在最初翻译时按照原文顺序对应翻译，以林晓为主语，将第一个动词"想到"翻译为英语的谓语动词"thought"，后面"想到"的内容处理为以"thought"引导的宾语从句。整句话的翻译看起来问题不大，但和最终译文比起来，在译文的地道性和情感的传递上还是显得乏味单薄，需要笔者对句中动词的翻译做进一步思考。

在译文地道性方面，最终译文以"An idea"作主语，即以无灵主语句呈现英文译文，这样一来，谓语就需要重新依据主语确定，以"pops into one's mind"处理"突然想到"不失为一个忠实而地道的英语表达，根据剑桥词典对"pop into"的解释：to put something quickly into something else，内容传递准确。此外，以"idea"这样一个无灵事物作主语做到了汉英语言之间主客体意识的转换，体现了英语较强的客体意识。

在情感传递上，最终译文以冒号取代了最初译文中采用的宾语从句，这样的处理方式将"idea"与想法的内容分割开来，增强了译文的界限性，使情感传递更为明确，凸显了林晓想法之突然，想法内容具体明确。

例 3：

原文：只听见孩子们兴高采烈地叫着："叶秀老师，叶秀老师！"一个敦厚朴实的中年男子笑呵呵走出木板房。

初译文：Lin Xiao heard that the three kids excitedly shout, "Mr. Ye, Mr. Ye!" An honest middle-aged man walked out of the wooden house with a smile.

译文：The three kids jubilantly shout, "Mr. Ye, Mr. Ye!" An honest, simple middle-aged man walks out of the wooden house smiling.

分析：该句包含三个动词，一个感官动词"听见"，两个行为动词"叫着""走出"，属于汉语兼语结构，通过原文只能初步确定第二个动词"叫着"的主语是"孩子们"，而第一个动词"听见"的主语到底是谁其实是不明确的。

该句的情节背景是孩子们带着林晓姐姐前往云古寨小学参观并希望让林晓看看叶秀老师。接近学校时，孩子们兴奋的声音传来……

例句中的感官动词"听见"并没有明确的主语，根据上文情节可以判断紧跟着的主语似乎是"林晓"，是林晓听到孩子们的欢呼声，看到叶秀老师的身影，所有听到和看到的内容都是以林晓为主体出现的。所以笔者在最初翻译时，将隐含的主语"林晓"翻译了出来，所以英语谓语就很自然地定为原句的感官动词"听见"（"hear"）。感官动词是汉英翻译时需要注意的词汇，感官动词的出现能够非常鲜明地体现汉语的主体性

思维，有较强的主观性。使用感官词是汉语中一种常见的达致主客交融、拉近主客观距离的方式。(王建国，2019：113)

在后续译文修改过程中，笔者考虑到英汉主客体差异，改变了英语中谓语的选择，重点偏向听和看的内容，即"叫着"和"走出"。通过隐含感官词，将汉语中的单一视角转换为群体视角，这样一来，原文的第一个动词"听见"就没有对应翻译为英语中的谓语动词"heard"，而是转移到"叫"和"走"，使整个译文以"…kids"和"…man"分别作为主语，只客观描述孩子们和中年男子欢喜的场面。这样的翻译处理解决了"听见"的实施主体不明的问题。实际上，即使是汉语读者也无法确定是谁"听见"的，可能是身后的林晓"听见"孩子们兴奋的欢呼声，看见叶秀老师，也可能是叶秀老师"听见"孩子们的大声喊叫才走出木板房，当然也可能是林晓和叶秀老师都"听见"。所以删除这种感官词，模糊化了句中"谁听到"这个不明确的问题。虽然在形式上删除了原文动词，但是意义是完全保留的：木板房内的叶秀老师听到声音走出房间，同样林晓老师也听到声音，看到孩子们欢呼雀跃的场面，将单声道变成了多声道，个人视角转换为群体视角，即任何人都可以听到和看到，达到了汉语的平面审美到英语的立体审美的转换效果。

3.3.1.2 隐含汉语动词过程意义

汉语语用重过程，英语语用重结果(王建国、何自然，2014)，这一语用原则与动词的压缩有关。所谓"过程取向"指的是说话人在感知事件时，关注事件中的程序，虽然在表述该事件时，可能表述结果，也可能不表述结果；即使表述结果，也往往需要先表述过程，所谓"结果取向"就是说话人在感知事件时，关注事件的结果，虽然表述该事件时，可能表过程，也可能不表过程，但过程往往会被隐含或者与结果相比，往往通过次要语言结构表现出来，即话语的焦点会落在结果上，而非过程上。例如，汉语中的"读懂""听懂"既有过程又有结果，但翻译为英语时只取"懂"(understand)，隐含了表过程的意义(王建国，2019：79)。汉语的过程取向决定了汉语多用过程性动词，而英语的结果取向导致英语多用结果性动词。(王建国，2020：215)因此，在本次汉英翻译实践中，尽量选择表结果意义的词汇呈现英文译文，遵循汉英语用差异。

过程是连续的，结果是离散的。汉语的延续性决定了汉语词的界限性不强，界限标记不明显，制约了汉语构词的压缩能力，因而汉语缺乏英语对应的抽象名词(英语中有大量的抽象化的形式手段，如-ment，-ness等，其抽象名词从形式上多数可以看出来)。英语抽象名词使用增多，词汇化程度高，意义更为压缩。名词的界限性比动词强，汉英翻译时名词的使用，尤其是压缩性强的抽象名词的使用可以增强英语的界限性，隐含汉语动词的过程意义。(王建国，2019：93)

例 4：

原文：她端起叶秀老师给她泡的山茶喝了一口，顿觉满口清香。

初译文：She took a sip of the camellia tea prepared by Mr. Ye, and felt the fragrance of it.

译文：She takes a sip of the camellia tea prepared by Mr. Ye, leaving her mouth minty fresh.

分析：上述例句中含有三个动词，分别为两个动作动词"端起""喝"和一个心理动词"顿觉"，三个动作均由主语"她"发出，因此属于单主语承前省略多动词句。翻译是一种语用行为。(Levy，1967)在语用上，英语多表事件运动或事件发展的结果状态，弱化甚至忽略达到最后状态的过程细节。(王建国、何自然，2014)汉语中喜欢使用表示过程的词汇，而英语中喜欢使用表示结果意义的词汇。在原文中"端起茶喝"包含了两个动作，即先"端起"再"喝"，而在译文的翻译中并没有体现出"端起"这个表过程意义的词汇，直接用压缩性强的表结果意义的词汇"take"一词。因此，最终译文直接用表结果意义的"喝"作英语的谓语，表过程的"端起"则遭到压缩。

此外，笔者在确定最终译文时，同样删除了原文中的感官动词，将"她"的主观感受直接处理为客观事实，笔者在最初翻译时保留了原文中感官动词"顿觉"的翻译"feel"，即译文存在两个并列谓语"took"和"felt"，以连词"and"连接喝山茶的过程和感受；而在最终译文中笔者修改为伴随状语形式"leaving her mouth minty fresh"，隐含了"她"的感受，但并未省去原句中表达的意思，"顿觉"的内容在"留得满口清香"中充分体现出来，这样一来，句子的谓语就从初译中的直译并列谓语变为最终译文中的谓语"take"。同时，连词"and"的出现会减缓原文的节奏，在"顿觉"中"顿"一字的节奏凸显效果上，连词的使用产生的节奏要明显慢于伴随状语。

例 5：

原文：张坚的话一石激起千层浪，大家纷纷发表意见。

初译文：Zhang Jian's words evoked strong feelings among them, inspiring much debate.

译文：Zhang Jian's words hit a nerve with the group, and everyone begins voicing their opinions.

分析：例 5 中有两个动词，即含有动作属性的俗语"一石激起千层浪"和"发表"，主语很明显发生了变化，属于多主语多动词句。在处理多(双)主语多动词句时，笔者首先考虑的是在句子翻译过程中是否需要进行断句处理或者译文呈现谓语并列处理。这一类句子的处理方式将在增添部分作详细分析。

　　笔者在此句中重点关注第一个动词的翻译选词。在"一石激起千层浪"的翻译上，为了选择更具有结果意义的表达，笔者在最终译文的呈现上对"一石激起千层浪"这句俗语的翻译选词作了调整。

　　《汉语大辞典》对该俗语的解释为：扔一块石头到水中掀起千层浪花。比喻一句话或某一细小行动会引起强烈的反响。笔者一开始选择了"evoked strong feelings"这样一个动宾短语来传达原文的意思，即引起强烈反响，在意思上忠实于原文。然而这个强烈反响具体指的是什么样的情绪是不知道的，惊讶、愤怒、焦虑抑或多种情绪混杂，这一情感信息在"evoked strong feelings"这个动宾短语上是体现不出来的。外籍译者反馈过来的译文将该俗语处理为"hit a nerve"。这两个动宾短语最大的区别在于情感的准确传递上是不同的，根据韦氏词典对"hit a nerve"的解释"to make someone feel angry，upset，etc."，这个短语更多凸显的是言行引起的愤怒情绪，而"evoked strong feelings"意为"引起强烈的反响"。从原文字面意思和该俗语的释义来看，初译文似乎更忠实于原文，很容易认为是外籍专家误译。

　　将节选语句放在语境中来看，情绪的传达其实是合理的。原文中提到"古林菁一带的森林早该划分为自然保护区，而如今镇政府不但没有加以保护，还要夺去这一百多只濒危滇金丝猴的家园"。因此，站在话语背景的角度，这种愤怒就可以理解了，将"一石激起千层浪"翻译为"hit a nerve"，其意义是要比"evoked strong feelings"更为明确，将复杂的情感向前推进了一步，限定了读者的想象空间，表达更具结果倾向。外籍专家的反馈同样表现了汉英两种语言在语用上的差异：汉语的语用重过程，而英语的语用重结果(王建国、何自然，2014)。

　　例6：

　　原文：生活在深山中，云古寨的祖先们首先考虑的是生存的需要。

　　初译文：Living in the deep mountain, the ancestors of Yungu village firstly considered the needs for survival.

　　译文：For the ancestors of Yungu Village, survival needs were their number one consideration for their living in the deep mountain.

　　分析：例句中存在三处动词，包括行动动词"生活""考虑"和一处断事动词"是"。句子主语"云古寨的祖先们"在句子中间出现，属于单主语承后省略多动词句。

　　笔者在最初翻译时将"考虑"对应翻译为英语的谓语"considered"，英语的主语使用汉语中的单主语"祖先"，因此，初译文在语序上基本遵从汉语语序进行了翻译处理。然而，在译文修改过程中，笔者将整句话的焦点即译文的主要内容凸显了出来，黄正德(1990：43-64)主张把断事动词"是"处理为焦点标记词。焦点标记词的功能在于：如果在单句中要强调某个句子成分，就可以把焦点标记词加在这个成分的前面，这个成分也就成为句子的焦点，它只能出现在主语之前或者主语和主要动词之间。由此可以看出"是"后的内容是句子的主要内容，所以笔者修改后的译文将"是"的结果即"生存的需要"作为译文主语，主要动词比较明显，即"考虑"，"生活"只是背景信息，而"考虑"一词在英语中有对应表动作的抽象名词，名词的界限性比动词强，汉英翻译时名词的使用，尤其是压缩性强的抽象名词的使用可以增强英语的界限性（王建国，2020：78）。所以笔者在翻译时选择"consideration"一词，将原文的动词译成结果状态的名词，这一抽象名词的使用更偏结果，即直接将考虑的结果"生存的需要"表述出来，使得译文意义更为压缩。从句子要传达的意思也可以推出，原句中"首先考虑"中的"首先"并非指明先后顺序，而是表示重要性，所以如果按照初译文将"首先考虑"翻译为"firstly considered"更具过程倾向，更偏向考虑的过程。

3.3.1.3 隐含汉语重复动词

动词重复使用在文学作品语言中比较常见，在本次实践文本中主要指的是句中出现的排比成分。多个动词连续使用会让语言节奏和谐、感情洋溢，更有利于角色在情感上的抒发。此外，由于英汉语在审美观上的差异：英语具有精确、精练、立体审美，汉语具有冗余、精练和平面审美等差异（王建国，2019），汉语更喜爱重复使用实词（包括同形、同义等形式），而英语少用实词重复手段。所以对于原文重复出现的动词，笔者仅对应翻译一次。

例7：

原文： 林晓说话不多，她用了一下午的时间看云古寨，看绿林，看高山。

初译文： Lin Xiao docs not spend much time chatting, and instead spends the whole afternoon admiring the village, the green forest and the high mountains.

译文： Lin Xiao does not spend much time chatting, and instead spends the whole afternoon admiring the village, and the green forest, and the high mountains.

例8：

原文： 她闭上眼睛，仍然能看见纯白的花，看见绿的风，看见鸽子树上洁白的翅膀，也看见了幸福的自己。

初译文： She closes her eyes, but can still see the pure white flowers, the green wind, the white wings of the dove trees, and her happy self as well.

译文： She closes her eyes, but can still see the pure white flowers, and the green wind, and the white wings of the dove trees, and her happy self as well.

分析： 上述两个例句中分别有五个动词，且都存在重复动词，主语都是"她"即

"林晓"，属于单主语承前省略多动词句。例 7 中除了两个行动动词"说话"和"用"，还有三个重复动词"看"。同样，例 8 中除了行动动词"闭上"和辅助动词"能"(能愿动词)外，另有四个重复动词"看见"。在翻译时，显然不能在一句中重复翻译成"see"，这样不符合英语少用实词重复的句法习惯，也不能都翻译成流水小句，这样没有衔接。所以，笔者采用了隐含重复动词的翻译方法，对排比成分中重复出现的动词只对应翻译一次，在第一句中以"admiring"接后面三个连续宾语；同样，在第二句中只翻译一个"看见"，以"see"接连续的四个宾语，省略其他单一重复动词，形式上更为简洁明了。

此外，为了最大可能还原句中呈现的节奏和抒发的情感，笔者在修改译文时有意做了小小的调整。通过与所选两个例句的最初译本对比，笔者在宾语前均添加了连词"and"，其目的在于尽可能保留原文传递的情感节奏，第一句中"看云古寨，看绿林，看高山"以及第二句中"看见纯白的花，看见绿的风，看见鸽子树上洁白的翅膀，也看见了幸福的自己"，三个"看"以及四个"看见"明显减缓了主语"林晓""看"的节奏，构建了好几帧"看"的画面，是"她"在慢慢感受、慢慢欣赏，画面感十足。虽然笔者最初的译文形式更为简洁，却改变了原句本来缓慢的节奏，似乎给读者一种一次看完"云古寨、绿林、高山"、一次看见"纯白的花、绿的风……"的感觉，画面感有所缺失。因此，笔者在每一处画面前均增加了"and"使得各场景前有所停顿，形成多个边界，营造出多幅画面。

3.3.2　增添

增添也是一种压缩策略，通过厘清界限，使界限更为清晰并使得相关概念具有排他性的功能。汉英两种语言在思维方式上的差异即汉语母语者整体意识和个体意识的模糊性与英语母语者整体意识和个体意识的精确性，导致汉英两种语言在表达相同内容和功能时无法形成一致的形式，导致汉英翻译中无法做到结构形式的对应转换，因而英语译文中的选词和造句都往往需要对汉语结构形式进行重新整合。英语句子的整体性体现在有界限的个体形式结构上：以主谓结构为主干，谓语为焦点，语言形式结构之间界限分明，空间层次分明，主次分明。(王建国，2019)

由于汉英两种语言在结构形式上的差异，增加界限标记会使英语译文各个结构之间的主次界限更为清晰，译文语言的立体性和接续性有所增强。(王建国，2019)此外，虚词的使用也会让译文呈现的画面不同，比如聚焦一个核心动词，句中其他动词用介词等虚词表达，则译文的画面将更为压缩，意象更为集中。在本次实践文本中增添主要用于单主语和双主语多动词句。

3.3.2.1 增添虚词，突出核心动词

申小龙（1991：445-455）指出，汉语句子思维是散点透视，英语句子思维是焦点透视，因此，汉语句子不受"焦点"即核心动词的控制，而是依靠声气顿进与时序铺陈形成一种"散点"大容量句型。汉语是散焦语言，英语是聚焦语言。（吴碧宇、王建国，2017）汉语的散焦表现在汉语句子主次焦点不清晰，句中出现的动词并无明显的主次之分，多数看起来是并列关系。英语的聚焦体现在英语句子主次清晰，英语谓语具有聚焦功能，其中出现的句子成分，包括可能出现的多个动词结构都往往主次分明。译文谓语动词的选择要求译者首先考虑应该聚焦的画面、凸显的信息，然后再考虑是从原文中找个动词对应翻译为英语谓语，还是重新构句找一个非原文中的动词作谓语。（王建国，2019：188）

例9：

原文：他袖子挽得高高的，手里拿着湿漉漉的抹布，张开着双臂："是你们三个小家伙，鼻子真灵啊！来，来，来，给老师来帮忙！"

初译文：He rolled up his sleeves high with a wet rag in his hand, and opened his arms, "You three little guys do have a good nose! I could use some help right now!"

译文：He opens his arms with sleeves rolled up high, wet rags in his hands, "You three little guys do have a good nose! I could use some help right now!"

分析：原文出现多个动词，引号前的内容中出现的连续动作"挽""拿着""张开着"，均由主语"他"发出，属于单主语承前省略多动词句，无法从多个动作间区分出主次及先后之分，体现出汉语的连续性，所以在确定英语谓语动词的时候造成了一定的困难。笔者在最初翻译时就错误地将"挽"和"张开"作为并列谓语，导致整句话焦点出现问题，将"挽袖子"这个动作夸大了，实际上只是"他"当时的状态，并非专门做了这个动作。

句中存在的多个动词呈现给读者的是散焦的画面，无法从多个焦点（袖子、手、双臂）中看出主要行为对象。所以笔者在修改此句时，首先明确句子的焦点动词，通过对整句的分析，"张开双臂迎接孩子"为句中的核心内容，"挽袖子"和"手拿抹布"只是"张开双臂"的一个动作背景，所以谓词确定为"张开着"（"opens"），以"with"引导的伴随状语处理"挽"和"拿着"两个动词："with sleeves rolled up high"（with+名词+done）、"wet rags in his hands"（with+名词+介词短语），这样就将连续的汉语动词处理为介词，"在某些情况下，英语介词是能够来代替汉语动词的"（许孟雄，1983）。通过介词的使用增添了语法标记，使译文界限性增强、主次结构更为清晰，同时将一个连续的过程性行为处理为焦点明确的结果性行为，将表过程的"挽"和"拿着"两个动作进行了压缩，隐含了客观意义的表达词，聚焦结果意义的表达词，展现出一副压缩式画面，只聚焦到叶秀老师张开手臂这一画面，字里行间凸显了浓浓的师生情，温馨感人。

例 10：

原文：这位大叔一听这个消息，马上放下手头的活儿，急匆匆赶来商讨。

初译文：Uncle Bailong, the head of Yungu village who, as soon as heard the news, immediately put down his work and hurried to discuss with them.

译文：Uncle Bailong, the head of Yungu Village, stopped his work immediately at the news, hurrying to discuss the matter with them.

分析：该句出现的两个动词"听""放下"和一个连动句式"赶来商讨"，其主语均为"这位大叔"，因此，该句同样属于单主语承前省略多动词句。

原句所在的语境是镇政府为了解决财政困难，决定砍伐原始森林，夺去最后一百多只濒危滇金丝猴的家园，所以当时的情况是比较紧急、迫在眉睫的。译文需要尽可能体现这一紧张的节奏，对多个动作进行聚焦。汉语具有连续性，而英语具有离散型，即界限性强，因而译文如果使用大量谓语动词，那么汉语中原本连续的画面会分解成好几个界限清晰的画面。谓语动词具有定焦的功能，大量谓语动词的出现会放松原文的节奏。(王建国，2019)因此，在翻译该句时，笔者先确定了句中信息的主要内容即"放下手头的活儿"和"赶来商讨"，而"听消息"只是背景，即由于这一消息引发了后续行动，所以笔者将背景信息"听"这个界限性较弱的动词用具有强界限意识的介词"at"来翻译，减少了译文动词出现的频率。王建国(2019)指出，汉语动词的界限性弱，没有排他性标记，翻译界限性强且有界限标记的英语中必然遭到压缩。汉语的动词可以翻译成英语的动词(谓语动词、非谓语动词)、介词、小品副词、形容词和名词。(谢旭升，2002；包彩霞，2003)

在英语谓语的选词上体现了不同选词在地道性和语境上的差异。笔者在最终译文中将"放下"一词定为"stopped"，这个单音节词显然要比"put down"这个双音节词节奏更快。其次，在最初翻译时，笔者将"放下手头的活儿"和"赶来商讨"作为并列结构，用"and"连接，考虑到整个句子体现的节奏很紧张，而连接词"and"会在两个动作之间形成边界，所以笔者决定删去这个并列连接词，通过分词作状语的形式再次减少谓语动词的出现，制造"听消息"和"赶来商讨"两个动作同时发生的效果，以凸显当时"白龙大叔"的焦灼心情。

3.3.2.2　增添虚词，构建多个意象

虚词尤其是连词的增添有利于多意象的构建。很多时候，汉语句子中出现的多个动词并不是一个主体发出的，这就需要译者去感受原文各部分信息凸显的画面，通过连词或其他虚词的增添使画面界限更为清晰、意象更为突出，增加内容的画面感。

例11：

原文：张坚的话一石激起千层浪，大家纷纷发表意见。

初译文：Zhang Jian's words evoked strong feelings among them, inspiring much debate.

译文：Zhang Jian's words hit a nerve with the group, and everyone begins voicing their opinions.

例12：

原文：每个孩子手里都捧着新学期礼物，眼睛瞪得大大的，无法相信自己的眼睛，教室里持续不断传出喜悦的尖叫声。

初译文：Every child held a gift in his new term and widened their eyes in surprise, and they can not believe the scene before them. The classroom is full of screams of joy.

译文：Every child is holding a gift given to them for the new school term. Their eyes widen in surprise, and they can't believe the scene before them. The classroom is full of screams of joy.

分析：例11中有两个动词，即含有动作属性的俗语"一石激起千层浪"和"发表"，主语很明显发生了变化，属于多主语多动词句。由于该句包含了两个话题：张坚的话引起的反响和众人发表意见，且话题之间在时间上有一个先后顺序，即先有张坚的话才有后续的反应，通过例句后的故事情节也可以看出参加"森林保卫战"会议的人都表达了自己的想法。所以该句的翻译应该有两个并列谓语，以并列关系标记"and"连接，表示顺序并列，构建两幅画面，呈现场景的立体感：张坚急匆匆地传达消息和众人你一言我一语的焦急场景，使得画面感增强，画面与画面之间分散且具动态感。

例12中的四个动词"捧着""瞪""相信""传出"，其中前三个动作的主语为"孩子"，而最后一个动词"传出"的主语为"教室"，属于双主语多动词句，但引出了三个话题，分别为手捧礼物的孩子、孩子们的神情刻画及教室热闹的气氛。笔者在翻译该句时，首先对话题进行了分类，因为三个话题对应四个动词，那么必然有两个动作同属一类，在该例句中即为中间两个动词"眼睛瞪得大大的"和"无法相信自己的眼睛"，均属于对孩子神情的描写，翻译时需要合并或并列处理，通过添加"and"这一虚词及使用句号这一强界限标记使译文呈现三幅画面，聚焦到多个意象。最终译文将三个话题分别成句，每句话单独选择谓语，互不干扰。

4. 翻译实践总结

本次汉译英翻译任务文本《勇敢的花朵》(节选)存在大量多动词句(多以流水句形式呈现，句中包含两个或两个以上动词)，在这些多动词句中各动词句法地位界定不清，各动作施事对象多变或不明，对多动词句中的动词翻译造成困难。因此，笔者基于翻译难点并借助流水句的分类对多动词句进行分类，采用汉英压缩策略对多动词进行翻译处理。笔者参与了整个翻译项目从译前准备到定稿的全过程，收获颇多，也认识到了自身的不足。

4.1　实践发现

通过这次翻译实践，笔者对整个翻译项目的流程有了更为深刻的了解，对整个翻译过程有了自己的体会与发现。

整个项目从译前准备、译中处理和译后审校三个阶段展开。在译前准备阶段，了解翻译任务背景是必不可少的一步，因此笔者首先确定委托方对翻译的要求、熟读翻译文本、准备翻译工具并制订翻译计划；在译中处理阶段，笔者对翻译文本进行初步翻译，对翻译有困难的地方进行标记；在译后审校阶段，笔者同团队成员及外籍专家分别对初译文本进行审校润色，最大程度满足汉英语言差异的转换，使译文忠实、地道。

对于重点汇报的多动词句的翻译，译者需要读懂句子，理解各动词之间的逻辑关系，然后选择合适的翻译策略处理各个动词，保证译文语法严谨、忠实自然、语言地道。笔者在此次实践中归纳了两大类处理多动词的翻译方法，展开来为五个具体的翻译技巧，这些技巧都遵循了汉英压缩策略，即在某些动词的处理上会隐含原文意义，但是隐含的意义会在译文中表现出来；增添界限标记使译文主次结构的区分更为清晰，具体而言包括：(1)非对应翻译汉语动词，由新选择的主语确定英语的谓语动词。(2)隐含汉语动词过程意义，聚焦结果意义的表达，满足汉英过程与结果的语用差异。(3)隐含汉语中的重复动词，在译文中对应翻译一次。(4)增添虚词等界限标记突出核心动词，使得句中其他动词充当背景，通过介词、非谓语等形式处理其他动词。(5)对于多动词句中动作施事者变动频繁的可通过增添虚词，构建多个意象。当然，具体的多动词处理技巧还是需要译者在实践中不断体会并完善，笔者所例举的几个翻译方法仅仅是基于此次翻译实践，所以还会有其他处理方式笔者未能发现或掌握。在以后的翻译实践中笔者会不断学习，不断提高翻译质量。

4.2　实践启示

通过此次翻译实践项目，笔者不仅圆满完成了《勇敢的花朵》(节选)的英译工作，也对于翻译工作有了更为深刻的认识。

(1)扎实的翻译基本功是从事翻译的前提条件。翻译不是简单的从一种语言到另一种语言之间的机械转换，这就要求译者做到如下几点：①深谙源语和目的语之间的差异，通过课堂学习、阅读语言翻译类相关书籍掌握语言知识、翻译理论和技巧，在翻译实践中不断提高翻译能力。②具备广博的非语言知识。翻译是个杂家，做好翻译工作还需要大量接触其他领域、其他学科的知识，这样才能在翻译工作中游刃有余，避免出现重大翻译错误。比如，在此次翻译项目中，笔者就需要提前了解小说中出现的少数民族，熟悉民族文化。③善于利用计算机辅助翻译工具。互联网时代给各行各业的发展带来了变革，翻译行业也不例外，作为译者需要接触技术性翻译工具，充分利用信息全球化带来的福利，以此来提高翻译译文的质量、提高翻译效率。

(2)良好的"译风译德"对于翻译工作至关重要。作为一名译者需要做到如下几点：①严肃认真的翻译态度。能够作为一名译员参与此次翻译项目对笔者而言是一次宝贵的实践经历，也是团队老师给予的信任，因此，在翻译过程中应该抱有负责的态度，翻译是一项"慢工出细活"的工作，对待枯燥的文字翻译工作应心平气静、不骄不躁，以圆满完成任务。②团队合作意识。此次翻译项目是由团队合作完成，因此在翻译过程中需要不断和团队成员交流，尤其是在团队成员互审及外籍专家审校阶段。交流探讨的过程也是笔者学习的过程，笔者能够从中感受自己的翻译水平，发现不足之处并改善。③时间管理意识。此次翻译项目是一个多方合作的过程，笔者需要严格按照委托方及团队翻译时间要求准时保质地完成翻译任务。因此，一份合理的翻译计划表是必不可少的，可以确保翻译文本及时交付。

4.3　不足之处

通过此次翻译实践，笔者也认识到了自身翻译能力的不足，特别是在译文遣词达意方面和信息检索能力等方面存在不足。

(1)译文遣词达意有待提高。在多轮审校尤其是外籍专家的反馈后，笔者发现自己在英语固定搭配和选词上不够地道，因此，笔者需要在未来学习过程中多读多看英文原著、多欣赏优美译文，不断积累自身的英文储备。此外，译文忠实度需要重新把握。笔者在最初完善译文的过程中对原文句式和某些词有意做了一定的变化，但外籍专家的反馈稿又将译文改回到原文句意，这也要求自身在今后通过更多的翻译实践不断思考和完善自己的译文。

（2）信息检索能力不足。在此次翻译过程中，笔者需要通过各种网络资源对文中极具民族色彩的表达进行检索，但是笔者在信息检索能力方面有限，在查找文献方面耗费了大量的时间和精力，影响了翻译效率。因此，在日后的翻译工作中，笔者需要习惯使用各种信息检索工具，提高信息检索速度。

最后，笔者虽然对译文作了反复修改，但由于自身翻译能力有限、翻译经验不足，译文中仍存在需要润色的地方。翻译学习是一个长期的过程，笔者会把握每一个实践机会，不断提高翻译水平。

（作者：许媛媛）

三、《江南园林论》(节选)专有名词汉译英实践报告

1. 翻译项目介绍

1.1 翻译任务背景

本实践报告所选文本来自 2017 年度国家社会科学基金中华学术外译项目《江南园林论》。该书作者为杨鸿勋，是建筑史学家、中国建筑学会建筑史学分会原理事长、俄罗斯建筑遗产科学院院士。杨鸿勋主攻建筑历史与理论以及中国传统园林，创立建筑考古学，对从原始社会到封建社会晚期的一系列重要建筑遗址做了科学可信的复原研究，破解了中国古代建筑史的诸多难题。所著《中国古典造园艺术研究——江南园林论》被评为"20 世纪文博考古最佳图书"论著类第三名。

本项目的委托方是斯普林格出版社(Springer Press)，委托我方将书译为英文，要求译文忠实于原文，行文流畅，语言精简，符合英语表达习惯；避免漏译现象和语法错误。《江南园林论》全书共五个章节，由多位译者合作共同完成，其中笔者负责第三章"园林创作论"中的第一节"论景象构成"的第三部分"植物配置"。

1.2 文本分析

从文本内容上看，《江南园林论》是一部造园学著作，该著作是作者通过多年的实地考察，历经二十四年编写完成的。"园林创作论"是全书的主体内容，在介绍园林创作理论的同时，作者通过大量的园林实际案例来加以佐证，因此文中出现了大量的园林名称、景象名称以及园林专业术语。笔者所负责的"植物配置"部分还出现了大量的

中国本土植物名称。

从文本类型上看，《江南园林论》属于信息型文本。文本类型理论是指由德国功能主义学派的代表人物卡塔琳娜·赖斯（K. Reiss）在 *Translation Criticism：The Potentials and Limitations* 一书中首次提出的涉及文本类型、语言功能及翻译策略的理论。（张美芳，2009）赖斯（2000：30-48）将文本分为三种类型：信息类、表情类和操作类。她认为信息型文本主要是表现事实、信息、知识、观点等。《江南园林论》作为一部造园学著作，作者通过多番对江南各园林的考察，编写此书，一方面是想通过此书记录中国古典江南园林的造园技艺，另一方面本书也不失为园林艺术爱好者学习的模板。本书主要内容都是在向读者传递信息，同时语言逻辑感强。依据赖斯的文本类型理论，笔者断定此书内容为信息型文本。基于本书的这种特点，为了使文本内容的排他性更强、精确度更高，本实践报告将采用界限压缩汉英翻译原则（王建国，2019）对文本进行翻译。下文将对该原则进行介绍。

1.3　项目意义

中国古典园林在世界园林发展史上独树一帜，是全人类宝贵的历史文化遗产。（朱建宁、杨云峰，2005）中国古代园林设计师和园艺工匠经过数千年的经验沉淀，才有了那闻名世界的江南园林。江南园林作为全人类共同的文化遗产，理应得到全世界园林艺术爱好者的研究和鉴赏，但目前国内现存的大多数园林著作是中文书籍，有外语译本的园林书籍为数不多，这必将成为中国文化"走出去"的绊脚石。《江南园林论》作为国家社科基金中华学术外译项目，翻译为大多数人可以理解的英语，可进一步促进中华文化的输出。同时，作为一部造园学著作，也可以为国外园林专业者和园林艺术爱好者提供参考。

笔者是第一次接触《江南园林论》这类园林学文本。由于书籍专业性较强和笔者背景知识的缺乏，翻译的过程中存在困难。本报告就是针对笔者在真实笔译实践过程中遇到的难点，逐一提出解决方案和翻译方法。这次翻译实践不仅让笔者学到了园林类书籍翻译的方法和技巧，同时也为后续参与园林类文本翻译提供了一定程度上的借鉴和参考。

2. 翻译过程描述

一个完整的翻译过程主要包括以下三个步骤：（1）译前准备。（2）译中处理。（3）译后审校。

2.1   译前准备

充分的译前准备可以为后续翻译工作的顺利开展提供保障。笔者于 2019 年 1 月接到翻译任务后，主要进行了以下三方面的准备工作：文本分析、准备翻译工具和制订翻译计划，其中文本分析已在第一章中进行了介绍，此处不作赘述。

2.1.1   准备翻译工具

笔者在翻译过程中需要理论工具，包括翻译理论著作、翻译相关文献等；搜索查找工具，由于文本中存在大量的专业术语，翻译的过程中需要对其进行多番搜索和查证，主要包括词典、搜索引擎等；辅助翻译工具，包括各种翻译网站、计算机辅助翻译工具等。笔者将其分为纸质翻译工具和电子翻译工具(如表 2.1 和表 2.2 所示)。

表 2.1   纸质翻译工具

理论书籍	纸质词典
王建国《汉英翻译学：基础理论与实践》(2019)	陆谷孙《英汉大词典》(第 2 版)
刘宓庆《新编汉英对比与翻译》(2006)	《现代汉语词典》(第 5 版)
Translation Criticism：The Potentials and Limitations (K. Reiss, 2000)	*Dictionary of Contemporary English* (6th Edition)

表 2.2   电子翻译工具

搜索引擎	电子词典	辅助翻译工具	学术网站
维基百科	有道词典	SDL Trados	CNKI
必应(国际版)	Oxford 在线词典	谷歌翻译	读秀
百度百科	新汉英大辞典	CNKI 翻译助手	维普

本报告是在汉英翻译界限压缩原则指导下撰写的。有学者认为，汉语的界限性弱，英语的界限性强。两种语言界限性的差异主要表现在思维方式、审美方式、语用方式和语法四个方面。(王建国，2019：204)思维方式上，汉语主客交融，界限模糊；而英语主客两分，界限清晰。审美方式上，汉语母语者侧重于模糊、散焦的审美方式，而英语母语者倾向于精确、聚焦的审美。语用原则上，汉语重过程，英语重结果。语法形式上，汉语具有连续性，英语具有接续性。其他学者同样也指出，国内译

者的思维模式往往侧重行为过程，英语母语者的思维则侧重于表达行为的结果；语用上，汉语是伸展型的，英语是浓缩型的。(何自然，2015)另外，联合国资深翻译、中国外文局首席顾问、曾为美国蒙特雷高级翻译学院院长的鲍川运先生也多次在公开场合论证了该观点的合理性(例如2019年11月在复旦大学举行的题为"汉英翻译问题与理解视角"的讲座)。正是由于汉英两种语言在以上四个方面的差异，在汉英翻译的时候需要遵循"界限压缩汉英翻译原则"。

2.1.2　制订翻译计划

笔者2019年1月接到翻译任务，计划于2020年3月完成审校。整个翻译项目历时一年多，需要制订严密的计划来保证项目的有序进行。笔者的具体计划如表2.3所示：

表 2.3　翻译项目计划表

时间	工作安排
2019年4月1日—2019年5月30日	译前准备
2019年6月10日—2019年10月20日	完成初稿
2019年10月20日—2019年10月30日	自我审校
2019年11月1日—2019年11月30日	组内译员互相审校
2019年12月1日—2020年2月16日	外籍译员审校
2020年2月16日—2020年3月10日	自我审校、完成定稿

2.2　译中处理

由于《江南园林论》前面一部分内容已经有了定稿的译文，所以在正式翻译之前，笔者将定稿译文中出现的园林术语、园林景象名称摘录出来，然后利用 SDL Multiterm 建立了术语库。这样，既可以使全文的术语得到统一，同时在计算机辅助翻译软件 SDL Trados 的帮助下，术语库还可以为译者翻译提供更多便利，提高了翻译的速度。

在翻译过程中，原文文本中多次出现园林名称、景象名称和园林植物名称，通过查阅和搜索，笔者发现这些专有名词一般会有好几种不同的表达，很难找到唯一固定的表达。因此笔者需要通过多种方法，凭借多种搜索途径进行查证，确定其专业的界限性，才可以确定最终的译文，这需要耗费笔者相当长的时间。针对这些翻译难点，笔者还请教了园林专业和汉语言文学专业的朋友，同时自己也借助网络的帮助，解决遇到的困难。

2.3　译后审校

译后审校是决定一篇译文水平高低的关键，审校可以发现译文中出现的错误，包括表达错误和理解错误，进而得到改正，还可以使全篇译文更加连贯通顺。

笔者在结束初译工作之后陆续进行了四次审校。第一次是自我审校，主要是通过对照原文阅读译文，检查译文中的语法错误、拼写错误和理解错误。第二次审校是同组译员相互审校，互相检查对方的译文，一方面有了前后文的连贯，可以更好地理解自己翻译的文本；另一方面还可以就一些重复出现的内容进行统一。第三次是外籍译员的审校，前后共有两位译员进行。第一位外籍译员是略懂汉语的，作为一名英语母语者，可以将中国译者的一些中国式的表达改译为英语母语者更常用的表达。第二位外籍译员是只懂英语的，他的修改侧重于增强语篇的连贯性。第四次是笔者针对两次外籍译员的审校、修改，重新对照原文审查译文，并将存在的疑问反馈给外籍译员进行讨论。经过四次审校，译文质量得到了很大的提升。

3. 翻译难点和解决策略

笔者认为该文本的翻译难点在于词汇方面。《江南园林论》作为一部造园学著作，具有很强的专业性，可以作为园林专业学生和园林艺术爱好者的参考用书。由于其较强的专业性，其中不乏专有名词术语，包括园林和景象名称，如"网师园""揖峰轩""柳荫路曲"等。其中笔者所负责翻译的章节"植物配置"中还出现了大量的园林植物名称，如"李""梅""蔷薇""芍药"等。除此之外，原书作者为了使自己的观点更有说服力，频繁引用古代的园林典籍，因此文中出现了大量古代园林著作书名，如《园冶》《群芳谱》《平泉花木记》等。

通过查找、搜索，笔者发现这些专有名词存在多个不同版本的译文，没有固定统一的译文供笔者参考，因此，笔者需要使用多种手段进行多番查证，给翻译工作增添了许多困难。有学者认为，汉语的界限性弱，英语的界限性强。（王建国，2019：90）在汉英翻译的过程中，将界限性弱的汉语转换成界限性强的英语需要通过压缩原则来实现，从而使译文内容的排他性更强、精确度更高。在下文中，针对三类专有名词翻译的难点，笔者从每种专有名词相对应的界限特征出发，运用界限压缩原则，对原文意义进行表达，从而增强译文的界限性，提高译文的精确度。

3.1 园林和景象名称的翻译

众多周知，江南园林甲天下。在数千年中华文化的积淀中，江南园林应运而生，受到无数文人墨客的青睐，成为文人思想感情的依托。我们不难发现，在许多园林及景象的命名中，或引经据典，或巧用诗词歌赋，无处不体现着中国语言的魅力，给游览者以美的享受和无尽想象。但是与此同时，也给翻译工作者带来了诸多困难。

经过统计，原文文本中共出现园林、景象名称五十处之多，其中有少部分是大众耳熟能详的园林，如"拙政园""狮子林""沧浪亭"等。对于这些园林，作者已经在原书的英文目录中给出一个译文，但是在原书已定稿译文部分又给出了另外一种翻译版本，这样前后两种不同版本的译文没有反映出专有名词的排他性和界限性，因此笔者需要重新查证。除此之外，其中绝大部分是诸如"螺髻亭""听雨轩""古木交柯"等不为人所熟知的小景点。这些景点在定稿中大多还未出现，因此需要笔者通过多种途径搜索资料，选择合适的词汇进行翻译。

园林、景象名称作为一种专有名词，其汉语名称通常由专名和通名两部分构成，专名用来区分各个地理实体，通名用来区分地理实体类别（葛校琴、季正明，2006）。例如在"琼圃园"这一园中，"琼圃"为它的专名，用来将它跟其他"园"区分开；"园"是它的通名，表明它是一个"园"，而不是一条"河"。而在英语中，一般采用定冠词、范畴词和实词首字母大写的形式标记来体现园林、景象名称的专有性和界限性。

中国地名英译的历来做法可以归结为"专名音译，通名意译"。（葛校琴、季正明，2006）但对于内涵意义深刻的园林、景象名称来说，如果简单地采用"专名音译，通名意译"的译法，其名称所蕴涵的文化价值就会缺失，也达不到同汉语名称一样的效果。例如，如果采用"专名音译，通名意译"的方法，将拙政园译为 Zhuozheng Garden 或 The Garden of Zhuozheng，对于不懂汉语的英语读者来说，只能了解到这是一个园林，但这个园林名称具体是什么意思就无从得知了。这样的翻译不仅没有达到翻译的目的，而且会让读者对译文产生疑惑。有学者有这样的观点，汉英翻译要采用界限压缩原则，即找到原文的文体、风格、意义等界限及其形式标记特征，根据汉英语言差异采用压缩选词、构句和构篇的方法进行翻译（王建国，2019：90）。具体来说，针对园林、景象名称的翻译，要通过专业性的资料查询约定俗成的译法。若无约定俗成的译法，则要根据汉英专有园林或景象名词的特征（即内容和形式的特征）使译文具有内容专有和形式专有等专有界限性即专有排他性的特点。

(1) **原文**：无锡寄畅园土山，用自然石挡土叠掇的八音涧，主要就是靠谷涧两侧土山上配置的枫杨等林木的笼罩而形成幽深效果的。

译文：The Gully of Eight Sounds（Bayin Jian）stacked with natural stones on the earthen mountain in the Garden for Ease of Mind（Jichang Yuan）in Wuxi mainly relies on the cover of wingnut trees（Pterocarya stenoptera C. DC.）on the earthen mountain by the ravine side to create a deep and serene effect.

原书目录中的译本：Ji chang yuan（garden that contains pleasure）

原书定稿部分的译本：Jichang Yuan/Jichang Garden

想要准确翻译一个园林的名称，就要研究这个园林命名的由来。笔者通过寄畅园所在地惠山古镇的官方网站了解到，寄畅园的名字来源于王羲之的诗句"取欢仁智乐，寄畅山水阴"。万历十九年，寄畅园当时的园主秦耀，因坐师张居正案被解职，返故里无锡，寄抑郁于园居，改筑是园，题园名为"寄畅园"。（杨洪勋，2011：402）

名园-寄畅园

江南名园　　全国重点文物保护单位

景点介绍 >

寄一份忧思，畅一份情怀，圆一段旧梦。寄畅园初建于明正德十五年(1520年)，兴盛于明万历至清康乾年间，是江南著名的山麓别墅式古典园林，1988年国务院公布为全国重点文物保护单位，也是无锡唯一的明代古典园林。始建初名为"风谷行窝"，后据王羲之"取欢仁智乐，寄畅山水阴"诗意，改名为"寄畅园"，亦名"秦园"。它以高超的借景，洗炼的迭山、理水手法，苍郁满目的古木巨柯，创造出自然和谐、灵动飞扬的山林野趣。

图 3.1　惠山古镇官方网站①

通过寄畅园的相关资料，笔者了解到园主是想通过园林将自己的忧郁苦闷寄托于园中山水，故命名"寄畅园"。但官方网站并未给出可供参考的英语译名。原书目录中的译本，从形式上来看 chang 和 yuan 的首字母没有大写，体现不出英语中专有名词的形式标记；garden that contains pleasure 只是对园名意义的解释，不能称为一个译名。在英语中，专有名词一般通过界限性较强的名词来反映该专有名词的排他性和界限性。原书定稿部分的译文 Jichang Yuan 或 Jichang Garden 要么直接采用"拼音音译"，要么采用"专名音译，通名意译"的方法，都未有效地传达该园林名字背后蕴涵的意思，即内容上不具有该专有名词应该有的排他性或界限性。因此，笔者决定通过搜索，寻找其他可供参考的译本。

首先，笔者在有道翻译上输入"寄畅园"，所给出的参考译文为 Jichang Garden，

---

① http://www.chinahuishan.com/index.php?c=article&id=192.

首字母大写和范畴词 Garden 只是在形式上具有一定程度的排他性，无法反映该专有名词在内容上应该有的排他性或界限性，不予采用。但是笔者在该词条的"双语例句"中发现例句中给出的译本：Jichang Garden（Garden for Ease of Mind），从内容上看刚好契合园主当初命名的目的。

2. 它的两个著名的景观是寺庙和寄畅园（"心灵放松之园"），都初建于明朝（1368—1644）。
   Its two famous sights are the temple and the Jichang Garden ("Garden for Ease of Mind"), all dating back to the Ming Dynasty (1368-1644).
   blog.sina.com.cn

图3.2　有道翻译"寄畅园"检索图

为了验证这个译本的接受程度，笔者通过必应（国际版）对其进行了反向搜索，输入"寄畅园 Garden for Ease of Mind"后，多个词条中都出现了这种表达，且多为介绍中国园林和旅游的英文网站。最后与组内译员协商认为，该译本出现频率较高，且表达与原文高度契合，可以作为最后的定稿译本。

Ji Chang Yuan (Garden of Ecstasy or Garden for Ease of Mind)
https://www.gardenvisit.com/gardens/ji_chang_yuan... ▾
Ji Chang Yuan (Garden of Ecstasy or Garden for Ease of Mind) Though destroyed in 1860, the Jichang garden has been reconstructed. It is small but uses the principle of 'borrowed landscape' (jie jing) to increase its apparent extent, by drawing on larger Xihui Park in which it is set.

图3.3　必应（国际版）"寄畅园 Garden for Ease of Mind"检索图

寄畅园的最终译本为 The Garden for Ease of Mind，笔者把"通过园林将自己的忧郁苦闷寄托于山水"这个意义，压缩为 Ease of Mind 这个想要获得的结果。这种结果导向的译文从内容上反映了原文专有名词的内容，内容上具有了专有性、排他性和界限性，同时通过音译 Jichang Yuan 进一步增强了译文的排他性；形式上，实词首字母大写，同时有范畴词 Garden，具有英语专有名词的形式特征。因此，该译文在内容和形式上都具有了界限性和排他性。

（2）原文：……如苏州狮子林暗香疏影楼下湖石山洞上的凌霄……

译文：Examples include the Chinese trumpet vines（Campsis grandiflora（Thunb.）Schum.）on the cave of the lake-stone mountain below the Secret Fragrance and Dappled Shadows Tower（Anxiang Shuying Lou）in the Lion Grove Garden（Shizi Lin），Suzhou...

　　由于"暗香疏影楼"相比其他著名的园林和景象名气较小，在原书目录和定稿译文中均未出现，因此在参考译文较少的情况下，笔者只能借助其他手段，追根溯源了解其命名的由来，然后选择合适的词汇进行翻译。

　　笔者在狮子林的官方网站上了解到"暗香疏影楼"命名源自"疏影横斜水清浅，暗香浮动月黄昏"的诗句。随后将这句诗输入百度搜索引擎，从该词条中发现它来源于林逋的《山园小梅》，是一首描写和歌颂梅花的诗。"暗香"和"疏影"正是对梅花清幽香味和稀疏枝干的描述。

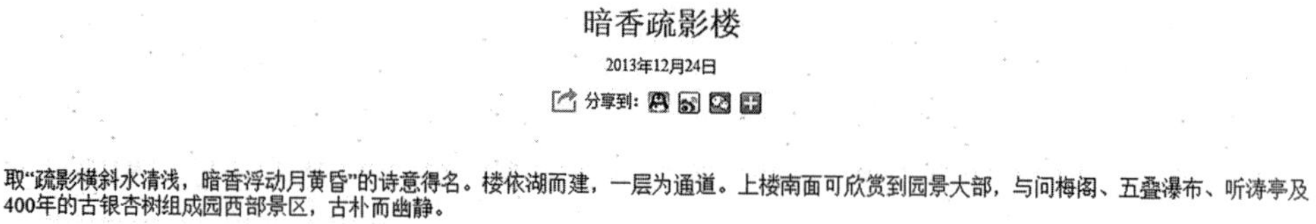

暗香疏影楼
2013年12月24日
分享到：

取"疏影横斜水清浅，暗香浮动月黄昏"的诗意得名。楼依湖而建，一层为通道。上楼南面可欣赏到园景大部，与问梅阁、五叠瀑布、听涛亭及400年的古银杏树组成园西部景区，古朴而幽静。

图 3.4　狮子林官方网站关于"暗香疏影楼"的中文介绍①

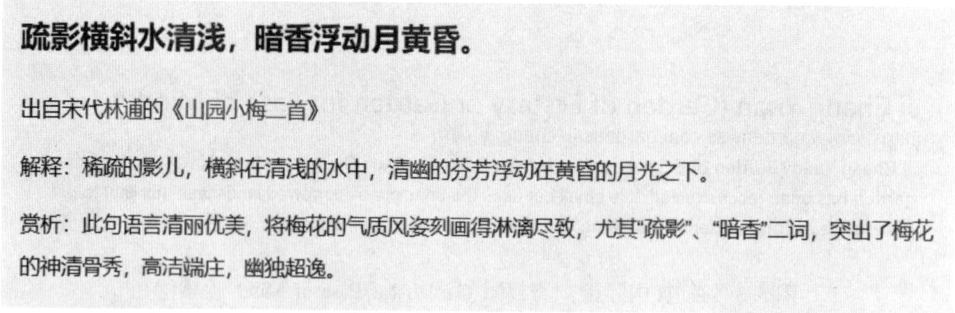

疏影横斜水清浅，暗香浮动月黄昏。

出自宋代林逋的《山园小梅二首》

解释：稀疏的影儿，横斜在清浅的水中，清幽的芬芳浮动在黄昏的月光之下。

赏析：此句语言清丽优美，将梅花的气质风姿刻画得淋漓尽致，尤其"疏影"、"暗香"二词，突出了梅花的神清骨秀，高洁端庄，幽独超逸。

图 3.5　百度百科"疏影横斜水清浅，暗香浮动月黄昏"词条②

　　随后，笔者将狮子林官方网站转换成英文版本，找到了关于"暗香疏影楼"的英文介绍。显然译文 Light Spiciness and A Few Shadows Building 翻译得很不合理。首先，spiciness 这个词，笔者通过查阅 Oxford 在线词典，得到了该词的英文解释为 a strong taste in food because spices have been added to it，在汉语中可以理解为"食物的香味、辛辣"，这与命名者所表达的梅花的清幽香气是互相矛盾的。其次，a few shadows 也缺少文学气息，没有很好地传达原文中"疏影"的文学韵味。从内容上看，该译文不具有专有名词应该有的界限性和排他性。所以，笔者没有采用狮子林官方网站给出的译文。

① http://ylj.suzhou.gov.cn/szsylj/szl3/201604/cb615a2043ca4705bc687b4d1816d15a.sht.
② https://www.gushiwen.cn/gushiwen_80049b5799.aspx.

126

Home> Rockery Kingdom

Light Spiciness and A Few Shadows Building
2013-12-24

图 3.6 狮子林官方网站"暗香疏影楼"英文介绍

spiciness *noun*

🔊 /ˈspaɪsinəs/

🔊 /ˈspaɪsinəs/

[uncountable]

★ a strong taste in food because spices have been added to it

• *the spiciness of the food*

图 3.7 Oxford 在线词典中"Spiciness"的释义

在没有可供参考的约定俗成的译文的情况下，笔者想到了借助必应(国际版)，输入关键词 Anxiang Shuying，查看是否有相关表达。得到了 dark fragrance, scattered shadows 和 Faint Fragrance Dim Shadow Mansion 两种可供参考的译本。

British Museum - bowl
https://www.britishmuseum.org/research/collection_online/collection_object_details... ▾
The terms **shuying** 疏影 (scattered shadows) and **anxiang** 暗香 (dark fragrance) are descriptive of plum blossoms and derive from a poem by the famous plum fancier, Lin Bu林逋 (967–1028), who wrote numerous poems on the subject.

Suzhou Gardens: The Lion Grove Garden (Shi Zi Lin ...
https://terebess.hu/kert/magankert/garden2.html ▾
Further west is the Genuine Amusement Pavilion, Stone Boat and Faint Fragrance Dim Shadow Mansion (**Anxiang Shuying Lou**), all of which line the shore of the nearby lake. Turning south along the porch on the west, one comes to the Flying Waterfall Pavilion which is the highest spot in the garden.

图 3.8 必应(国际版)"Anxiang Shuying"检索图

对于第一个译本 dark fragrance，将"暗"译为 dark 是很明显的字对字翻译，没有正确传达原文中梅花清幽暗香的含义。笔者随后又通过 Oxford 在线词典查阅 faint, dim 这两个词，得到图 3.9 的解释。显然，faint 的第一个释义恰好可以用来描述梅花香气清幽这个特点。但是 dim 的释义为"因为光线不足导致景象模糊"，不符合梅花枝干稀疏的含义。以上两个译本在内容上均未体现该专有名词的排他性和界限性。

faint *adjective*

🔊 /feɪnt/

🔊 /feɪnt/

(comparative **fainter**, superlative **faintest**)

(Idioms)

1 ★ that cannot be clearly seen, heard or smelt

- *a faint glow/glimmer/light*

- *a faint smell of perfume*

图 3.9 Oxford 在线词典中"faint"的释义

dim

3 ★ that you cannot see well because there is not much light

- *the dim outline of a house in the moonlight*

- *I could see a dim shape in the doorway.*

图 3.10 Oxford 在线词典中"dim"的释义

第三个参考译本来自 Yang Yuanzheng 的 *Plum Blossom on the Far Side of Stream*。Secret Fragrance 和 Dappled shadows 实际上是姜夔的《暗香》和《疏影》两首词的题目，二者均是文学史上著名的咏梅词。这两个词组生动形象地将梅花的暗香和疏影展现出来，相比其他两种译本更加准确地传达了原文的韵味，同时也更容易被外国读者所接受。"Shadows"一词同样反映了界限压缩的原则，由于英语名词具有强界限性，复数形式压缩了单数形式可能赋予读者的联想。

> Down the generations, *Anxiang* 暗香 (*Secret Fragrance*) and *Shuying* 疏影 (*Dappled Shadows*, Figure 1) have consistently been two of his most enduring and oft-quoted *ci*,[4] and to these he penned explanatory introductions; thus, let us first give centre stage to the master so that he can speak to us directly in his own words:[5]

图 3.11 *Plum Blossom on the Far Side of Stream*①

---

① https://press.uchicago.edu/ucp/books/book/distributed/P/bo49939970.html.

笔者最后将"暗香疏影楼"译文确定为 The Secret Fragrance and Dappled Shadows Tower（Anxiang Shuying Lou），该译文在内容上体现了该专有名词的排他性和界限性，同时范畴词 tower、定冠词和实词首字母大写在形式上体现了该专有名词的排他性和界限性。从译者角度来看，将园林、景象名的拼音附在英语译名之后，可以为外国游客提供便利，即凭借拼音外国游客更容易向国内不懂英语的人寻求帮助。

通过五十多个园林、景象名称的翻译，笔者总结出了园林、景象名称的翻译方法。第一步，园林、景象名称作为一种专有名词，要首先对其划定意义界限，对界限做出清晰的标记（王建国，2019：205）。对于园林、景象的名称来说，英语中通过定冠词、范畴词和实词首字母大写的方式来体现专有名词形式上的排他性和界限性。第二步，通过查找与命名背景相关的专业资料，充分了解园林、景象名称的命名缘由，选择恰当的词汇进行翻译，反映专有名词内容上的排他性和界限性。第三步，将拼音附在英语译名之后，一个名称出现两个译名，虽然违反了压缩原则，但是这是站在译者角度上的一种考虑。译者考虑到译文读者来到中国后可能会面临沟通不畅的问题，拼音有利于英语读者寻求帮助。

3.2　园林植物名称的翻译

园林中的建筑景象当然缺少不了园林植物的点缀，《江南园林论》作为一部造园学著作，在介绍园林创作理论的时候有相当大部分笔墨用来介绍植物在园林创作中的作用和配置方法。文中必然会出现大量的园林植物名称，如"映山红、野蔷薇、山菊花、凌霄、木香、紫藤"等。

对于园林植物名称的翻译，首先，笔者想到的方法是查阅英汉双语词典，但是令人遗憾的是，国内的英汉词典由于缺乏各个领域专家的参与，或者因为编纂者不善于利用已有的文献及工具书来查证，所以涉及专业领域的词汇的译名就常常出现讹误（蓝红军，2008）。其次，由于历史、文化的原因，一些中国特产的植物在西方没有相应的对等物，因此，西方人就用类似的植物名称代替，也给翻译工作带来了麻烦。比如，在中国截然不同的两种树木"李"和"梅"在英语国家都叫做 plum。最后，从汉英两种语言的对比上看，有这样的看法，汉语命名重统一观，具体表现为对事物的类属概念必须给统一的类属性标定，即认知科学中的范畴化（刘宓庆，2006：487）。汉语的这种构词法往往导致词义或者事物指称界限不分明，汉语母语者的这种整体意识模糊了事物之间的差异（王建国，2019：13）。比如，文中多次出现的"桃、李、梅、杏"，由于汉语界限性、排他性较弱，这几个名称既可以理解为与它们相关的树木、花和果实，还可以理解为中国人的姓氏。下文中，笔者就翻译园林植物时遇到的困难举例，并提出相应的解决策略。

（3）**原文**：且广桃、李、梅、杏、莲、菊各数十种；牡丹、芍药至百余种。

译文：... including dozens of varieties of peaches（Prunus persica（L.）Batsh），plums（Prunus salicina Lindley.），plums（Prunus mume Sieb. et Zucc.），apricots（Prunus armeniaca L.），lotus（Nelumbo nucifera Gaertn.），and chrysanthemums（Chrysanthemum sinense Sab.），and hundreds of varieties of tree peonies（Paeonia Suffruticosa Andr.）and herbaceous peonies（Paeonia lactiflora Pall.）.

笔者借助《新汉英大辞典》，输入关键词"李"和"梅"之后得到如图 3.12 和图 3.13 的释义，其将"李"和"梅"都翻译为 plum。在汉语中"李"和"梅"是不同的植物，两者不会混淆，但译成英语时它们却都成了 plum，其原因是西方没有梅树，只能用相近的李子来代替（刘凯芳，1997）。

图 3.12 《新汉英大辞典》中"李"的释义

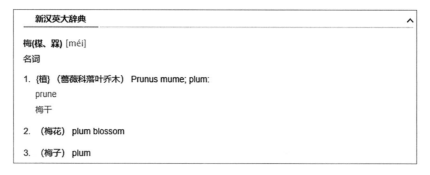

图 3.13 《新汉英大辞典》中"梅"的释义

"李"和"梅"作为园林配置中常见的园林植物，在笔者所翻译的文本中大多是同时出现的，也从侧面反映出在汉语中两者是不同的物种。但是如果将其都翻译为 plum，由于没有体现该植物名的排他性，英语读者无法理解为什么会并列出现两个同样的植物，没有起到传达原书作者所表达信息的目的，这样的译文只能是一个失败的翻译。

　　为了反映植物名称的排他性和界限性，解决英语中异物同名的问题，笔者想到了采用植物学名进行辅助翻译。著名的瑞典植物学家林奈（Carolus Linnaeus）在 1753 年发表《植物种志》时使用了双命名法和阶元系统解决了这一难题。其中双命名法规定：所有植物只能有一个学名，即属名+种名+现定名人，定名人一般采用姓氏缩写。（王若涵，2019）由于植物学名的专有性，以及其特有的格式（斜体和属名首字母大写），这样就在内容上和形式上划清并标记出了英语中植物名称的界限，克服了两种不同的植物对应同一英语名称的翻译难题。因此笔者将此处的"李"和"梅"分别翻译为：plum（Prunus salicina Lindley.）和 plum（Prunus mume Sieb. et Zucc.）。

　　同样的困难还出现在"牡丹"和"芍药"的翻译上。笔者在 CNKI 翻译助手上分别输入这两个关键词，得到如图 3.14 和图 3.15 的结果。可以看到，在 CNKI 数据库中，"牡丹"和"芍药"使用频率最高的英语表达都是 peony。

图 3.14　CNKI 翻译助手"牡丹"检索图

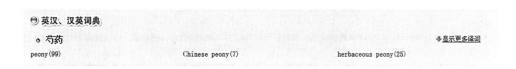

图 3.15　CNKI 翻译助手"芍药"检索图

　　但是通过百度百科搜索引擎得知，"牡丹"和"芍药"同属毛茛科芍药属植物，但分属不同种。"牡丹"属于多年生落叶灌木，而"芍药"属于多年生草本植物。同时《江南园林论》(2019)书中也有相关介绍，牡丹造型雍容华贵，被推为"花中之王"。芍药造型富丽若牡丹，但是属于草本，所以虽然同被认为是"花中贵裔"，但"牡丹称为花王""芍药称为花相"。（见图 3.16 和图 3.17）

　　据此，笔者得出结论："牡丹"和"芍药"是两种不同的植物，"牡丹"属于灌木，"芍药"属于草本。与此同时，笔者观察到 CNKI 翻译助手检索结果中，两种植物使用频率第二高的翻译分别为 tree peony 和 herbaceous peony，将"牡丹"和"芍药"分属灌木和草本这个特性展现出来，划清了二者之间的界限，同时又因为二者同属芍药属植物，所以都叫做 peony，这样的译文就在内容上反映了植物名的排他性和界限性。最后，笔者考虑到，因该书为造园学著作，且读者大多为园林专业人员或园林爱好者，都具有一定的园林知识储备，为了进一步体现植物名的排他性，笔者把这两种植物的学名放在英语译名之后，进一步压缩英语中植物名的界限，提高其精确度。最后确定的译本为：牡丹 tree peony（Paeonia suffruticosa Andr.），芍药 herbaceous peony（Paeonia lactiflora Pall.）。

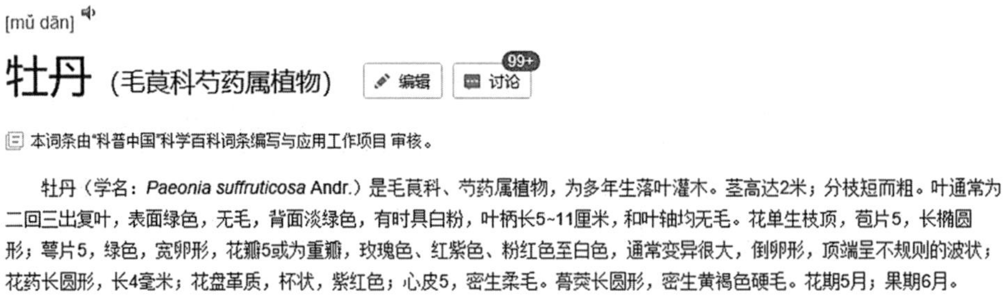

[mǔ dān] 🔊

牡丹 （毛茛科芍药属植物） 　✏ 编辑 　💬 讨论 　99+

📖 本词条由"科普中国"科学百科词条编写与应用工作项目 审核。

　　牡丹（学名：*Paeonia suffruticosa* Andr.）是毛茛科、芍药属植物，为多年生落叶灌木。茎高达2米；分枝短而粗。叶通常为二回三出复叶，表面绿色，无毛，背面淡绿色，有时具白粉，叶柄长5~11厘米，和叶轴均无毛。花单生枝顶，苞片5，长椭圆形；萼片5，绿色，宽卵形，花瓣5或为重瓣，玫瑰色、红紫色、粉红色至白色，通常变异很大，倒卵形，顶端呈不规则的波状；花药长圆形，长4毫米；花盘革质，杯状，紫红色；心皮5，密生柔毛。蓇葖长圆形，密生黄褐色硬毛。花期5月；果期6月。

图 3.16　百度百科"牡丹"检索图

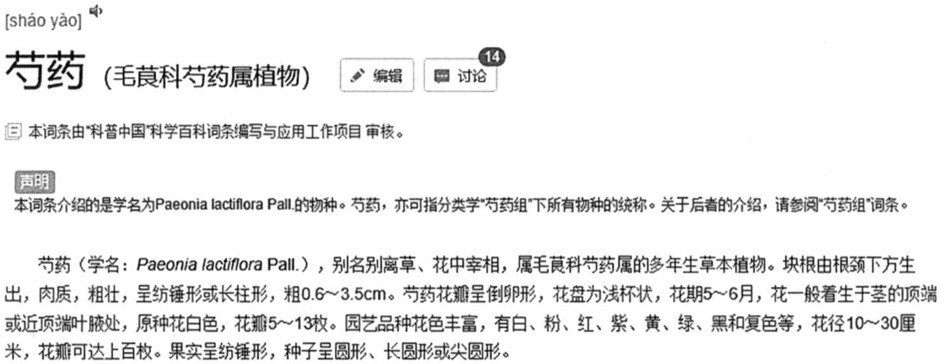

[sháo yào] 🔊

芍药 （毛茛科芍药属植物） 　✏ 编辑 　💬 讨论 　14

📖 本词条由"科普中国"科学百科词条编写与应用工作项目 审核。

声明
本词条介绍的是学名为Paeonia lactiflora Pall.的物种。芍药，亦可指分类学"芍药组"下所有物种的统称。关于后者的介绍，请参阅"芍药组"词条。

　　芍药（学名：*Paeonia lactiflora* Pall.），别名别离草、花中宰相，属毛茛科芍药属的多年生草本植物。块根由根颈下方生出，肉质，粗壮，呈纺锤形或长柱形，粗0.6~3.5cm。芍药花瓣呈倒卵形，花盘为浅杯状，花期5~6月，花一般着生于茎的顶端或近顶端叶腋处，原种花白色，花瓣5~13枚。园艺品种花色丰富，有白、粉、红、紫、黄、绿、黑和复色等，花径10~30厘米，花瓣可达上百枚。果实呈纺锤形，种子呈圆形、长圆形或尖圆形。

图 3.17　百度百科"芍药"检索图

　　（4）**原文**：独立石峰，也常配置以植物，它多半是配置藤萝、蔷薇、凌霄、木香、络石、薜荔、爬墙虎之类攀缘花木。

　　译文：Solitary stone peaks are often planned with climbing plants like wisteria, climbing rose（Rosa multiflora Thunb.）, Chinese trumpet vine, banksia rose, Chinese starjasmine（Trachelospermum jasminoides（Lindl.）Lemaire.）, creeping fig, Japanese ivy（Parthenocissus tricuspidata（Sieb. et Zucc.）Planch）, etc.

　　"蔷薇"一词的翻译对于笔者来说也不是一件易事。在 CNKI 翻译助手中输入"蔷薇"，得到的译文是 rose。但是对于大多数中国人来说，见到 rose，必定要将它与代表浪漫爱情的"玫瑰"联系在一起。的确如此，笔者将 rose 输入后在 CNKI 数据库中最常见的是将 rose 翻译为"玫瑰"，其次是"月季"，最后才是"蔷薇"。（见图 3.18 和图 3.19）其实，吕叔湘先生（1984）早就指出，玫瑰、月季与蔷薇在国外统称 rose，可是长期以来，不少同志只要一遇到 rose，就统统译成玫瑰了，这是很不科学的。笔者通过百度百科了解到，玫瑰、月季和蔷薇同属蔷薇目、蔷薇科，都可用 rose 来翻译。英语是一种压缩度高，界限性和排他性都比较强的语言，如果一味地将其翻译成 rose，就反映不出英语的界限性，造成译文的不精确。

图 3.18　CNKI 翻译助手"蔷薇"检索图

图 3.19　CNKI 翻译助手 rose 检索图

经过笔者统计，在《江南园林论》"植物配置"这一节中，"蔷薇"一词总计出现 6 次，但每次出现都与"攀缘"联系在一起，说明"蔷薇"在江南园林的植物配置中是扮演着一种"攀援植物"的角色。在英语中，蔓生的蔷薇又称 climbing rose（蒋坚霞，2002）。这样就可以更好地从内容上反映该植物名的排他性和界限性。为了进一步增强该名称的排他性，笔者依旧采用学名辅助的方法，将"蔷薇"的学名写在英语译名后。最后确定了"蔷薇"的翻译为 climbing rose（Rosa multiflora Thunb.）。

通过对文本中几十种园林植物名称的翻译，笔者发现由于汉语母语者模糊的整体意识，导致汉语中某些植物名称词义含混或事物指称界限不分明；在英语中，一些植物名称存在"异物同名"的现象，给译者的翻译工作造成一定的困难。英语是一种界限性强、精确度高的语言，我们在英译的过程中要借助界限清晰的英语结构形式表达。第一步，我们要对英语中植物名称的界限特征进行界定：英语是通过学名的唯一性及其特殊格式（即斜体和属名首字母大写）来体现植物名称的排他性和界限性的。第二步，我们要从这些植物的自身特点出发，对该植物的特点进行压缩，确定植物俗名的翻译。第三步，将植物俗名与植物学名进行结合，进一步增强英语中植物名称的界限性，从而消除读者的疑虑。

3.3 古籍名称的翻译

原书作者杨鸿勋在介绍园林建造中植物配置的方法、技巧和达到的效果的过程中，时常借助古代典籍和古诗词来论证自己的观点。经过笔者统计，该文本中共计出现古籍和诗词19部(篇)，其中只有4部在定稿译文中出现，可供参考，其余15部(篇)均未出现，需要笔者进行查证。

众所周知，在汉语中，我们通过书名号(《》或〈〉)来体现书名和篇名的专有性。而在英语中，书名和篇名依靠斜体或引号以及实词首字母大写来反映排他性，进而增强书名和篇名的界限性。

书名翻译历来是中译外的难点，而与普通书名的翻译相比，古籍名称的翻译更难。"中华思想文化术语传播工程"是以整理、翻译、传播中华思想文化术语为主要任务的国家级文化项目。它汇聚了文史哲领域的专家，有黄友义先生领衔，二十多位英文专家、汉学家组成的强大译审团队。(严学军、孙炜，2017)虽然"中华思想文化术语传播工程"中并未收录该文本中出现的古籍，但它反映出来的翻译方法和原则可以作为笔者翻译古籍书名的参考。

(5)**原文**：如果建筑布局与其发生位置上的矛盾，则宁肯"让一步"(《园冶》)而修改建筑方案。

译文：If the layout of the architecture conflicts with the position of the trees, the gardener would modify the architectural plan by "meeting halfway" (*The Craft of Gardens* (《园冶》)).

《园冶》是一部系统总结我国造园理论和实践的专著，也是公认的难以读懂和掌握的"奇书"。(张薇，2005)原书作者曾在书中多次引用，并在定稿译文中将其翻译为 *Yuan Ye* (《园冶》*The Craft of Gardens*)。有学者觉得书名"The Craft of Gardens"(关于花园的技艺)不是很精确，原因是《园冶》中熔铸了很多美学和世界观的哲理，在这个书名中没有反映出来。(王绍增，2012)

但是"中华思想文化术语传播工程"采取的翻译策略之一，就讲到了要尊重并借鉴汉学家和前人的译名成果。中国古籍外译从利玛窦算起有四百余年，许多译名早已为外国读者熟知，虽然不能让人完全满意，但英语读者看了不会产生误解，因此"拿来"即可。(严学军、孙炜，2017)随后，笔者通过"豆瓣读书"搜索 The Craft of Gardens，了解到《园冶》的英文译本 *The Craft of Gardens* 由 Alison Hardie 翻译，耶鲁大学出版社出版。(见图 3.20)由此可见，该书的英译本在国外流传已久，大家已经普遍接受了这样的英文译名。因此，本着尊重和优先借鉴汉学家和前人译名成果的原则，笔者决定采用原书定稿中的译法。斜体和实词首字母大写可以在形式上反映该书名的排他性和界限性。中国文化源远流长，从古至今典籍也众多繁杂，这也就出现了典籍名称类似的情况。为使英语译名指向更加精确，所以在译文中，笔者在英语译名后添加了汉语书名以便区分。最后确定该书的译文为：*The Craft of Gardens* (《园冶》)。

The Craft of Gardens

作者: Ji Cheng
出版社: Yale University Press
译者: Alison Hardie
出版年: 1988
定价: USD 50.00
装帧: Hardcover
ISBN: 9780300041828

豆瓣评分
★★★★★
评价人数不足

图 3.20　豆瓣读书 The Craft of Gardens 检索图

(6)**原文**：《长物志》

译文：*Treatise on Superfluous Things* (《长物志》)

原书定稿部分的译本：

a. *Zhang Wu Zhi* (*Treatise on Superfluous Things*)

b. *Zhangwu zhi* (*A miscellanea on gardens and garden making*)

通过百度百科搜索引擎，笔者得知《长物志》是一部关于造园实践和园林鉴赏的著作，作者是明代的文震亨。在定稿译文中也曾多次出现，但是却存在两种不同版本的译文。两种译文各有其翻译的道理，无法断定哪种更优。

在这种情况下，笔者通过查证，比较读者对两种译本的接受程度，决定采纳哪种译本。笔者将两个译本输入必应(国际版)，分别得到与 Treatise on Superfluous Things 相关的词条共 30 个，且都伴以该书作者 Wen Zhenheng 出现；暂时没有检索到与 A miscellanea on gardens and garden making 相关的词条。此外，笔者通过维基百科搜索该书作者文震亨(Wen Zhenheng)，得到《长物志》的英语译文为 *Treatise on Superfluous Things*。(见图 3.21 和图 3.22)多种查证方式表明，对于外国读者来说，前者更容易接受。所以笔者确定《长物志》的译文为：*Treatise on Superfluous Things* (《长物志》)。

(7)**原文**：《群芳谱》

译文：*Notes on All Various Herbs* (《群芳谱》)

Treatise on Superfluous Things (Chinese Edition): Wen ...
https://www.amazon.com/Treatise-Superfluous-Things-Chinese-Zhenheng/dp/7539980893 ▾
With over hundreds of exquisite illustrations in full color, the book 'Treatise on Superfluous Things'
perfectly presents the outlandish inclination and life pictures of the ancient Chinese scholars and also
radiantly interprets the aesthetics of the Ming Dynasty.

Price: $12.72　　　　Author: Wen Zhenheng
Format: Paperback

The Elegant Life of The Chinese Literati: From the Chinese ...
https://www.amazon.com/Elegant-Life-Chinese-Literati-Superfluous/dp/1602200394 ▾
Sep 24, 2019 · The Elegant Life of The Chinese Literati: From the Chinese Classic, 'Treatise on
Superfluous Things', Finding Harmony and Joy in Everyday Objects Hardcover – September 24, 2019
User rating: 4/5　　　　Author: Wen Zhenheng
Format: Hardcover

图 3.21　必应（国际版）Treatise on Superfluous Things 检索图

∧ Treatise on Superfluous Things

Wen Zhenheng

Wen Zhenheng's best known work *Zhang Wu Zhi* (traditional: 長物志, simplified:长物志, "Treatise on Superfluous Things")[2] written between 1620-1627[3] was an encyclopedic book about garden architecture and interior design.

图 3.22　维基百科 Wen Zhenheng 检索图

相对于《园冶》和《长物志》这两部流传较广、知名度较高的园林书籍，《群芳谱》确实名气不高，可参考的资料信息也相当少。这确实给笔者的翻译造成了很大困难，同样的还有《花卉图说》《广群芳谱》《花史》等其他几部知名度较低的著作。笔者在这里着重介绍如何全方位地搜集专业资料辅助自己翻译。

笔者首先借助百度百科搜索引擎，发现有关该书的介绍内容相当少。随后，笔者又通过必应（国际版）搜寻信息，先后输入"群芳谱"、Qun Fang Pu 均没有得到可利用的信息。最后输入"群芳谱 Qun Fang Pu"后，在一个名叫 ChinaKnowledge. de-的网站中找到了参考。该网站为英文网站，主要是向国外介绍中国的历史、文学、艺术知识和相关书籍，可以作为翻译工作者的参考。（见图 3.23 和图 3.24）

译书困难，译书名更难，译古籍书名更是难上加难。通过对 19 部（篇）园林古籍和古诗词名称的翻译，笔者总结出对于此类专有名词的翻译方法。首先，要对英语书名的界限进行标记：英语中通过斜体或引号以及首字母大写等界限特征在形式上体现书名的排他性。其次，要充分考虑该书籍在国外的接受程度，遵循尊重和优先借鉴汉学家和前人译名成果的原则，选择流传最广的译名进行翻译。最后，为了使英译书名的指向更加精确，防止书名类似造成的译名混淆，通过添加汉语书名的方法来进一步增强译文的排他性。

内容简介　编辑

此书初刻于明天启元年（1621年），记载植物400余种，牡丹的记载品种达185个。

创作背景　编辑

王象晋，万历三十二年（1604年）进士，官至浙江石布政使。1607年至1627年间，王象晋在家督率佣仆经营园圃，种植各种蔬果，广泛收集古籍，以10多年时间编成此书，全书30卷。

清康熙四十七年（1708年）汪灏、张逸少等人奉敕在《群芳谱》基础上进行扩充，而成《广群芳谱》一百卷。

图 3. 23　百度百科“群芳谱”检索图

Chinese Literature
Qunfangpu 群芳譜 "Notes on All Various Herbs"

The *Qunfangpu* 群芳譜 "Notes on all various herbs", full title *Erruting Qunfangpu* 二如亭群芳譜, is a compendium on plants compiled by the MING PERIOD 明 (1368-1644) scholar Wang Xiangjin 王象晉 (1561-1653), COURTESY NAME Wang Jinchen 王藎臣 or Wang Zijin 王子進, STYLE Wang Kangyu 王康宇, Mingnong yinshi 明農隱士 or Haosheng jushi 好生居士. He came from Xincheng 新城 (modern Hengtai 桓臺, Shandong) and obtained the *JINSHI* degree in 1604. The highest office he occupied was that of ADMINISTRATION COMMISSIONER (*buzhengshi* 布政使) of Zhejiang. Between 1607 and 1627 he stayed at home and took over the management of the family possessions that included large tracts of cultivated land. During that time he was able to gain experience in agricultural matters part of which he noted down over a long period of time. Except the *Qunfangpu* he has also authored the books *Qingwuzhai xinshang bian* 清悟齋欣賞编, *Jiantong zaibi* 翦桐載筆 and *Qin Zhang shiyu hebi* 秦張詩余合璧.

图 3. 24　ChinaKnowledge. de-网站“群芳谱”检索图

4. 总结

通过《江南园林论》(节选)的翻译，笔者了解到了一个翻译项目完整的过程，同时也根据本次实践操作总结出园林类文本中专有名词的翻译方法。笔者认为，英译专有名词的关键是对词汇意义的界限进行压缩，并添加相应的界限标记，实现专有名词的排他性。

就此次翻译项目来讲，该文本的翻译重难点主要集中在专有名词上，包括园林和景象名称、园林植物名称以及古籍名称。由于汉语界限性弱，而英语界限性强的差异，翻译专有名词的时候，首先要从意义上进行精准限定，然后从形式上对它们的界限进行标记。表现在上文中提到的三类词汇上，就是通过定冠词、范畴词和实词首字母大写来反映园林和景象名称的排他性；通过学名的唯一性及其特殊格式(斜体和属名首字母大写)反映植物名的排他性；通过斜体或引号和实词首字母大写来反映古籍名的排他性。其次，通过各种途径，了解原文背后的含义，寻找与原文意思最契合的词汇进行翻译，从内容上增强这些专有名词的排他性和界限性。对于园林和景象名称的翻译，关键是要从园林景象的命名由来上着手，译名要与命名缘由相契合，压缩选词进行翻译；对于园林植物名称的翻译，要从植物自身特点出发进行翻译，同时借助植物学名的唯一性，解决英语中植物名称"同名异物"的翻译难题；对于古籍名称的翻译，要充分考虑该书的流传广度和目标读者的接受程度，同时要善于利用网络，搜集一切可利用的信息。

这次翻译过程中，笔者最大的收获是学会了多渠道搜寻查找资料文献。对于文中出现的专有名词，在用传统的英汉双语词典解决不了的情况下，要学会借助各种搜索引擎，如百度百科、维基百科、必应、CNKI 翻译助手等，以此来寻找专业资料为翻译提供参考。除此之外，笔者认为翻译是一项需要耐心和细心的工作，"慢工出细活"是翻译的要求。一个译员一定要有足够的耐心和细心，同时也要具备一定的责任心，具有严格的职业操守，要对自己的译文负责。一旦翻译出现偏误，不仅有损译员自身的声誉，更严重的是会让译文读者产生误解，影响对整本书的理解。

虽然此次的翻译工作已经结束，但是通过这次实践，笔者认识到了自己身上存在的缺点和不足，主要表现为古汉语功底不扎实、英语素养不足、百科知识储备不足等。这些问题的存在导致在翻译古文的时候出现理解错误进而引起翻译错误，其次是翻译时用词不准确，导致审校的难度增加等问题，不利于翻译效率的提升。

（作者：任文茂）

四、《江南园林论》(节选) 文化词汇汉译英实践报告

1. 案例描述

本章是对此次翻译实践项目来源做简要介绍，主要分为翻译项目背景和项目意义两节，具体又包括项目原文本和作者信息介绍、委托方对译者的要求、该翻译项目对读者和笔者的意义。

1.1　翻译项目背景

本实践报告所选文本源自杨鸿勋的《江南园林论》。杨鸿勋是我国著名建筑史学家、建筑考古学家，代表作有《建筑考古学论文集》《宫殿考古通论》《园林史话》《江南园林论》等。《江南园林论》首次出版于1994 年，2001 年国家文物局机关报《中国文物

报》发起"20 世纪文博考古最佳图书"公投评选活动,《江南园林论》因突破以往感性欣赏性的研究,首次进行系统的理论探讨而当选"论著类"第三名。(杨鸿勋,2011:4)本次实践报告基于中国建筑工业出版社 2011 年 4 月出版的《江南园林论》(简体字版、增订),该书详细论述了中国古典园林的创作理论,并结合具体的江南园林作品进行了细致分析。其中,笔者负责翻译的是本书第三章中"动物点缀""途径""掩映(部分)"三小节的内容,并据此撰写了此次翻译实践报告。

《江南园林论》(英文版)为 2017 年度国家社会科学基金中华学术外译项目,委托方为斯普林格(Springer-Verlag)出版社,斯普林格出版社于 1842 年在德国柏林创立。目前,斯普林格是全球第一大科技图书出版公司和第二大科技期刊出版公司。① 委托方对译者的要求主要有:避免翻译错误,保持前后术语统一,保证译文内容忠实、流畅可读,尽可能符合译入语读者的语言习惯,保证西方读者能读懂。

1.2　项目意义

江南园林是中国古典园林的重要组成部分,代表着中国古典建筑文化。随着中外交往的扩大,在这些美丽的江南园林中外国游客的身影越来越常见,这反映出外国友人对江南古典园林的浓厚兴趣。《江南园林论》(英文版)作为国家社会科学基金中华学术外译项目,承担着推动中华文化"走出去"的责任,同时它也能作为一本参考书,为研究中国江南园林的外国学者和园林爱好者提供一定的指导和帮助。

本次翻译实践是笔者第一次接触古典园林建筑类文本的翻译。通过此次翻译实践,笔者不仅积累了翻译经验,而且学习到了许多关于江南园林的知识。并且,在翻译及审校过程中,笔者认识到利用网络资源解决翻译难点的重要意义。

2. 翻译过程描述

翻译过程主要分为三个阶段:译前准备、译中处理和译后审校。其中译前准备可进一步细分为文本阅读、术语整理和制订翻译计划,译中处理是就翻译过程中遇到的实际问题而言,例如术语的纠正更新、文化元素的处理、园林景点名称的翻译以及文言古籍的翻译等,译后审校共五轮,包括自我审校、组内成员互相审校以及外籍专家审校。

---

① 百度百科"Springer-Verlag"词条[EB/OL].[2020-03-03].https://baike.baidu.com/item/Springer-Verlag/2592025?fr=aladdin.

2.1　译前准备

笔者主要从文本阅读、术语整理、制订翻译计划三个方面进行了译前准备。

2.1.1　文本阅读

接到翻译任务之后，笔者先利用搜索引擎了解了作者及本书的基本信息，之后开始通读全文，对书中每一章的主题和重点有了大概的了解，并仔细阅读了自己需要翻译的章节，标注出了可能会造成翻译困难的词句等。同时，由于《江南园林论》是一本理论与实例相结合的论著，里面涉及不少园林建筑知识和术语，笔者通过借阅相关图书和查阅网络资源的办法，学习了相关专业知识。

2.1.2　术语整理

本次翻译为团队合译任务，且本书前两章多的内容此前已经由其他团队翻译完并审校定稿，因此本团队成员根据已经定稿的章节分工整理出了术语及专有名词，制成术语表，导入 SDLmultiterm，后续配合 SDL Trados 一起使用，以便统一术语。术语表(部分)如下：

表 2.1　术语表(部分)

主体景象	principal scenery
景象导引	scenic guidance
月洞门	moon gate
半廊	half corridor
盘道	winding path
湖石	lake stones
叠石	stack stones/piled stones

2.1.3　制订翻译计划

笔者根据自身及团队情况，制订了详细的翻译计划表(见表 2.2)：

表 2.2　翻译计划安排

时间	工作安排
2019 年 6 月 10 日—2019 年 10 月 20 日	完成初译
2019 年 10 月 21 日—2019 年 10 月 30 日	自我审校
2019 年 11 月 1 日—2019 年 11 月 30 日	团队成员互审
2019 年 12 月 1 日—2020 年 2 月 16 日	外籍专家审校
2020 年 2 月 17 日—2020 年 3 月 10 日	定稿

2.2　译中处理

在实际翻译过程中，笔者发现之前整理的术语存在翻译不准的情况，例如"沧浪亭"，对应译文是 Canglang Ting—Dark Green Wave Pavilion，从字面上看似乎没有问题，但笔者查阅资料后发现沧浪亭不是"亭"，而是一座园林。《柯林斯高阶英汉双解学习词典》对于 pavilion 的解释是：A pavilion is an ornamental building in a garden or park.① 因此 pavilion 更适合翻译汉语中的"亭""阁"等建筑，由此可见已定术语表中的译法并不妥帖。笔者查阅资料且结合汉语意思暂时将"沧浪亭"译为 The Garden of Dark Green Pavilion（Canglang Ting），最后小组成员审校商讨之后定为 The Garden of Surging Waves Pavilion（Canglang Ting）。

《江南园林论》作为一本论述中国江南古典园林的专著，其中不乏蕴涵中国特色文化的元素，如"博古"这类中国传统物件、各种用作园林装饰的动植物等，这些元素在中国传统文化中常代表不同的价值内涵，在翻译这部分内容时，笔者受到"深度翻译"理论启发，用注释的方式予以处理。

园林和景点的介绍是本书的重点内容之一，是直接译意还是译意加上音译？是沿用前面已经定稿章节的译名还是重新翻译？如何处理这些名称的译名，着实给笔者造成了不小的困难，最终经过团队成员的商讨和笔者的大量搜寻查证工作，成功解决了这一难题。

《江南园林论》的作者在写作此书时常常引用古籍中的原文，如《秘传花镜》《红楼梦》等，对于这些引文，笔者先是寻找前人的译本，如文中《红楼梦》的引文，笔者采用了杨宪益夫妇的译本，至于《秘传花镜》等其他古籍，笔者没有发现前人的译本，因

---

① 《柯林斯高阶英汉双解学习词典》中"pavilion"的释义［EB/OL］.［2020-03-04］. http://www.iciba.com/pavilion.

此自己通过查阅各种资料理解其真正含义，再自行翻译。

2.3 译后审校

此次对于译文的审校一共经历了五个环节。第一轮为自我审校，笔者翻译完全部文稿后，按照中英对照的形式，逐句对比，查漏补缺，检查是否有语法错误，通读是否顺畅等。第二轮为组内成员互相审校，并就一些新的术语或专有名词进行统一。第三轮为外籍专家 Karl 审校，Karl 精通英汉双语，修改不准确或不符合英语表达习惯的译文。第四轮审校交由外籍专家 Ben 负责，Ben 不懂汉语，因此他是在 Karl 修改后再次对英文译文进行语言上的润色。最后译文回到译者自己手中，根据两位审校人员的修改，自己核对，决定接受或拒绝。

3. 翻译难点和解决策略

《江南园林论》作为一本论述中国古典园林的专著，其中不乏中国特色文化元素，各类园林景点更是不胜枚举，同时作者为了佐证自己的观点，大量引用文言古籍，以上三点的翻译是笔者在此次翻译实践中遇到的难点。在处理文化元素的翻译问题时，笔者采用了深度翻译理论；同时以"外宣三贴近"原则为指导，笔者解决了园林景点名称及文言古籍的翻译问题。

3.1 文化元素的翻译

本书作者在介绍园林时，常配合探讨园林装饰性的元素，这些元素或是中国特有，或是在中国传统文化中有特殊价值，笔者将其归类为显性或隐性的文化元素。"深度翻译(thick translation)"源自文化人类学的"深度描写(thick description)"，由美国学者阿皮亚(Kwame Anthony Appiah)首次引入翻译研究领域，即用厚语境的方法，在翻译文本中添加脚注、评注、注释等，以表现出源语言中深厚的语言和文化语境，进而使被文字遮蔽的意义与译者的意图相融合(Appiah，2000)。法国叙事学家热奈特(1997)进一步提出"副文本"理论，副文本(paratexts)包括标题、封面、序言、后记、注释等，是作者、文本与读者交流的重要媒介形式，这与"深度翻译"理论存在相通之处。据此，笔者在处理文本中文化元素的翻译时，主要采用脚注和括号注的副文本翻译方式，力图减少读者的阅读障碍，传递源语中的文化信息，使译语读者获得尽可能相似的阅读感受。

例 1：自由式题材多取吉庆、博雅象征的动物、博古等。

初稿：Patterns of freestyle are mostly those of animals and Bo Gu（decorative handicrafts with patterns on their surfaces，symbolizing good luck）symbolizing auspiciousness and erudition.

终稿：Patterns of freestyle mainly include those of animals and Bo Gu（decorative handicrafts with patterns on their surfaces）symbolizing auspiciousness and erudition.

分析：本例中的翻译难点是"博古"，笔者将解决该难点的主要步骤总结如下：

(1)在维基百科、百度百科、CNKI 翻译助手等工具上搜索"博古"，未发现其英译名。

(2)根据"博古"的具体含义自行翻译。

(3)采取音译并用括号内加注的翻译方式。

具体的查阅、翻译过程如下：

"博古"对笔者来说是个陌生词汇，笔者首先在维基百科上查找，找到的只有名为博古的一位中国共产党早期领导人，接着笔者在百度百科上搜索，发现有一项搜索结果较为特别，点开之后如图 3.1 所示：

博古（汉语词语）　[编辑]　[讨论]

博古，汉语词汇。所有吉祥器物统称博古。瓷器上绘有的暗八仙、如意、贡果、花瓶、琴棋书画等具有吉祥寓意的物件都可以叫做博古纹。

拼音：bó gǔ

释义：1．通晓古代的事情。2．谓图绘古物或模仿古代款式。

中文名	博古 [1]		含　义	通晓古代的事情
外文名	conversant with ancient learning		拼　音	bógǔ

图 3.1　百度百科"博古"检索图①

根据例 1 的句意并联系前文来看，图 3.1 的解释符合文本中"博古"的含义，博古一般指的是绘有图案、具有吉祥寓意的器物，可归类为显性文化元素。截图中可看到英译名 conversant with ancient learning，不过此译名的意思是精通古代学问，也就是释义 1"通晓古代的事情"，不符合案例中的"博古"含义。

之后笔者在 CNKI 翻译助手和工具书库等文献资源中都没有找到"博古"的英译文，于是笔者尝试自己根据中文释义来翻译。根据上述释义来看，博古算是有中国特

① 百度百科"博古"词条［EB/OL］．［2020-03-08］．https：//baike. baidu. com/item/%E5%8D%9A%E5%8F%A4/863.

色的一种物品，因此笔者考虑译名要体现这种特色，那么用音译来保留原名可以算得上一种不错的方式。既然采取音译的办法，就必然要进一步对其解释，否则只能是一种"零翻译"，解释的部分笔者选取了"博古"的基本含义并对其进行翻译，翻译的内容不长，不会太影响阅读的流畅度，所以这部分内容笔者用括号注的方式直接放在"博古"的拼音之后，呈现的结果是 Bo Gu（decorative handicrafts with patterns on their surfaces, symbolizing good luck）。

之后开题答辩时老师建议删去括号内的 symbolizing good luck，原因在于它跟译文正文中的 symbolizing auspiciousness 重复，最后定稿为 Bo Gu（decorative handicrafts with patterns on their surfaces）。

例 2：大诗人白居易在他的洛阳宅园里，也是在山池景象之间自然放养着仙鹤。

译文：The great poet Bai Juyi（772-846）also kept cranes between hills and pools in his residential garden in Luoyang.

（Note：In ancient China, cranes were considered to be the most noble birds, representing longevity and fidelity. At the same time, it was believed that the crane was "under one bird, above ten thousand birds" in ancient times, second only to phoenixes, and symbolizing the first. Therefore, the pattern of the official clothing of the Yi Pin（first-grade）officials in the Ming and Qing Dynasties consisted of cranes. The "first-grade" is the name of the highest official rank in ancient times. Under the emperor, officials are divided into nine grades, the first being the highest. Therefore, ancient Chinese loved raising cranes in gardens. ）

分析：本例中的"仙鹤"乍看平常，实则属于隐性文化词，对于该文化词的翻译过程，笔者将解决步骤归纳如下：

（1）确定需要对"仙鹤"做注释。

（2）查找"仙鹤"的背景知识，用于确定注释内容。

（3）利用维基百科等搜索引擎搜索"鹤""仙鹤"，提取所需信息，阅读相关参考文献，从文献中可进一步获得必要信息。

（4）梳理整合以上过程得到的信息并翻译，形成注释。

之后是详细的难点解决过程描述：

本句以及文中其他地方多次提到在中国古代园林景象中饲养或放养仙鹤，为什么中国古人爱养鹤？这与鹤在中国传统文化中的象征寓意有关，一般来说，汉语读者心中对"鹤"的文化内涵是有预设的，因此阅读时较少会产生困惑，但外语读者一般少有这层文化预设，因此笔者认为有必要向外国读者说明中国古人爱养鹤的原因，即仙鹤的文化象征意义。这种说明实则属于背景知识的补充，将原文中"仙鹤"两字无法传达的文化知识呈现给读者，由于此类注释内容较长，因而笔者通常处理为脚注的形式。以下是笔者确定"仙鹤"脚注内容的过程：

笔者在维基百科上找到的关于"鹤（丹顶鹤）"的文化信息主要有：东亚地区的居民用丹顶鹤象征幸福、吉祥、长寿和忠贞，尤其以中日两国为多。丹顶鹤在中国和日本文化中有着第二瑞鸟的含义，第一瑞鸟为凤凰，这使得丹顶鹤成为这两国的文化史、艺术史中占据主导地位的鸟类。明朝和清朝给丹顶鹤赋予了忠贞清正、品德高尚的文化内涵。文官的补服，一品文官绣丹顶鹤，把它列为仅次于皇家专用的龙凤的重要标识，因而人们也称鹤为"一品鸟"。①

并且笔者顺着维基百科所给的参考文献，阅读了相关书目，这些书中对"鹤"的文化内涵有着如下表述：

丹顶鹤是著名的文化鸟类，它典雅健美、善鸣喜静。长久以来，在人们的心目中它成了"吉祥、长寿""幸福、忠贞"的象征。（马逸清、李晓民，2002：16）

作为吉祥物的鹤在我国传统文化中有极为高尚的意蕴。因为鹤为羽族之长，古代称其为"一品鸟"，故封建帝王都称宰相为"一品当朝""一品高升"。明清官服中的纹样，文官一品均为仙鹤。总之，在传统的鸟文化中，鹤是"一鸟之下，万鸟之上"，地位仅次于"凤"（皇后），而居人臣之极。（刘锡诚，2012：312）

最后笔者将以上信息进行整理并翻译成了"鹤"的注释。

例3：孔雀围于庭院，常配置以太湖石座、牡丹花栏等共同形成富贵的景象。

译文：Peacocks are raised in courtyards and are often arranged with pedestals made of Taihu Lake stone and peony flower fences to form a rich and prosperous scene.

（Note：As mentioned earlier, Chinese have always believed that peacocks symbolize happiness and wealth. In ancient China, Taihu Lake stone is very precious. Generally, it can only be owned and collected by the wealthy. Peony flowers are gorgeous when in full bloom, symbolizing wealth and happiness in life in China.）

分析：本例与上例情况相同。为什么孔雀配置太湖石座和牡丹花栏可以形成富贵的景象？前文中作者写到中国人历来认为"孔雀象征幸福、富贵"，如果读者对前文有印象，可能会思考：是不是太湖石座、牡丹花栏和孔雀一样象征富贵？如果读者不记得前文提过"孔雀象征富贵"，可能会一头雾水：为什么这三者放在一起会形成富贵的

---

① 维基百科"丹顶鹤"词条［EB/OL］.［2020-03-10］. https：//zh. m. wikipedia. org/zh-hans/%E4%B8%B9%E9%A1%B6%E9%B9%A4.

景象？因此笔者认为此处可添加注释，说清这三种文化元素的寓意，解释清楚为什么这三者放在一起会形成富贵的景象。关于孔雀、太湖石、牡丹花这三者注释内容的查找及确定过程与例 2 相似，因此这里不再展开叙述，由于注释的内容较长，故采用脚注的方式呈现。

3.2 园林景点等专有名词的翻译

《江南园林论》中介绍了众多园林景点，本书出版时已相应附有英文版目录，前面约两章的内容已经由别的团队译完且定稿，但笔者团队发现前两章定稿部分出现过的园林景点名称翻译形式不一，有些是译意，有些直接以拼音音译。根据黄友义的"外宣三贴近"原则，即贴近中国发展的实际、贴近国外受众对中国信息的需求、贴近国外受众的思维习惯，外宣译者最应该注意的是要潜心研究外国文化和外国人的心理思维模式，善于发现和分析中外文化的细微差异和特点，时刻不忘要按照国外受众的思维习惯去把握翻译。（黄友义，2004）因此，笔者及团队成员讨论后决定将园林景点名称的译名形式定为英文译意+（拼音译音），原因在于：外语读者对拼音的熟悉程度一般来说低于对英文的熟悉程度，以英文译意为主贴近国外受众的思维习惯，方便外国读者阅读，拼音译音则可保留一部分中国特色。笔者团队跟外籍专家沟通之后，对方肯定了我们的做法。且为了避免译文的繁复，仅在这些名称第一次出现时采取以上的翻译方式，之后出现则只保留英文译意的形式。此外，对于英文译意部分的翻译，笔者尽量选用英文网站或英文书籍中出现频次较多的译名，以降低外语读者对译名的陌生感。

例 4：卅六鸳鸯馆

译文：The Thirty-Six Pairs of Mandarin Ducks Hall（Saliu Yuanyang Guan）

分析：笔者将解决"卅六鸳鸯馆"译名问题的过程简单总结为以下几个步骤：

（1）查阅拙政园英文版官网，得到译名 The 36 Pairs of Mandarin Duck Hall。

（2）根据语法及与前文统一需要，改为 The Thirty-six Pairs of Mandarin Ducks Hall。

（3）用 The Thirty-six Pairs of Mandarin Ducks Hall 在读秀数据库中检索。

（4）根据检索所得信息，找到英文图书 *The Gardens of Suzhou*。

（5）在 *The Gardens of Suzhou* 中找到 Thirty-Six Pairs of Mandarin Ducks Hall。

（6）确定最终译名。

之后是对整个过程的具体描述：

"卅六鸳鸯馆"是拙政园的一处景点，拙政园英文版官网中"卅六鸳鸯馆"的译名是 The 36 Pairs of Mandarin Duck Hall(见图 3.2)。而根据英语语法知识判断，官网译本中 Mandarin Duck 的单数形式有欠妥当，所以笔者改成了复数形式，并且为了跟实践文本中其他景点译名形式保持统一，将数字改成了英文，得到 The Thirty-six Pairs of Mandarin Ducks Hall。之后笔者采取反向检索的方式在读秀数据库中检索 The Thirty-six Pairs of Mandarin Ducks Hall，找到两条相关信息(见图 3.3)。笔者根据这两条信息在罗恩·亨德森(Ron Henderson)所著的 *The Gardens of Suzhou* 一书中找到了"卅六鸳鸯馆"的翻译。(见图 3.4)

Attraction Name: The 36 Pairs of Mandarin Duck Hall
Location: Western Garden
Construction Category: Museum

It is the main building of West Garden, exquisite and luxuriant. Its southern part is called the 18 Camellias Hall and its northern part is known as the 36 Pairs of Mandarin Duck Hall. This is a kind of mandarin ducks hall of ancient architecture. The southern part 18 Camellias Hall is appropriate for winter and spring. Mandragora is also called camellia. The northern part is known as the 36 Pairs of Mandarin Duck Hall because there used to be 36 pairs of mandarin ducks raised in the pond. The ceilings of the 36 Pairs of Mandarin Duck Hall are arch-shaped, which is curved and beautiful, not only covering the beam frame on the top, but also creating a building with excellent acoustics. The music lingers in the air long after the performance ends. The hall is furnished with antique furniture in elegant environment. The owner received his friends, listened to music and relaxed in this hall.

图 3.2　拙政园英文版官网中对"卅六鸳鸯馆"的介绍①

找到与 The Thirty-six Pairs of Mandarin Ducks Hall 相关的 外文期刊 2 篇,用时 0.004 秒

☐ **Index**
作者 : Ron Henderson　刊名 : The Gardens of Suzhou　出版日期 : 2012　页码 : 169-174
摘要 : ... Reflection, 120; Thirty-Six Pairs of Mandarin Ducks Hall, 39; Three Ears of Corn Hall, 131; Wang...
获取途径: 邮箱接收全文

☐ **Humble Administrator's Garden (Zhuozheng Yuan)**
作者 : Ron Henderson　刊名 : The Gardens of Suzhou　出版日期 : 2012　页码 : 33-42
摘要 : ... fanshaped pavilion 10. Thirty-Six Pairs of Mandarin Ducks Hall East Central Residence...
获取途径: 邮箱接收全文

图 3.3　读秀数据库中检索 The Thirty-six Pairs of Mandarin Ducks Hall 的结果②

---

①　拙政园英文版官网中"卅六鸳鸯馆"介绍页[EB/OL].[2020-03-13]. http：//www. szzzy. cn/En/Detail？Detail＝e4e8da2a-eea4-4114-bcb8-446c53661b6c.

②　读秀数据库"The Thirty-six Pairs of Mandarin Ducks Hall"检索页[EB/OL].[2020-03-16]. https：//fjour. blyun. com/searchFJour？Field＝all&channel＝searchFJour&sw＝The＋Thirty-six＋Pairs＋of＋Mandarin＋Ducks＋Hall&edtype＝&view＝0.

The Gardens of Suzhou

作者: Ron Henderson
出版社: University of Pennsylvania Press
出版年: 2012-11-27
页数: 192
定价: USD 29.95
装帧: Paperback
ISBN: 9780812222142

图 3.4　罗恩·亨德森(Ron Henderson)*The Gardens of Suzhou*①

　　The Gardens of Suzhou 由 University of Pennsylvania Press 出版，其作者罗恩·亨德森(Ron Henderson)是美国 L+A 景观设计所创始人及主要负责人、清华大学建筑学院建筑系副教授。书中 Thirty-Six Pairs of Mandarin Ducks Hall 出现两次，分别在第 34 页和第 39 页(见图 3.5 和图 3.6)，跟笔者上述修改后得到的 The Thirty-six Pairs of Mandarin Ducks Hall 的主要区别在于加不加 the，因此笔者把"卅六鸳鸯馆"译意的部分定为 The Thirty-six Pairs of Mandarin Ducks Hall，加上拼音音译的部分 Saliu Yuanyang Guan，最终得到以上译文。

Central Garden	West Garden
1. Former entrance to the residence	8. Moon gate connecting the Central and West Gardens
2. Contemporary entrance from the east garden to the central garden	9. "With Whom Shall I Sit?" fan-shaped pavilion
3. Loquat Court	10. Thirty-Six Pairs of Mandarin Ducks Hall
4. Hall of Distant Fragrance	
5. Pavilion among firmiana and bamboo (borrowed scenery viewpoint)	
6. Small Flying Rainbow Bridge	
7. Winding garden corridors	

图 3.5　*The Gardens of Suzhou* 第 34 页(Ron Henderson, 2012)

---

　　①　罗恩·亨德森(Ron Henderson)*The Gardens of Suzhou* 豆瓣网图书信息[EB/OL]. [2020-03-16]. https://book.douban.com/subject/11227955.

> The west garden is also notable for the Thirty-Six Pairs of Mandarin Ducks Hall, with its paired square and round timbers alluding to the male and female ducks and their lifelong commitments to each other. This hall is the pivot point where the pond leads south into a small winding stream and densely planted hills to the southwest.
>
> The west garden also includes a *penjing* garden with over seven hundred potted landscapes in the Suzhou style which merit study and admiration.

图 3.6 *The Gardens of Suzhou* 第 39 页（Ron Henderson，2012）

例 5：松鹤斋

译文：Pine Crane Palace（Songhe Zhai）

分析：笔者对于"松鹤斋"译名的确定过程可以简单总结为以下几个步骤：

（1）查承德避暑山庄官网、景区标牌、维基百科等均未发现松鹤斋的有效译名。

（2）了解松鹤斋的具体信息，自行翻译为 Pine Crane Building。

（3）利用必应、读秀等检索 Pine Crane Building 等关键词，未找到相关信息。

（4）与外籍专家商讨，对方给出参考译名。

（5）将这些译名放到必应、读秀等资源中检索，发现 Pine Crane Palace 出现次数最多。

（6）确定最终译名。

下面是对整个过程的具体描述：

"松鹤斋"是承德避暑山庄的一处景点，笔者在承德避暑山庄的英文版官网中没有找到"松鹤斋"的译名，而"松鹤斋"景区标牌的译名只有拼音（见图 3.7），笔者在维

图 3.7 松鹤斋景区标牌①

---

① ［2020-03-18］. http：//www.mafengwo.cn/i/9729533.html？mfw_chid=3281-5922893.

基百科中搜索"松鹤斋"，发现该词条尚未创建。接着笔者查询"松鹤斋"的中文信息，根据《中国园林艺术辞典》，松鹤斋位于承德避暑山庄正宫东部，清乾隆十四年(1749年)建。是一组用八进院落组成的建筑群，是太后寝宫。(张承安，1994：184)松鹤斋是一处建筑群，因此笔者暂时将其翻译为 Pine Crane Building，笔者在必应搜索、读秀等数据资源中检索 Pine Crane Building 或类似关键词，未找到相关有效信息。

之后笔者专门跟外籍专家 Karl 探讨了"松鹤斋"的翻译，以下是他回复的原话："我在旅游等之类的网页上能搜到的英文翻译例子有 Pine Crane Building，Pine and Crane Studio，Pine Crane Palace，Pine Crane Temple；也有人把'斋'译为'house'，比如'双鹤斋'是 Double Crane House。我想 Pine Crane House 也是可以的吧?"根据他的回答，笔者采用反向检索的方法，将上述可参考译名逐一放到谷歌中搜索，其中出现最多的是 Pine Crane Palace 或与之用词相同而形式略有差异的译名。

在 Long River Press 出版的 *Atlas of World Heritage：China* 一书中，"松鹤斋"的译名是 Songhe (Pine-crane) Palace。(见图 3.8)在"Lonely Planet"系列丛书之一的 *Lonely Planet China*(*Travel Guide*)中，"松鹤斋"的译文中有 Pine Crane Palace。(见图 3.9)

图 3.8　*Atlas of World Heritage：China* 第 28 页(Du Yue, Gao Xirui, 2005)

> the imperial bedroom. Two residential areas branch out from here: the empress dowager's **Pine Crane Palace** (松鹤斋; Sōnghè Zhāi) to the east, and the smaller **Western Apartments**, where the concubines (including a young Cixi) resided.
>
> Exiting the Main Palace brings you to the gardens and forested hunting grounds, with landscapes borrowed from famous southern scenic areas in Hángzhōu, Sūzhōu and Jiāxīng, as well as the Mongolian grasslands.
>
> The double-storey Misty Rain Tower (烟雨楼; Yānyǔ Lóu MAP GOOGLE MAP), on the northwestern side of the main lake, served as an imperial study. Further north is the Wénjīn Pavilion (文津阁; Wénjīn Gé MAP GOOGLE MAP), built in 1773. Don't miss the wonderfully elegant 250-year-old Yǒngyòusì Pagoda (永佑寺塔; Yǒngyòusì Tǎ MAP GOOGLE MAP), which soars above the fragments of its vanished temple in the northeast of the complex.
>
> Most of the compound is taken up by lakes, hills, forests and plains. There are magnificent views of some of the outlying temples from the northern wall.
>
> Just beyond the Main Palace is the starting point for bus tours of the gardens. Further on you'll find a place for boat rentals.
>
> Almost all of the forested section is closed from November to May because of fire hazard in the dry months, but fear not: you can still turn your legs to jelly wandering around the rest of the park.
>
> Tourists can exit by any of the gates, but entry tickets are available for purchase only at Lìzhèng Gate.

图 3.9　*Lonely Planet China*（Travel Guide）第 45 页（Damian Harper，Piera Chen 等，2009）

因此，笔者最后选定了 Pine Crane Palace，加上汉语拼音，得到 Pine Crane Palace（Songhe Zhai）。

3.3　引用古籍中的文言文的翻译

《江南园林论》中，作者为了佐证观点，引用了大量古籍中的原话，这些古籍包括《秘传花镜》（又名《花镜》）、《园冶》、《红楼梦》等。对于目前已经存在官方译本的古籍，笔者找到官方译本，直接选用其中的对应译文。而对于目前尚未出版英译本的古籍，笔者自己尝试翻译，追根溯源，借助各种解读资料，理解文言文的含义，再译成英文。翻译时笔者以黄友义的"外宣三贴近"原则为指导，从贴近国外受众的思维和语言习惯、贴近国外受众对中国信息的需求出发，考虑到本书的主旨在于介绍园林知识，因此笔者的翻译重点是传递这些文言文中涉及的园林相关元素的信息，相较之下将古汉语的对仗等形式之美置于次要地位。

例 6：陈氏关于昆虫的论点有："花开叶底，若非蝶舞蜂忙，终鲜生趣；至于反舌无声，秋风萧瑟之际，若无蝉噪夕阳、巩（蛩）吟晓夜，园林寂寞，秋兴何来？"（陈溟子《秘传花镜》）

译文：Chen's arguments on insects include："If butterflies and bees were not busy under flowers，there would never be any fun to be had. When mockingbirds stop chirping and the autumn wind soughs, if there are no cicadas and crickets singing, the garden will be lonely and quiet. Where, then, will the fun of autumn come from?"

分析：经过查证，笔者确定《秘传花镜》目前还没有英译本，因而决定自己翻译。首先从例句来看，虽然是文言文，但是理解难度不大，乍一看整句话的基本意思是可以理解的，重要的是弄清楚句子中的细节，比如说"反舌""巩（蛩）"等。

笔者查阅资料了解到"反舌"是一种鸟，别名嘲鸫，英文中叫 mockingbird，而"反舌无声"的意思是反舌鸟在这一时节停止鸣叫。我国古代将芒种分为三候："一候螳螂生；二候鹏始鸣；三候反舌无声。"（易磊、林敬，2009）"巩（蛩）"其实就是蟋蟀。"晓夜"泛指日夜、白天和晚上。出自《隋书·王充传》。① 笔者翻译时在保持汉语基本意思不变的前提下，对译文进行了小幅调整，比如翻译"蝉噪夕阳、巩（蛩）吟晓夜"时笔者将其中的"夕阳"和"晓夜"省略，因为根据常识来看蝉鸣不仅仅在夕阳时分，翻出来会显得片面，而"晓夜"泛指日夜，译出来反而多余。

例 7：《花镜》中就曾明确地陈述了这一观点——"鼎沸笙歌，不若枝头娇鸟；候调鹦鹉，何如燕语莺鸣。能言之禽尽多，若不罗其群、毁其卵，毋烦饮啄而自集长鸣也。"（陈淏子《秘传花镜》）

初稿：*The Esoteric Flower Mirror* has clearly stated this view："The lively music and singing are not comparable to the beautiful birds on the branches. The sound of parrots in the home is not as good as that of swallows and orioles. There are many birds that can sing. If you don't catch them and destroy their eggs, don't be bothered when these birds come to eat, drink and sing. "

终稿：*The Esoteric Flower Mirror* has clearly stated this view："The lively music and singing are not comparable to the beautiful birds on the branches. The sound of parrots in the home is not as good as that of swallows and orioles. There are a great many birds that can sing. If you don't catch them and destroy their eggs, you will not find it bothersome when these birds come to eat, drink and sing. "

分析：同上例，笔者查证细节从而弄清整句话的含义。"鼎沸"一般形容喧闹，"笙"是一种乐器，"笙歌"意思是奏乐唱歌，"鼎沸笙歌"形容的是各种乐声、歌声汇集起来的热闹的样子。"罗"是指捕鸟的网，也可作动词，表示张网捕鸟，本句中就是动词的意思。"毋"是"不要"的意思。笔者在翻译"候调鹦鹉"这句时，加上了 in the

---

① 百度百科"晓夜"词条［EB/OL］.［2020-03-21］. https：//baike. baidu. com/item/%E6%99%93%E5%A4%9C/4583685? fr=aladdin.

home，原因在于突出原文想要强调的对比含义，因为联系前文，作者引用《秘传花镜》中的这句话是为了佐证其"野生的禽鸟、昆虫也可作为装饰园林的景象"的观点，而鹦鹉一般是家养宠物。

终稿和初稿最大的区别在于最后一句"若不罗其群、毁其卵，毋烦饮啄而自集长鸣也"的译文，外籍专家对笔者的译文提出了异议，以下是他的原话："原文似乎也是说'don't be bothered when…'但是这个逻辑很奇怪，看起来是提醒读者'如果不去捉这些鸟并且给它们的蛋毁了，那到它们聚集鸣叫的时候你不要觉得烦(即你应该去捉鸟，把它们的窝和蛋毁了，否则到时候他们的鸣叫会让你很烦)。所以我改译文为'you will not find it bothersome'(它们的鸣叫并不会让你觉得烦)，不知道我的理解是否正确。"笔者看完之后觉得专家说得有道理，笔者按照中文进行了直译，但没有考虑到译成英文时的逻辑关系，而母语是英语的审校人就能比较容易地发现这层逻辑，如果按照原译可能会给读者造成误解，因此笔者遵循审校专家的建议接受了修订。

4. 总结

通过此次翻译实践，笔者了解了一个翻译项目的完整流程，也积累了一些园林建筑类文本的翻译经验。通过翻译《江南园林论》(第三章部分内容)笔者经历了译前查找背景资料、文本阅读分析、建立术语库、制订翻译计划，译中术语纠正更新、查找古籍译本、确定园林景点名称译名，译后五轮审校等一系列复杂的过程，远远不止简单的汉英文字转换这一步。而第一次接触中国古典园林类文本后，笔者也掌握了许多关于江南园林的知识，学到了不少园林建筑中的专业术语。

《江南园林论》平实的文字叙述中不乏蕴涵中国文化特色的元素，这些文化元素或隐性或显性，笔者发现阿皮亚提出的深度翻译理论可指导处理这类文化元素的翻译问题。笔者对实践文本中的文化元素处理方式如下：(1)对于诸如"博古"这类中国特色文化词，为保留中国特色，采取音译加括号注的形式。为保持译文的阅读流畅度，括号内的注释不宜过长，否则就要采用脚注的方式。(2)对于"鹤""孔雀""牡丹"等乍看常见但在具体语境中蕴藏文化象征意义的词，通常是根据其所处语境补充这类文化词的背景知识及其蕴涵的特殊文化内涵，使读者更好地理解上下文，这时的注释内容一般较多较长，因此采用脚注的方式会更合适。以上两种皆属文本内深度翻译。

实践文本中存在大量园林景点名称，以"外宣三贴近"原则为指导，笔者确定译名的形式为英文译意+(拼音译音)，这既贴近英语受众的思维习惯，也可保留中国特色。对于英文译意部分的译名，笔者先在该书已附带的英文版目录和前几章定稿的内容中搜索，对于可以搜索到的译名，要确定翻译是否准确，如果译名有误则要自己重新翻译。重新翻译的过程一般包括查询官网、景点标牌图上的译名，在维基百科和谷歌上检索，利用读秀数据库检索等，最后根据这些检索到的信息综合分析得到最终的译名。

　　为了佐证自己的观点，作者在书中引用了许多古籍中的原文。在翻译这部分内容时，笔者首先查找古籍的权威英文译本，如果可以找到对应的译文则直接沿用，例如文中《红楼梦》的引文翻译，笔者用的是杨宪益夫妇的译本，如果找不到英译本并确定该书尚无英译本，笔者会通过各种古文网站、解读资料等，弄清楚文言文的实际意思，再翻译成英文。翻译时笔者同样在"外宣三贴近"原则指导下，从贴近国外受众的思维和语言习惯出发，注重传递这些文言文中涉及的园林相关元素的信息，相较之下将古汉语的对仗等形式之美置于次要地位。

　　在此次翻译实践过程中，笔者认为最重要的是学会利用各种电子文献、搜索引擎解决翻译过程中遇到的难题。例如读秀数据库提供的《丹顶鹤研究》和《吉祥中国》帮助笔者了解了鹤在中国的文化价值，通过园林的英文版官网可以找到园林景点名称的英文(官网的译名不一定准确或合适，译者需判断之后再决定是否使用)，将园林或景点的英文译名放到谷歌搜索中检索可以发现相同或相似的英译名是否在各种英文网站、书籍中出现过等。在整个实践过程中，这样的查证搜索工作占据了很大一部分时间，却也是保证译文准确的重要环节。

　　完成此次翻译实践后，笔者回顾总结了自身存在的问题和不足。首先是专业知识储备不足。笔者初次接触园林建筑类文本，虽然译前学习了基本理论知识，但对其中一些术语或专业知识了解不够透彻，导致对原文的理解消耗了大量时间。其次，笔者的古汉语水平有待加强，书中引用大量古籍原文，准确理解这些文言文的意思对笔者是个不小的挑战，这说明作为一名译者，古汉语的学习也不能落下。最后，语言细节不过关，例如单复数问题，由于受汉语母语思维影响较深，偶尔在英译文中会忘记给可数名词加上冠词或变成复数，这提醒笔者审校时一定要细心找出这些小错误。

　　《江南园林论》的翻译能为英语读者尤其是外国园林研究者进一步了解中国江南园林提供更为完整的理论知识和实例细节，同时也能推动中国古典园林文化在世界上的传播，能够参与这一翻译项目，笔者深感荣幸。然而，笔者的翻译稿件虽经过审校，但由于自身能力有限，译文中尚存在有待改进的地方，希望老师们能够批评指正。翻译的学习是一个永无止境的过程，笔者在以后的实践过程中仍会不断加强自己的翻译能力。

（作者：胡慧琴）

第二节　英译汉实践报告

一、*Social Life in Greece from Homer to Menander*（节选）文化英译汉实践报告

1. 翻译项目简介

1.1　项目背景

Social Life in Greece from Homer to Menander（《古希腊的社会生活：从荷马到米南德》）是一本研究古希腊社会史实的优秀著作。全书共计十五章，讲述从荷马时代到米南德时代真实的古希腊社会生活。

作者马哈菲（John Pentland Mahaffy）是爱尔兰人，曾任都柏林三一学院教务长、爱尔兰皇家学院院长、都柏林郡治安法官。他才华横溢、知识渊博，研究领域广泛，涉猎古典主义文学、教育学、哲学、数学以及音乐学，对古希腊史实有着深入的研究，其著作《"白银时代"的希腊》被视为古希腊研究史上的权威。本项目文本《古希腊的社会生活：从荷马到米南德》是继《"白银时代"的希腊》之后，马哈菲关于希腊史实的又一佳作。

本报告文本来自盛世华章图书项目 *Social Life in Greece from Homer to Menander*，受西安巴顿伊万广告文化传播有限公司委托，由 5 位译者合作完成。委托方要求译者于 2020 年 9 月 1 日前将本书译为中文，且在翻译过程中应遵循以下几点：（1）译稿的语言要准确，包括称谓一致、格式一致、特殊人名和地名的翻译准确、少用指示性代词。（2）译稿语序结构合理通顺，内容符合逻辑规范。（3）译稿史实务必准确无误，做到逢词必查、专词专查。（4）专有名词翻译附在译文内。

笔者负责项目文本中前四章的翻译，包括第一章"Introduction"（介绍），第二章"The Greeks of the Homeric Age"（荷马时代的希腊人），第三章"The Homeric Age（continued）"（荷马时代［续］）和第四章"The Greeks of the Lyric Age"（抒情时代的希腊人），共计约 3 万词。这部分重点讲述荷马时代古希腊社会的真实概况，具体介绍赫西俄德与同时期攀附权贵的古希腊诗人不同，其作品勾勒出真实的希腊社会风貌，可以用作衡量同时代其他诗人作品的标杆，为希腊史实的研究作出巨大贡献。

本次翻译实践报告使用文本节选自 *Social Life in Greece from Homer to Menander* 第 2 章和第 3 章（共计 1 万余词），根据顺应论，对其中涉及文化翻译的难点进行汇报。

1.2 项目文本分析

全书从文本内容上看，内容丰富翔实，信息量大，涉及大量古希腊与古欧洲的社会史实、风土人情，出现大量人名、地名，不仅包含希腊著名的神话传说、耳熟能详的英雄故事、脍炙人口的经典著作和诗歌，而且引用了许多西方学者对希腊著作的评论，彰显作者深厚的文学功底与渊博学识。根据德国学者赖斯（2000）的文本类型理论，该文本属于信息型文本，主要表现事实、信息、知识、观点等，反映客观事实、传递信息，这要求译者具备丰厚的知识储备，了解基本的希腊史实知识，能够敏锐地捕捉需要查证的信息资料。

从语言上看，文本文学气息浓厚，行文逻辑清楚，在翻译过程中，译者应注意整体语言风格，在准确理解原文语言的基础上，把握原文传达的文化信息，最后再进行翻译。

1.3 项目意义

古希腊文化孕育了西方文明，是古典文化的代表。它不仅没有淹没于历史长河之中，反而经久不衰，在西方乃至世界都占据了极其重要的地位。*Social Life in Greece from Homer to Menander* 一书涉及大量的古希腊文化，通过讲述真实的故事，将古希腊人们日常生活的方方面面展现在我们眼前，让中国读者开拓知识领域，了解西方文化，为国内古希腊相关文化题材的译者提供语料研究，增加国家之间的文化交流与传播。

其次，通过对古希腊文化书籍的翻译，笔者自身的翻译能力和学习研究能力进一步提高，笔者也系统地了解翻译实践的具体步骤，逐步地完成了翻译项目，在翻译过程中，笔者学会思考如何解决翻译过程中的难点，也学会运用翻译策略对存在的问题进行处理。本次翻译项目文本涉及大量文化史实和著作引用，这些特点要求译者通过资料查阅、文献阅读补充与文内希腊经典文学作品相关的知识背景，这拓展了笔者的知识面，为日后翻译相关内容的文本打下了良好的基础。

1.4 翻译实践报告结构

本报告共分为四章。第一章是对本次翻译项目的介绍，包括项目背景、项目文本分析、项目意义和本报告结构。第二章是对项目实践过程的介绍，包括译前准备工作：全文文本通读、制订翻译计划、准备翻译工具等；译中处理工作：细读文本、整理翻译难点、按照项目要求建立术语库；译后审校工作：重新审查译文，提高译文质量。第三章是本报告的核心内容，文化翻译是本次翻译实践过程中重点关注的部分，在顺应论的指导下，笔者采用顺译、换位、联想和增译四种方法，对项目文本中涉及的难点进行处理，选取 10 个具体案例进行汇报。第四章为总结部分，主要总结本次翻译实践，希望本报告能为以后类似文本的翻译提供一些参考与帮助。

2. 翻译过程描述

本次翻译过程主要分为三个阶段：译前准备、译中处理和译后审校。译前准备包括全文文本通读、翻译计划制订、翻译工具准备等；译中处理包括文本细读、难点语料收集、术语库建立；译后审校主要是对译文重新审查，包括自我审校、组内互审和专家审校，提高译文质量。

2.1　译前准备

译前准备是翻译过程的第一阶段，决定了后续翻译工作能否顺利进行。笔者的译前准备工作包括以下几部分：

2.1.1　文本通读

阅读前，笔者先对原文版本进行处理，将 PDF 格式文本处理为 Word 格式，方便标记与查阅。文本格式处理后，笔者对原文作者信息及书本信息进行查阅，了解文本的基本内容。随后，将全文通读一遍，了解每章主要讨论的内容，把握原文语言风格。笔者发现该文本涉及较多的希腊文化知识，引用大量希腊文学著作、诗歌、神话等，语言文学性强。因此，笔者对难以理解的部分进行标注，再查阅相关资料，了解引用的希腊著作及其所表达的思想感情与具有的社会意义，这为笔者更好地理解原文打下了基础。

2.1.2　翻译计划

笔者按照项目时间要求和文本内容制订了翻译计划表。(见表 2.1)

表 2.1　翻译过程计划表

时间	工作安排
2019 年 10 月 25 日—2019 年 11 月 20 日	译前准备
2019 年 11 月 21 日—2020 年 1 月 20 日	完成前言至第二章翻译初稿（每周约 3000 词）
2020 年 1 月 21 日—2020 年 3 月 20 日	完成第三章至第四章翻译初稿（每周约 2500 词）
2020 年 3 月 21 日—2020 年 3 月 31 日	自我审校
2020 年 4 月 1 日—2020 年 5 月 31 日	团队成员互相审校
2020 年 6 月 1 日—2020 年 7 月 31 日	专家审稿
2020 年 8 月 1 日—2020 年 9 月 1 日	定稿

笔者于 2019 年 11 月接手翻译任务，2020 年 3 月完成初稿，经过多次审校和修改，于 2020 年 9 月完成定稿。

2.1.3　翻译工具

笔者主要用到纸质资料和电子资料两类工具。纸质资料包括翻译理论书籍，如连淑能的《英汉对比研究》（增订版）、Verschueren 的 *Understanding Pragmatics* 等；纸质词典，如陆谷孙的《英汉大词典》（第二版）、《牛津高阶英汉双解词典》；电子资料包括搜索引擎，如 360 百科；学术网站，如中国知网；电子词典，如金山词霸、有道词典；辅助翻译工具，如 YiCAT、百度翻译。根据所用资料，笔者将其汇总如下（见表 2.2）：

表 2.2　翻译工具列表

理论书籍	连淑能的《英汉对比研究》（增订版）
	Verschueren 的 *Understanding Pragmatics*
纸质词典	陆谷孙的《英汉大词典》（第二版）
	《牛津高阶英汉双解词典》
搜索引擎	360 百科
学术网站	中国知网
电子词典	金山词霸
	有道词典
辅助翻译	YiCAT
	百度翻译

2.2 译中处理

译中处理是翻译过程的中心环节，决定了翻译质量，笔者的译中处理包括以下几部分：

2.2.1 文本细读

了解本书全部内容，确定作者的写作风格和语言使用特点。随后，多次细读笔者负责的章节，对其中涉及的历史信息、文化信息、地理信息进行检索，了解知识点背景。对于文化上难以理解的部分进行标注后查阅，对于语言结构复杂、难以理解的语句，着重分析其语言特点、遣词造句特点。

2.2.2 整理翻译难点

在翻译过程中，笔者发现文本存在许多翻译难点，如：对复杂的长句、从句的处理，对语言风格的还原，部分信息抽象深奥不易理解，使用很多专有名词，等等，尤其是涉及文化的词句翻译最为显著。古希腊文化相关内容频繁出现，且大多数为与文化相关内容的翻译，其文化点不易理解，需要笔者在查阅资料、认真分析后，才能给出相应译文。不少涉及文化的语句，其语言结构不易理解，也是翻译中的难点。对于文化点浅显易懂、语言结构简单的语句，如何将其翻译为更好的句子，译者也需重点关注。

2.2.3 建立术语库

笔者发现负责文本部分涉及大量人名、地名以及术语，因此，按委托方要求，根据《世界人名地名大辞典》进行标准统一，根据字母顺序排列并制作成表，方便后期审校。其中人名 87 个，地名 3 个，书名 3 个，术语 3 个。如表 2.3 所示：

表 2.3 人名、地名等专有名词术语表

人 名 表			
原文	译文	原文	译文
Achilles	阿基里斯	Iphicrates	伊菲克拉特斯
Aeschylus	埃斯库罗斯	Irus	伊鲁斯
Agamemnon	阿伽门农	Laertes	拉厄耳忒斯

续表

原文	译文	原文	译文
	人　名　表		
Ajax	大埃阿斯	Leuctra	留克特拉
Alcinous	阿尔喀诺俄斯	Lord Derby	德贝勋爵
Andromache	安德洛玛刻	Marathon	马拉松
Antiphon	安梯丰	Menelaus	墨涅拉俄斯
Ares	阿瑞斯	Mentor	曼托尔
Argus	阿格斯	Metaneira	墨塔涅拉
Astarte	阿施塔特	Miltiades	米提亚德
Astyanax	阿斯蒂阿纳克斯	Minos	麦诺斯
Atreidae	阿特柔斯	Moloch	摩洛
Boeotia	维奥蒂亚	Molossian	米洛亚
Briseis	布里塞伊斯	Mycenae	迈锡尼
Cadmus	卡德摩斯	Nausicaa	娜乌西卡
Callidice	卡丽迪丝	Neoptolemus	尼奥普托列墨斯
Celeus	刻琉斯	Nestor	内斯特
Chryseis	克律塞伊丝	Orchomenus	奥科美那斯
Circe	喀耳刻	Overbeck	奥维贝克
Clytemnestra	克吕泰涅斯特拉	Pallas Athene	帕拉斯·雅典娜
Danaus	达那俄斯	Paris	帕里斯
Deiphobus	得伊福玻斯	Patroclus	普特克勒斯
Demeter	得墨忒耳	Peleus	珀琉斯
Demodocus	得摩多科斯	Penelope	佩内洛普
Diomede	狄俄墨得斯	Persephone	珀尔塞福涅
Dorian	多里安	Pindar	品达
Eidothea	厄多忒亚	Polyphemus	波吕斐摩斯
Electra	厄勒克特拉	Poseidon	波塞冬
Eleusis	埃莱夫西纳	Proteus	普罗透斯
Epaminondas	伊巴密浓达	Queen Arete	王后阿莱蒂
Eumaeus	欧迈俄斯	Sardis	赛迪斯
Euryclea	尤里克里	Solon	梭伦
Gladstone	格莱斯顿	Sophocles	索福克勒斯

人　名　表			
原文	译文	原文	译文
Godfrey de Bouillon	布永的戈弗雷	Sphacteria	斯法克蒂里亚
Grote	格罗特	Tacitus	塔西佗
Hayman	海曼	Telemachus	忒勒马克斯
Hector	赫克托耳	Themistocles	地米斯托克利
Helen	海伦	Thersites	瑟赛蒂兹
Hephaestus	赫菲斯托斯	Theseus	提修斯
Hera	赫拉	Thucydides	修昔底德
Hermes	赫耳墨斯	Tyrtaeus	提尔泰奥斯
Herodotus	希罗多德	Ulysses	尤利西斯
Hesiod	赫西俄德	Walter Scott	沃尔特·斯科特
Hipponax	希波纳克斯		
地名表			
原文	译文	原文	译文
Scamander	斯卡曼德河	Therasia	锡拉夏岛
Thasos	萨索斯岛		
书名表			
原文	译文	原文	译文
Iliad	《伊利亚特》	*Odessey*	《奥德赛》
Works and Days	《工作与时日》		
术语表			
原文	译文	原文	译文
Corcyraean Massacre	科西拉大屠杀	the oath by the Styx	斯提克斯誓言
Melian Dialouge	梅里安对话		

制定人名、地名等专有名词术语表，能够帮助后期审校节省时间，统一全文人名、地名等专有名词的翻译。在翻译过程中，笔者充分借助所准备的纸质资料及电子资料，积极思考，对遇到的重点难点，总结解决问题的方法和心得。

2.3　译后审校

本次翻译实践项目译后审校共分三轮。第一轮：笔者对初稿进行自我审校，将初译按要求整理为中英文对照形式，仔细研读，检查翻译中是否存在漏译和错译的问题，发现错误及时改正；通读译文，找出译文中不通顺的地方，与原文内容进行比对，重新调整；对译文中存在的难以理解和翻译的部分做出标注。第二轮：小组成员之间相互审校。找出彼此对于含有相同术语翻译的差异，互相解决存在难点的部分，提高译文的准确性。第三轮：专家审校。根据专家所指出的问题进行修正，并自我反思总结。最后，笔者进行整理修改，核对格式，对审校译文与原文进行对比，获得最终版本。

3. 翻译难点与案例分析

笔者承担部分的翻译，难点主要体现在涉及文化词句的理解。由于中西方存在文化差异，会出现文化不对等、文化断层现象，如果理解不透彻，可能导致错译。其次，由于汉英两种语言本身存在差异，导致在意义理解上会有较大差别，这就要求译者有良好的语言功底，在翻译时应注意对语言结构进行分析，避免因语言问题造成误译。本章主要报告笔者是如何处理这些文化翻译的。

3.1   翻译难点

文化涉及生活的方方面面，文化翻译也同样与生活密不可分，王佐良（1984）提出重视文化研究，他认为"翻译者必须是一个真正意义上的文化人"，这要求译者在具备翻译能力的同时，应做好文化知识储备，这样才能把文化蕴涵的内容准确地传达出去。文化翻译重要，可文化难译，这已成业界共识，卡特福德（1965）提出语言文化存在不可译性，中西方文化差异造成文化翻译必定会存在不完美，如何尽可能保证文化"原汁原味"，是文化翻译处理的重点。

对于文化翻译如何处理，国内外译界学者进行过不少的探讨。比如：巴斯奈特的"翻译的文化转向"和"文化的翻译转向"一度成为译界热点，其一系列处理文化翻译的概念——"与原文共谋""伪翻译""自我翻译""杜撰翻译""旅行翻译"（刘军平，2006：412-413）也为文化翻译的处理提供了参考；奈达（1964）的文化等值翻译理论；勒菲弗尔（1992）的"改写"；刘宓庆（2006）的《文化翻译论纲》中的语义文化诠释、文本文化解读及翻译文化表现等。虽然译界人士提出的各类理论与策略表达各不相同，但本质上都是尽可能让译者做到文化的还原，实现文化挂钩。本次翻译实践采用的翻译策略亦是如此，笔者借助顺应论中提出的语言变异性、商讨性和顺应性，有针对性地处理翻译过程中遇到的文化翻译内容。

该项目文本涉及文化内容较为繁杂，包括古希腊的社会、历史及神话传说等，对节选文本进行统计，共得到 201 个包含文化信息的句子，约 5700 词，占节选文本篇幅的 57%。在这些文化句中，笔者发现存在文化差异会导致涉及物品、古希腊专有名词、宗教信息等文化信息的翻译比较有难度，存在语言差异导致涉及社会文化的语句不易理解。

因此，笔者根据奈达的文化分类，对 201 个包含文化信息的句子进行分类归纳。奈达(1945：196)提出五大文化因素：(1)生态文化，指季节、植被、沙漠、高山、河流等自然因素。(2)宗教文化，指神明的名称和教规教义等。(3)物质文化，指工具、物品等现实生活中使用的具体物品。(4)语言文化，指特定语言的特定特征。(5)社会文化，指任何社会组织、社会实践以及社会行为等。之所以采用这种分类方法，是因为奈达的文化分类较为全面，包括物质和意识形态两大方面，可以较好地涵盖所有文化类别。

表 3.1 文 化 分 类

文化类别	涉及句数	比重	分类依据
生态文化	0 个	0	涉及自然文化
宗教文化	60 个	29.9%	涉及宗教、神明
物质文化	24 个	11.9%	涉及工具、物品等具体物品
语言文化	15 个	7.5%	涉及语言独有的特点
社会文化	102 个	50.7%	涉及社会行为、规则、制度

通过数据统计，笔者发现文本涉及的文化中，社会文化的数量最多，超半数，宗教文化次之，物质文化和语言文化较少，未出现与生态文化相关内容，因此本报告不对生态文化的翻译处理做分析。

根据统计结果，笔者对分类后的语句进行分析，共 109 句存在难以理解的部分，包括 48 句宗教文化翻译(占宗教文化点的 80%)、19 句物质文化翻译(占物质文化点的 79.1%)、9 句语言文化翻译(占语言文化点的 60%)、33 句社会文化翻译(占社会文化点的 32.4%)。其中，宗教文化翻译、物质文化翻译及语言文化翻译存在的难点，绝大多数由文化差异引起，极少数由语言差异引起，难点主要在于文化信息词的处理；而对于社会文化翻译，102 句描写社会文化的语句中，69 句的具体内容较易理解，不存在难点，但剩余 33 句存在的难点在于如何将句子翻译成符合汉语阅读习惯的译文，即描写的社会文化容易理解，但句子本身的语言结构需要分析。对此，笔者从文化的角度分析宗教文化翻译、物质文化翻译和语言文化翻译的处理，从语言的角度分析社会文化翻译的处理。

3.2　处理原则

在处理文化难点时，译者主要是借助顺应论，从文化和语言两个角度处理包含宗教文化、物质文化、语言文化和社会文化的词句。顺应论是维索尔伦（1999）在其《语用学的理解》（*Understanding Pragmatics*）一书中提出的，他认为语言具有变异性、商讨性和顺应性，因此语言使用者使用语言时，应遵循这三种特性，采用灵活的处理方式进行翻译处理。笔者根据以上三种特性，采用了以下 4 种方法处理文化翻译中遇到的难点：（1）顺译法。（2）换位法。（3）联想法。（4）增译法。以字母代表源语的句子成分，不同字母代表不同的语言选项，具体指导思路如图 3.1~图 3.4 所示（下图仅举例，在实际处理文化翻译时，通常会多种方法相结合，具体需结合句子本身进行分析）。

（1）顺译法：通常情况下，翻译时首先采用顺译法，即直接将源语译为对应的目的语。

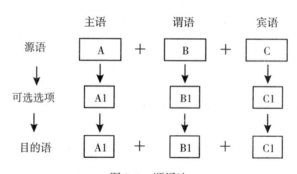

图 3.1　顺译法

（2）换位法：在顺译的基础上，如果语句存在语义不通的情况，根据语言的商讨性，"语言的选择并非机械地，或严格地依照某一形式作出，而是基于高度灵活的原则和策略"（Verschueren，1999：59），译者应采取灵活的处理方式，依据目的语读者的阅读习惯进行位置调整（第二行箭头处）。

（3）联想法：对于文化差别过大，顺译后含义仍不能理解的，根据语言变异性，即"语言选择具有多种可能性"（Verschueren，1999：59），通过联想，获得多种语言选择，如：A1、A2，最后进行语言选择（第二行箭头处），将最合适的选项应用在句子中。

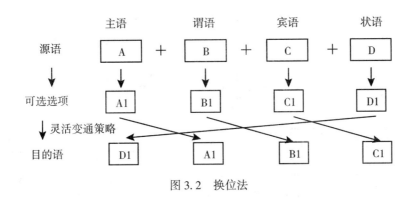

图 3.2 换位法

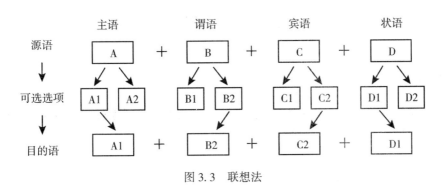

图 3.3 联想法

(4)增译法：对于文化差别过大，且无法进行语言选择的，如专有名词，根据语言的商讨性和顺应性，"顺应性是指语言使用者从各种可能性中做出语言选择，从而满足交际需要"（Verschueren，1999：61），可以采用增译法，将其含义补充出来，帮助读者更好地理解。

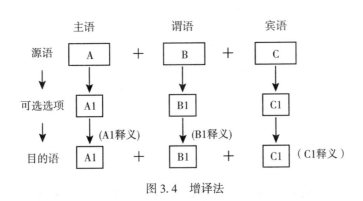

图 3.4 增译法

以上是四种方法的基本介绍，但在实际应用过程中，大部分情况是多种方法相结合，即综合运用。(见图 3.5)

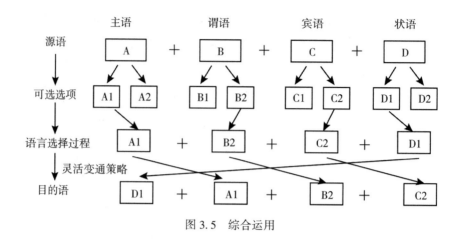

图 3.5　综合运用

3.3　案例分析

本次翻译实践过程，笔者根据顺应论，采取以上四种方法，对存在难点的 109 句文化翻译进行处理，选取其中 10 个作为典型案例进行报告。

3.3.1　宗教文化翻译处理

宗教文化翻译的难点在于对包含宗教文化信息的词把握是否准确，以及对整体背景的理解是否准确，"宗教文化是构成英汉语言各自特色的重要方面，了解宗教文化的差异，就能更准确地理解并表达必须的文化意义，对翻译的完成有积极的促进作用"（张万防，2012：55），这要求译者应补充相关知识背景，增加知识储备，灵活采取翻译策略，提高译文的准确性。

例 1：… just as in the present day the Irishman, with the same lively imagination and the same sensitiveness, will instinctively avoid disagreeable things, even if true, and 'prophesy smooth things' when he desires especially to please.

初译：……就像今天的爱尔兰人一样，他们有着同样丰富的想象力和同样的敏感性，本能地避免令人讨厌的事情，即使令人不快的事情发生了，也会"预言事情顺利"。

改译：……就像今天的爱尔兰人一样，想象力丰富又生性敏感，本能地避免令人讨厌的事情。即使这样的事情发生了，他们也会在想要取悦他人时编造些柔和的话题。

分析与处理：本句话的难点在于对"prophesy smooth things"的翻译。"prophesy smooth things"这一短语被引号重点标注出来，予以笔者提示，不能仅仅按字面译为

"预言事情顺利",对此,笔者首先在有道翻译电子词典上进行翻译,如图 3.6 所示,但电子词典给出的结果仅为直译,与原文语境不符。随后,笔者又在 360 浏览器上进行检索,虽未找到完整对应的源语,但出现了包含这一短语的网页,如图 3.7 所示,该语句来源于标准修订版《圣经》(NRSV):who say to the seers, "Do not see"; and to the prophets, "Do not prophesy to us what is right; speak to us smooth things, prophesy illusions."该句话的参考翻译如图 3.8,为:"他们对先见说,不要望见不吉利的事,对先知说,不要向我们讲正直的话,要向我们说柔和的话,言虚幻的事。"根据顺应论中语言的商讨性进行语言的选择,笔者分析如下:该短语内容源于《圣经》,若贸然改动,便不符合原文作者引用此短语的意图,不能突出其背后的宗教信息。"译语要从文化义的角度准确地再现原文所要传达的意义、方式及风格。换言之,就是把原文的"形""神"在译语中原汁原味地体现出来。"(谢建平,2001:19)根据检索内容中该短语在译文中的释义,译文应保留其宗教色彩,因此,译者将其处理为"柔和的话题",在顺应原文作者意图的基础上,帮助读者更好地理解文章内容。

图 3.6 prophesy smooth things 有道翻译检索图

英译版《圣经》:

新国际版《圣经》: They say to the seers, "See no more visions!" and to the prophets, "Give us no more visions of what is right! Tell us pleasant things, **prophesy** illusions.

NRSV: who say to the seers, "Do not see"; and to the prophets, "Do not **prophesy** to us what is right; speak to us smooth things, **prophesy** illusions,

NASV: Who say to the seers, "You must not see visions"; And to the prophets, "You must not **prophesy** to us what is right, Speak to us pleasant words, Prophesy illusions.

图 3.7 标准修订版《圣经》原文网页图①

---

① 兔酷英语"多语对照《圣经》"页面[EB/OL].[2021-03-17]. https://www.qeto.com/amp/article_177210.

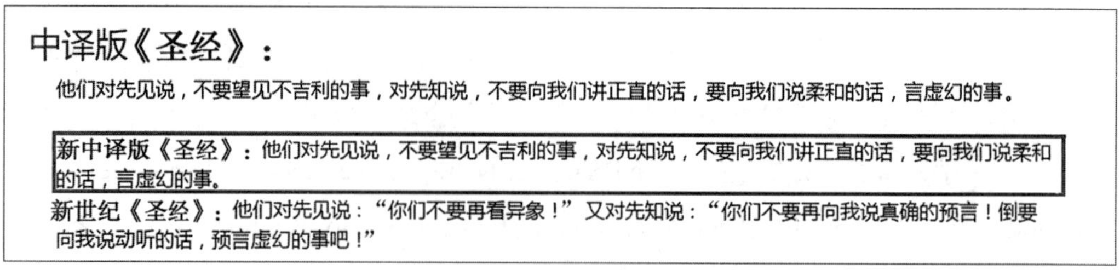

中译版《圣经》：

他们对先见说，不要望见不吉利的事，对先知说，不要向我们讲正直的话，要向我们说柔和的话，言虚幻的事。

新中译版《圣经》：他们对先见说，不要望见不吉利的事，对先知说，不要向我们讲正直的话，要向我们说柔和的话，言虚幻的事。

新世纪《圣经》：他们对先见说："你们不要再看异象！"又对先知说："你们不要再向我说真确的预言！倒要向我说动听的话，预言虚幻的事吧！"

图 3.8　标准修订版《圣经》翻译网页图①

例 2：It may be easily and sufficiently analysed into four component ideas, those of courage, truth, compassion, and loyalty. No man could approach the ideal of chivalry, or rank himself among gentlemen and men of honour, who was not ready to contend, when occasion arose, against any odds, and thus to encounter death rather than yield one inch from his post.

初译：我们可以把它简单充分地分析为四个组成部分——勇气、真理、同情和忠诚。没有人接近理想的骑士精神，也没有人能跻身绅士和荣誉人士的行列，因为他们没有准备时刻抗争不满事物，宁愿死亡也不言放弃自己的职位。

改译：我们可以把它简单充分地分为四种概念——勇气、正直、爱心和忠诚。没有人接近理想的骑士精神，也没有人能跻身绅士和荣誉人士的行列，因为他们没有准备时刻抗争不满事物，宁愿死亡也不愿放弃自己的使命。

分析与处理：本段话的难点在于对"courage, truth, compassion, and loyalty"相关内容的翻译。"chivalry"意为"骑士精神"，根据笔者的知识储备，骑士精神源于西欧，但具体内容笔者并不清楚，因此，笔者在 360 百科上对"骑士精神"进行检索，获得如图 3.9 所示内容：骑士精神为精神信仰，源于基督教，后来成为现代绅士精神的起源，骑士精神中有八大美德，如图 3.10 所示。

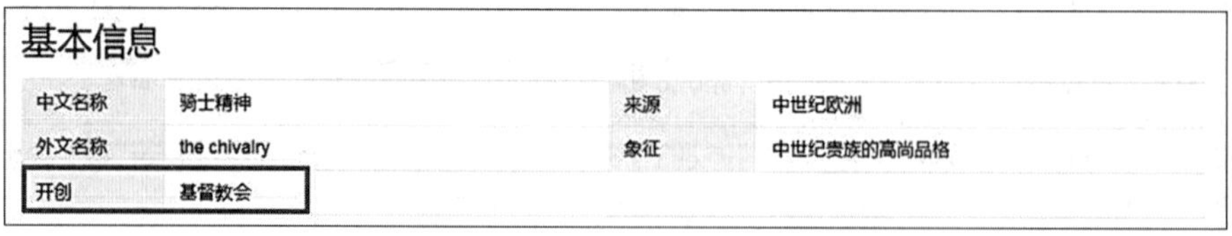

基本信息

中文名称	骑士精神	来源	中世纪欧洲
外文名称	the chivalry	象征	中世纪贵族的高尚品格
开创	基督教会		

图 3.9　骑士精神基本信息

① https://www.qeto.com/article_177210.

> ### 骑士八大美德　　　　　　　　　　　　　　　　　　✎ 编辑本段
>
> 谦卑(Humility)、荣誉(Honor)、牺牲(Sacrifice)、英勇(Valor)、怜悯(Compassion)、诚实(Honest)、公正(Justice)、灵性(Spirituality)

图 3.10　骑士精神八大美德

原文中将骑士精神简单地划分为"courage, truth, compassion, and loyalty"四部分，与笔者获得的八大美德信息不匹配。根据顺应论中语言的商讨性，笔者采用联想法，对此进行更深层次的分析：根据八大美德具体含义，将其归类于原文所划分的四部分中，如图 3.11 所示，在八大美德中，"valor"表示战斗中的英勇，"sacrifice"表示勇于牺牲，属于"courage"的范畴，故笔者将"courage"处理为勇气；"honest"为对人诚实，"justice"为处世公正，属于"truth"的范畴，故笔者将"truth"处理为正直；"compassion"意为怜悯，指骑士应对万物怀有怜悯之心，进一步引申到指骑士"富有爱心"，其含义属于"humility"（待人有理，谦虚谨慎）；"spirituality"在骑士精神中指要忠于信仰、忠于上帝，"honor"意为为荣誉而战，忠于荣誉，因此二者归为"loyalty"，并将其处理为忠诚。

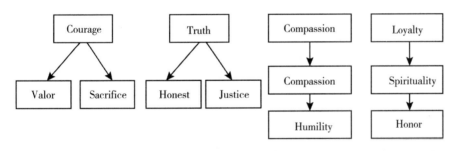

图 3.11　八大美德归类图

3.3.2　物质文化翻译处理

物质文化翻译的难点在于对涵盖物质词的理解，"译者对原文的理解决定译者的文化取向，只有透彻地领悟原作的含义，才能准确地向读者传达原作的意义"（杨蒙，2006：87）。因此，物质文化翻译的处理，通常要求译者在准确把握物品信息的基础上，传达原文的信息。

例3： Here is indeed a contrast to the Attic banquet, where large joints were thought coarse and boeotian, while fish was the greatest and most expensive of luxuries.

初译： 这确实与阿提卡的宴会形成了鲜明对比，在阿提卡时代的宴会上，人们认为大型关节是粗糙的和愚笨的，而鱼是最昂贵的奢侈品。

改译：这实在是与阿提卡时代的宴会形成了鲜明对比：在阿提卡，人们认为大块筋骨的食物不易啃食，而鱼却是最昂贵的上乘佳肴。

分析与处理：本句话的难点在于对"large joints were thought coarse and boeotian"的理解，在有道翻译上对"joints"进行检索，获得如图 3.12 所示含义，在这里应为名词"关节"。初译将其处理为了"大型关节"，读来很不通顺。根据顺应论中语言的商讨性和顺应性，改译在此基础上，对"joints"一词的翻译进行语言选择：首先，笔者在 360 百科上对"关节"进行检索，得到如图 3.13 所示含义，加之原文中的话题与食物有关，后文中提到的"鱼"也属于食物，因此可以联想到，这里的"large joints"指的是食物——日常食用的骨头。对"boeotian"在有道词典上进行检索获得图 3.14，其含义为"愚笨的"，该词是用来形容人如何使用 joints 而不是物，因此，译者对内容进行延展，充分表达其含义。

图 3.12　joints 有道翻译检索图

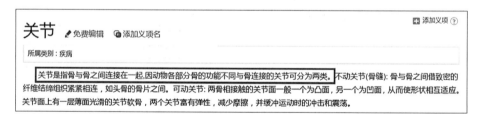

图 3.13　"关节"360 百科检索图①

图 3.14　boeotian 有道翻译检索图

---

①　360 百科"关节"词条[EB/OL]．[2021-03-17]．https：//baike．so．com/doc/1424110-1505366．html．

例 4： Each guest generally had a small table to himself well cleansed with sponges, and a special supply of bread. The washing of hands before eating was universal. With the exception of <u>the large cup for mixing</u>, which was often embossed, and the work of a famous artist, we hear of no plate, or other valuables to ornament the room.

初译： 每位客人都有一个小桌子，用<u>海绵</u>清洗干净，还有一份特殊的面包供应。饭前洗手很普遍的。除了经常用作浮雕装饰的<u>搅拌杯子</u>和著名艺术家的作品，我们没有听到过人们用盘子或者其他贵重物品来装饰房间。

改译： 每位客人面前摆放着一张用<u>天然海绵丝</u>擦拭过的干净的小桌子，桌上是一份特别供应的面包；餐前洗手是惯例；宴会厅里除了带有名家雕刻图案的杯型器皿，再无其他杯盘碗盏、贵重物件的装饰。

分析与处理： 本段话属于典型的物质文化案例，文化点差异不大，但是如何处理这些文化点，更好地适应汉语读者的认知，是本句话的难点。本段话中共出现了"sponges"和"cup"两种传递文化信息的物体，"sponges"意为海绵，在古代中国，人们在日常生活中会选用"抹布"来进行物体的擦拭，而古希腊由于其独特的地理环境，能够产出高质量的天然海绵，因此希腊人很早就使用天然海绵丝作为清洁工具，所以文中采用顺译法将其译为天然海绵丝。

"the large cup for mixing"的含义为用于搅拌的大杯子，但是实际上，在我们的思维中，杯子是用来喝水的，少数情况会用来盛装其他物体，但不会用做搅拌的器皿，对此初译将其完全直译为杯子，不符合汉语读者认知。为对"cup"一词做出合理的处理，笔者先对"cup"的含义进行检索，如图 3.15 所示，并无其他适合原文的语义，又对"杯子"进行检索，获得如图 3.16 所示含义，因为"人类的思维具有共性或客观性，而具有全人类的共性思维正是翻译的根本基础。同一思维内容，可以用不同民族

图 3.15　cup 有道词典检索图

的语言表达出来，从而使翻译成为可能”(肖辉，2001：34)。所以笔者对“cup”一词的含义进行合理的引申：杯子本身属于容器的一种，其基本作用与容器相同，将其处理为“杯型器皿”，读来形象具体，符合汉语读者的基本认知。

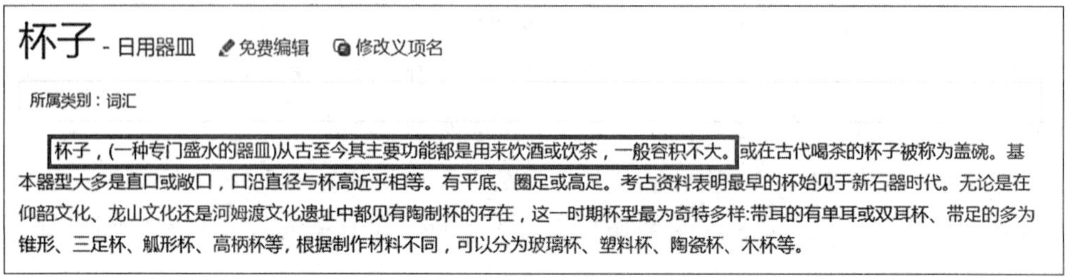

杯子 - 日用器皿　免费编辑　修改义项名

所属类别：词汇

杯子，(一种专门盛水的器皿)从古至今其主要功能都是用来饮酒或饮茶，一般容积不大。或在古代喝茶的杯子被称为盖碗。基本器型大多是直口或敞口，口沿直径与杯高近乎相等。有平底、圈足或高足。考古资料表明最早的杯始见于新石器时代。无论是在仰韶文化、龙山文化还是河姆渡文化遗址中都见有陶制杯的存在，这一时期杯型最为奇特多样:带耳的有单耳或双耳杯、带足的多为锥形、三足杯、觚形杯、高柄杯等，根据制作材料不同，可以分为玻璃杯、塑料杯、陶瓷杯、木杯等。

图 3.16　“杯子”360 百科检索图①

3.3.3　语言文化翻译处理

语言文化翻译的难点在于，语言本身就是不相同的，这些特点包括语言结构的不同，也包括文化渊源的不同。在处理这些差异造成的难点时，译者应尽可能完整地传递其中的文化信息。(刘宓庆，2006)

例 5：The blessed islands of the West were indeed even then a home for the dead, but they had not yet been opened to moral worth, as in the days of Pindar.

初译：西方福地确为亡者之家，像是品达(Pindar)时代，但其不具备道德价值。

改译：神佑群屿(为半神、英雄和卓越之人所设立)确为亡者之家，但并不是像品达(Pindar)时代认为的专为道德崇高之人设立。

分析与处理：本句的难点在于对“the blessed islands of the West”和“moral worth”的处理。“the blessed islands of the West”意为“西方被祝福的岛屿”，初译时，笔者将其处理为“西方福地”，通过对“the blessed islands of the West”进行检索发现，并未有固定的短语搭配，因此，笔者又对段落阐述的主题“希腊冥界”进行检索，获得如图 3.17 所示内容，图片中的“Isles of the Blessed”含义也为“被祝福的岛屿”，属于“至福乐土”范围，因此笔者采用了“神佑群屿”的解释。由于汉语读者对此可能不了解，所以在文后增译其具体含义。后半部分“moral worth”意为“道德价值”，如果采取顺译法，读来语义不通，因此，笔者采用增译法，结合前文背景对其进行补充，将这里

① 360 百科“杯子”词条[EB/OL]．[2021-03-17]．https：//baike.so.com/doc/1703279-1800883.html.

“moral worth”所表达的含义补充出来，这里指的是道德崇高之人。

至福乐土（音译为埃律西翁）

主条目：至福乐土

至福乐土，在英文的文献中有使用Elysium，并且英文也常常名之为Elysian Fields或者Elysian Plain。希腊神话中，Elysium最初就是表示乐土的意思，这乐土的宗教观是传自米诺斯宗教（Minoan religion）。至福乐土是特别为了在世间拥有优秀、卓越表现之人所属的空间。它是由冥界判官拉达曼迪斯所管辖的，还有居住于此的灵魂，他们拥有一个个安详且悠闲的来生加上毋须劳役。[12]这里唯有半神、英雄和道德崇高的人才被准许进入的境界。

从荷马的著作中的描述，至福乐土是一个完美又幸福的国度，它位于大地的尽头，在大洋河（或译为俄刻阿诺斯河）的河岸。

神佑群屿（或译为幸福诸岛）

主条目：神佑群屿

神佑群屿（英语：Fortunate Isles）（Isles of the Blessed）是位于至福乐土范围内的小群岛。

图 3.17 “神佑群屿”含义图①

例 6：From this aristocratic heaven therefore even Agamemnon, Achilles, and Ajax were excluded, and wandered forlorn in the doleful meadow of asphodel.

初译：因此，在这座贵族的天堂里，即使是阿伽门农、阿基里斯和大埃阿斯这样的英雄死后也不能进入，只能在荒芜寂寞的水仙平原（希腊神话里冥界中人类忘记前世记忆的地方）徘徊。

改译：因此，在这座贵族的天堂里，即使是阿伽门农、阿基里斯和大埃阿斯死后也不能进入，只能在荒芜寂寞的水仙平原（希腊神话中普通亡灵所至之处）徘徊。

分析与处理：本句的难点在于对“the doleful meadow of asphodel”的处理。一般的中国读者对古希腊神话故事不够了解，笔者如果不对“the meadow of asphodel”进行查阅，很容易将此处理解为“长满水仙的平原”。本段话在论述人神死亡后所去之处不同。在希腊神话中，人死后会到冥界，文段中“the doleful meadow of asphodel”直译为“水仙平原”，笔者在 360 百科中检索“水仙平原”，并未获得有效内容，进而检索“古希腊水仙平原”得到相关网页，获得网页与例 5 中希腊神话里的冥界信息属同一网络来源，如图 3.18 所示。该文段与希腊神话的冥界相关，希腊神话中将人死后灵魂所到世界定义为“冥界（Hades）”，亡灵经过部分冥界程序渡河后，需要步行到“水仙平原”，在这里人们会忘记生前的全部记忆。这类似于中国民间传说中的“忘川”，其上有奈何桥，桥边坐着孟婆，过河转世投胎需喝孟婆汤以忘记前世的事情，这本质上是语言文化渊源不同的体现。“地域环境的不同造成文化的差异性，这不单单体现在风土人情、生活习惯上，还体现在语言表达上。”（马晶晶，2021：

① 历史故事“希腊神话里的冥界”页面［EB/OL］.［2021-03-17］. http://www.88828.net/lishigushi/shenhua/13864.html.

182）"水仙平原"为西方文化概念所属，我国也有与之在同一层次上的文化概念，之所以产生这种不同，是由于中西方文化渊源不同，进而语言表达不同。汉语读者无法理解"水仙平原"一词，所以笔者在处理的时候，要在让目的语读者理解的基础上，体现原文的希腊文化特色，因此，作者采用增译法，对"水仙平原"的含义进行补充说明。

水仙平原

　　水仙平原（Fields of Asphodel）是属于那些没有犯上任何显著重大罪过的普通或者是平凡之灵魂的空间，然而同样的他们也没有实行任何高尚伟大或是受人们赞誉之功绩来保证他们可以被允许前往至福乐土（Elysian Fields）。那处是平凡灵魂的地方，不属于冥界任何场域。

图 3.18　"水仙平原"含义图①

3.3.4　社会文化翻译处理

　　社会文化翻译的难点在于语言。文本中涉及社会文化的语句，其描写的古希腊社会行为、社会规则、社会习俗这些文化现象不难理解，但因为汉英两种语言的差异，导致在理解描写社会文化的语言时存在一定的难度，因此，对语言的处理是社会文化翻译最重要的部分。

　　例 7：So we may find Plato's contemporaries disputing in music on the difference of notes almost identical, showing that they appreciated dissonances which we consider unimportant.

　　初译：因此我们会发现柏拉图时代人们在音乐上对不同音符的争议几乎相同，表明他们欣赏不和谐的音符，可我们却认为这些不重要。

　　改译：因此我们会发现，柏拉图时代的人们在音乐上对不同音符的锱铢必较几乎相同，表明他们欣赏那些我们忽视的不和谐音符。

　　分析与处理：本句话是关于柏拉图时代人们对音乐的态度，难点在于对"disputing"的处理，以及整句话的理解与翻译要符合目的语读者的阅读习惯。本句话分为主句和从句，根据顺应论中语言的变异性，对主句中的"disputing"进行语言选择，其含义为"争论"，放在原文中较为生硬，在改译过程中，笔者根据争议的含义，

---

① 历史故事"希腊神话里的冥界"页面［EB/OL］.［2021-03-17］. http：//www.88828.net/lishigushi/shenhua/13864.html.

联想到四字词语"锱铢必较"，在 360 百科上对其进行检索，获得如图 3.19 所示含义，原文的语境就是柏拉图时代的人们对音乐的注释会进行争论，这也反映出柏拉图时代人们对音乐注释的严谨细致，因此，使用"锱铢必较"这个词是合理的。为帮助汉语读者更好地理解本句话的内容，改译中将从句中两部分内容的顺序进行了调换，语义上更为通顺。

图 3.19　"锱铢必较"360 百科检索图①

例 8：The Greeks and Romans always <u>laid great stress on</u> the habits of the table as indicative of civilization, and it was specially noted of such mythical humanisers as Orpheus, that they had induced men to improve the tone and manners of their feasting.

初译：希腊人和罗马人总是把餐桌上的礼仪作为文明的象征来强调，特别是像俄耳甫斯这样神秘的人文主义者，他们引导人们改善自己在宴席上的语气和行为举止。

改译：希腊人和罗马人<u>重视</u>餐桌礼仪，视之为文明的象征。特别是诸如俄耳甫斯这类神秘的人文主义者更是如此，他们会劝导宾客改善自己在宴会上的言语举止。

分析与处理：本段话讲的是关于希腊、罗马的餐桌习俗，难点在于如何处理译文才能更符合目的语读者的阅读习惯。"laid great stress on"的含义如图 3.20 所示，初译中将其处理为强调，虽然合理，但没有改译的处理方法出彩。因为汉英两种语言存在差异，"汉语为了达到篇章的连贯性和整体性，倾向于重复词语和句式，而英语常常借助其他手段"（连淑能，2010：243），因此在对第一句话进行处理时，根据顺应论中语言的商讨性，采用灵活的手段，将其处理为两个短句，"视之"是对"餐桌礼仪"的重复；第二句话的处理也有异曲同工之妙，在"人文主义者"后补充"更是如此"，可以加强语气，将原文作者的强调之意传递给读者。

---

① 360 百科"锱铢必较"词条［EB/OL］．［2021-03-18］．https：//baike. baidu. com/item/%E9%93%A2%E9%94%B1%E5%BF%85%E8%BE%83/2313226? fo=aladdin.

图 3.20　laid great stress on 有道词典检索图

例 9：And yet good as the Greeks thought it, they tempered it with water, for drunkenness was an offence against Greek taste.

初译：尽管希腊人认为<u>它</u>很好，醉酒是对希腊人品位的冒犯，所以他们会往其中添水。

改译：但尽管希腊人认为<u>此酒</u>上佳，他们也会往其中掺水，因为醉酒是对希腊人品位的冒犯。

分析与处理：本句话描述了希腊人对醉酒的社会态度，难点在于对语义的理解，要清楚"it"代指的是前文中的什么，以及本句话如何更准确地表达原义。"译者不仅要考虑句子各成分间的语法关系，更要注意句中各个概念间的逻辑关系"（王平，2010：4），根据本段的语义，第一部分中的"it"所指为"酒"，因此应把"it"代指的含义补充出来，这样句义才更为完整，所以改译中，采用增译法，对"it"的具体所指进行了补充。初译中，采用换位法，将"醉酒是冒犯"和"添水"的顺序进行了调换，但是与前句话认为"酒"很好的语义产生断层，所以，改译在处理时直接采用顺译法，按原文的顺序进行处理："酒上佳+掺水+醉酒是冒犯"，语义更加通顺，读起来更加连贯。具体过程如图 3.21 所示：

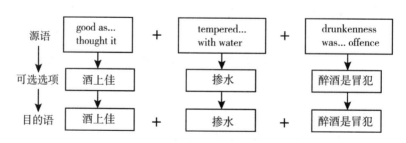

图 3.21　例 9 翻译处理具体示意图

例 10：He is not less reluctant to be the bearer of bad news than the typical messenger in Greek tragedy...

初译：与希腊悲剧中典型的使者一样，不愿意承担坏消息……

改译：与希腊悲剧中典型的使者一样，他不愿意成为坏消息的传话筒……

分析与处理：本句描述了希腊人对坏消息的社会态度，难点在于如何清楚地更准确形象地表达原文的含义。按照原文的顺序，应为："他+和……一样+坏消息的承担者+典型使者+在希腊悲剧中+抱怨……"，但根据顺应论中语言的顺应性，应该顺应目的语读者的阅读习惯，因此，初译和改译都采用了换位法。改译的改进之处在于：(1) 对"the bearer of bad news"进行了处理，根据顺应论中语言的变异性，进行语言选择：在有道词典上对"messenger"进行检索，得到如图 3.22 所示含义，意为"报信者、送信者"，报信者、送信者起的作用就是信息的传递，而文中所指"the bearer of bad news"是指坏消息的承担者，因此这里表达的含义就是传递坏的消息，通过联想，选用"传话筒"这一意象，生动形象地表达出其含义。(2) 明确句子成分，再进行调整，使之更贴合汉语读者的阅读习惯。具体分析过程如图 3.23 所示。

图 3.22　messenger 有道词典检索图

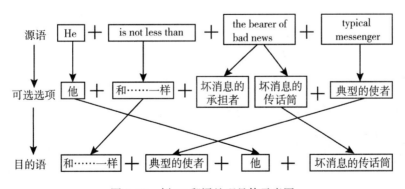

图 3.23　例 10 翻译处理具体示意图

3.4 本章小结

翻译作为一种跨文化交际行为，本质上是一种语言选择的过程。在翻译过程中，通过选择达到最终的交际目的。"语言使用者之所以能够在语言使用过程中做出种种恰当的选择，是因为语言具备以下三个特性：变异性、商讨性和顺应性。"(何自然、于国栋，1999：431)因此，在翻译的过程中，译者应在进行语言选择的基础上，采用高度灵活的策略进行翻译处理。

本次翻译实践在顺应论的指导下，采用顺译法、换位法、联想法、增译法对遇到的文化翻译难点进行处理，通过对文本 201 句文化翻译处理的分析，笔者发现，共 109 句存在翻译难点，宗教文化、物质文化、语言文化翻译侧重于处理文化难点，社会文化翻译侧重于处理语言难点，在处理时注重如何获得更符合汉语阅读习惯的译文，因此，在对宗教文化进行翻译处理时，笔者多采用联想法；在对物质文化进行翻译处理时，笔者多采用顺译法；在对语言文化进行翻译处理时，笔者多采用顺译法、增译法；在对社会文化进行翻译处理时，笔者会在顺译的基础上，采用换位法和联想法。

4. 项目总结

4.1 总结

本次翻译实践项目文本以古希腊社会生活为主，涉及的文化内容较多，因此文化难点是本报告重要关注的内容。笔者认为本项目的文化翻译的难点在于译者能否准确地处理文化和语言的差异：(1)对于宗教文化翻译、物质文化翻译和语言文化翻译，涉及的文化难点较多，这就要求译者有雄厚的知识储备、认真的态度，对于可能存在文化差异的地方要及时查阅资料。(2)对于社会文化翻译，其本身的难点不在于文化，而在于语言，这就要求译者有良好的语言功底，在翻译时应注意对语言结构进行分析，避免因语言问题造成误译。

针对出现的难点，笔者根据奈达的文化分类，对涉及的文化翻译进行分类，从顺应论的语言三大属性出发，根据变异性、商讨性和顺应性，在语言选择时，灵活多变地处理与文化翻译相关的内容。笔者采用四种翻译方法，对 109 句文化翻译进行分析，得出不同类别文化适用于不同的方法：

(1)宗教文化翻译存在的文化点明显，文化差异较大，因此在顺译的基础上，通过联想法获得多种语言选项，确定最合适的翻译版本。

(2)物质文化翻译语句结构简单，文化内容易于理解，采取顺译的方法，直接将源语译为对应的目的语。

(3)语言文化翻译文化差异较大，仅凭顺译无法完整传递文化信息，采用增译法对译文进行补充，帮助读者更好地理解。

(4)社会文化翻译对语言的要求较高，在顺译的基础上，采取换位法，保证译文符合目的语读者的阅读习惯，采取联想法，获得更准确的译文。

在翻译过程中，大多是多种译法相结合。

4.2　反思

本次翻译实践在提升译者翻译能力与学习能力的同时，也加深了译者对翻译的理解与认识：(1)一项完整翻译任务的完成，要求译者从开始就要制订周密的计划，不管是译前、译中还是译后，都要有详细的规划。译前要通读文本；译中做到准确处理，对存在问题及时记录解决；译后要学会总结反思，查漏补缺。(2)本次文本内容让笔者意识到，在日常积累中应提高自己的文化意识，在面对类似文本时，才能有敏锐的判断力，能够判断是否存在文化不对等、文化断层现象。(3)在翻译过程中，笔者为解决遇到的文化翻译难点，多次查阅资料与文献，在多读、多查、多思考的过程中，保证文化翻译的原汁原味。

本次翻译实践笔者收获很大，在收获的同时也意识到了自己的不足：(1)知识面有待拓展。笔者对于本次翻译实践过程的内容较为陌生，在查阅资料、搜索网页上耗费了许多时间，因此在日后的学习生活中，应多读书，拓展自己的知识面。(2)翻译效率有待提升。在本次翻译实践中，笔者的翻译效率也不够高，时常存在拖延心理，不能完成每日定量的任务，应做到今日事今日毕，严格按照计划执行。

最后，本次项目文本翻译和本实践报告经过笔者的反复思考和斟酌，多次修改后完成。但笔者能力有限，可能还会存在一些不足，希望评审老师可以指正，笔者在日后的翻译实践中，一定会不断提醒自己，改进不足，努力提高自己的翻译水平，成为更好的译者。

(作者：王东晨)

二、*Social Life in Greece from Homer to Menander* (节选) 人称代词英译汉实践报告

1. 翻译项目简介

Social Life in Greece from Homer to Menander(《古希腊的社会生活：从荷马到米南德》)介绍了古希腊从荷马时期、古风时期再到阿提卡时期的社会生活和经久不衰的社会文化。本报告以该书第八章至第九章为背景，就其中涉及的人称代词的翻译实践做出汇报。本章主要介绍项目背景、文本特点、项目意义及报告结构。

1.1　翻译项目背景

Social Life in Greece from Homer to Menander 共 15 个章节，分别从荷马时期、古风时期以及阿提卡时期讲述古希腊各时期的著名人物及社会生活，包括经济、政治、文化、战争等方面，书中例证翔实，对当代古希腊文明的研究成果进行了清晰的梳理。本书作者为爱尔兰籍作家 John Pentland Mahaffy，他是都柏林大学圣三一学院的院长，被誉为当代最博学的爱尔兰人，*Social Life in Greece from Homer to Menander* 一书是他最广为人知的作品之一。

本次翻译项目由西安巴顿伊万广告文化传播有限公司委托，华东理工大学外国语学院承接翻译任务。委托方的要求有五点：(1)译稿史实务必保证准确无误，避免向读者传达错误的信息和知识。(2)在译稿中，要做到逢词必查，专词专查，保证专有名词的一致性。地名翻译可参照《世界地名大辞典》，人名翻译可参照《世界人名翻译大辞典》。并按章节创建术语表，方便全书术语统一。(3)译稿的逻辑是译稿的灵魂，要做到语序结构合理、通顺，内容符合逻辑规范，避免误译、漏译的情况发生。(4)译稿语言要求语句通顺，用词准确，语义表述明确清晰，做到精确具体，防止指示含混、不明确的情况出现。(5)译者应于 2020 年 9 月 1 日前以中英文对照形式交稿。

笔者于 2019 年 11 月接到三章的翻译任务，即第八章"阿提卡时期的希腊人(完结篇)"、第九章"阿提卡文化"以及第十章"阿提卡文化(完结篇)：贸易与职业"。三章共计 27505 个英文单词，笔者于 2020 年 3 月完成翻译任务，译文共计 49188 字，此次翻译报告选取了原文第八章至第九章的 10065 个英文单词。项目基本信息见表 1.1：

表 1.1　项目基本信息

项目名称	*Social Life in Greece from Homer to Menander*(《古希腊的社会生活：从荷马到米南德》)
词数	27505 个英文单词
语言	英译汉
内容	描绘了希腊社会生活中的种种特点，为当代读者还原最真实的希腊社会
项目执行时间	2019 年 11 月—2020 年 9 月
原作者	John Pentland Mahaffy
目标读者	中国读者
项目委托方	西安巴顿伊万广告文化传播有限公司
译者安排	5

1.2　文本特点

　　笔者翻译的三章主要讲述古希腊阿提卡时期的历史。第八章作者选取著名喜剧及悲剧诗人的作品，结合过往历史学家对阿提卡时期的记述，还原阿提卡时期真实的社会生活；第九章及第十章讲述了阿提卡时期的文化生活，其中包括城邦文化、娼妓制度、婚姻制度、法律制度、奴隶制度、贸易文化等。作者在书中引用了大量古希腊悲剧及喜剧作家的作品作为史料支撑，并以此抒发自己的观点，因此，书中部分论述带有一定的感情色彩。此外，书中出场人物较多，作者以第一人称及第三人称叙事为主，人称代词使用频繁。为使译文逻辑清晰准确、语义连贯，人称代词的翻译是本次实践中的难点之一。

　　书中第八章至第十章以历史叙述为主，属于历史类文本，兼具信息型及表达型文本特点。著名翻译理论家纽马克曾提出文本功能分类学说，认为文本共分为三大类型：首先是表达类文本，主要功能是向读者传递源文本作者的思想感情；其次是信息类文本，以内容的真实性为准，主要功能在于传递信息；最后是劝说性文本，强调以读者为中心，目的在于号召读者去思考并感受文本。（纽马克，1981）*Social Life in Greece from Homer to Menander* 向读者还原了真实的希腊社会生活，同时作者借助大量史料抒发自己的观点，根据纽马克的文本类型理论，该书属于信息型兼表达型文本，在翻译过程中，应注重原作者情感态度的传递，同时保证历史信息的准确无误。

1.3　翻译项目意义

首先，将国外优秀的希腊历史学著作译为中文，能够为国内相关研究领域提供有价值的文献资料。古希腊在推动人类知识、艺术和文化发展方面都作出了卓越贡献，与现代社会之间有着千丝万缕的联系，光辉灿烂的希腊文化代代延续，成为了整个西方文明的精神源泉。*Social Life in Greece from Homer to Menander* 作为一本古文明历史读本，对古希腊文化、经济、政治进行详述，细致地描摹了古希腊社会的生活场景。因此，翻译这本历史学著作，不仅能够让对古希腊文化感兴趣的读者了解真实的希腊社会生活，也能够为国内古希腊历史的研究提供文献参考。

此外，对于笔者来说，本次翻译实践项目具有更为重大的实践意义。作为西方文明的精神源泉，古希腊文化对西方文化产生了不可磨灭的影响。而语言是文化的载体，对于英语翻译专业学生而言，学习古希腊文化则会使他们对英语语言的学习产生更加深刻的认识。通过本次翻译实践，笔者对古希腊文化有了更加深刻的了解，同时积累了历史类文本的翻译经验，有机会将课上所学的翻译技巧应用于实践，并在过程中不断发现自己翻译方面的不足，使笔者的翻译实践能力得到了极大的锻炼。

1.4　本报告结构

本翻译实践报告分为以下四部分：

第一章是翻译项目简介。本章介绍项目的缘起、原著的内容、文本的语言特点、项目意义和报告结构。

第二章为翻译过程描述。本章汇报了笔者的译前准备、译中处理及译后审校工作。其中译前处理包括制订翻译计划、阅读文本内容、准备翻译工具；译中处理部分回顾了笔者在翻译时遇到的难点；译后审校部分包括自我审校、团队成员互审以及专家审校三部分。

第三章为翻译难点及解决策略。本章叙述了笔者在翻译过程中碰到的难点和处理方式，笔者主要针对本次翻译实践项目中涉及的人称代词的翻译进行分析汇报。

第四章为翻译项目总结。笔者回顾了本次翻译实践的过程，总结了翻译难点及解决方法，对翻译实践进行了反思及展望，总结翻译过程中的收获与不足。

2. 翻译过程描述

Social Life in Greece from Homer to Menander(第八章至第十章)的翻译过程可以归

纳为三部分：译前准备、译中处理以及译后审校。译前准备工作包括制订翻译计划、阅读文本内容及准备翻译工具。译中处理部分对翻译过程中遇到的难点进行梳理，包括史料查证及人称代词的翻译。译后审校包括自我审校、团队成员互审以及专家审校三个阶段。

2.1 译前准备

为确保顺利完成本次翻译项目，笔者进行了一系列译前准备工作，包括制订翻译计划、阅读文本内容、准备翻译工具三个方面。

2.1.1 制订翻译计划

在接到本次翻译项目后，笔者根据委托方规定的交稿时间对翻译材料进行切分，规划了大致的翻译时间线，以便后续严格按照时间表合理分配翻译量，在保证翻译质量的基础上按时上交译稿。具体翻译计划如表 2.1 所示：

表 2.1 项目翻译过程时间表

时间	工作安排
2019 年 10 月 25 日—2019 年 11 月 30 日	译前准备
2019 年 12 月 1 日—2020 年 1 月 10 日	完成第八章翻译初稿(每周约 3000 词)
2020 年 1 月 10 日—2020 年 3 月 9 日	完成第九章、第十章翻译初稿(每周约 2200 词)
2020 年 3 月 10 日—2020 年 4 月 1 日	自我审校
2020 年 4 月 2 日—2020 年 5 月 28 日	团队成员互审
2020 年 5 月 29 日—2020 年 7 月 28 日	专家审校
2020 年 7 月 29 日—2020 年 9 月 1 日	定稿

2.1.2 阅读文本内容

在接到翻译项目后，笔者首先通过 Google 搜索引擎了解了原书的基本信息，并开始通读全文，对书中每一章节所讲的内容及作者的行文风格有了大致的了解。在掌握原书基本框架后，笔者开始着重阅读自己负责翻译的第八章至第十章，并在阅读过程中将英文原文 Word 文档与原书 PDF 文档进行校对，确保文档在格式转换的过程中不会出现乱码、排版错误等现象。同时，笔者在阅读过程中将文中出现的人名、地名及书名等专有名词在原文中进行标记，利用网络搜索引擎及《世界地名大辞典》和《世界人名翻译大辞典》查找对应译文,并对重点人物及著作的背景资料进行初步了解。在完成英文 Word 文档的审校工作后,笔者将标注好的专有名词按照章节进行汇总,便于后续在翻译过程中进行检索,保证译文专有名词的统一。

2.1.3　准备翻译工具

Social Life in Greece from Homer to Menander 是一本史料与论证相结合的历史类著作,书中涉及大量古希腊史实。由于缺乏相关背景知识,笔者通过 Google、Wikipedia、Bing、知网等学术网站及搜索引擎查询了大量与古希腊相关的背景资料,以便后续更加准确地翻译作者对相关人物及其作品的论述。

此外,笔者借助《柯林斯高阶英汉双解词典》《牛津高阶学习词典英汉双解(第七版)》以及《朗文高阶英汉双解词典》查询词义,并根据《世界地名翻译大辞典》及《世界人名翻译大辞典》整理人名、地名等专有名词,主要翻译工具整理如下(见表 2.2):

表 2.2　翻译工具汇总表

词　　典	学术网站	搜索引擎
《柯林斯高阶英汉双解词典》	中国知网	Google
《牛津高阶学习词典英汉双解(第七版)》	万方数据	Wikipedia
《朗文高阶英汉双解词典》	谷歌学术	Bing
《世界人名翻译大辞典》	维普中文期刊	百度
《世界地名翻译大辞典》		

2.2　译中处理

在翻译过程中,笔者发现原文引用了大量史料,部分内容很难单单基于文章本身进行理解,需要对古希腊历史具备一定的了解程度才能形成通顺准确、逻辑感强的译文。为确保译文的准确性,笔者将翻译过程中难以理解的词句在原文中进行标注,翻译中的主要难点概括如下:(1)文化词汇的翻译。笔者首先利用网络搜索引擎及各类学术网站搜集相关背景资料,并将搜集得到的译文及相关解释的文献来源记录下来,便于日后进行复核。其次,笔者将难以解决的文化词汇整理下来,积极寻求老师、同学的帮助,在不断丰富背景知识的同时,实现从原文到译文的灵活转换,确保原文史实翻译准确无误。(2)人称代词的翻译。由于历史叙述性文本中出场人物较多,作者多使用人称代词进行叙事,若人称代词处理不当,则可能出现指代不清、逻辑混乱、语义不连贯等情况。在翻译过程中，为了提高译文中人称代词翻译的准确度及逻辑性，笔者在知网中检索了大量英汉人称代词对比及翻译策略的相关文献，以此为根据指导笔者完成所选文本中人称代词的翻译。

2.3　译后审校

本次翻译项目在"信、达、雅"翻译三原则的指导下共进行三轮审校后定稿：

首先，笔者在完成初译后独立进行了首轮审校工作，对译文中的专有名词进行统一，同时对照原文逐句检查有无漏译、错译、错别字、标点符号使用错误等情况发生，保证译文的准确度。针对逻辑不通或语义有歧义的地方，笔者进一步对译文进行修改和润色，力求提高译文的流畅度，并标注出翻译中遇到的疑难语句，以便后续与团队成员共同讨论。

其次，在团队成员互审阶段中，笔者与团队成员互相阅读彼此的译文，标记出认为对方表述不清晰、逻辑不通顺的地方。共同讨论存在异议的译文后，根据成员意见进行相应改进，进一步提高译文的准确度及流畅度。

最后，笔者将译稿交由团队负责老师进行审校，根据老师反馈的修改意见进一步完善译文，提高译文的可读性，确保终稿的翻译质量。

2.4　小结

本章回顾了本次翻译实践任务的翻译过程，主要包括翻译前期的各项准备工作、翻译中期遇到的难点以及翻译后期的审校工作。下一章笔者将针对本次翻译实践项目中遇到的难点之一——如何恰当地处理文中出现的人称代词，进而保证句段问语义紧密衔接、人物间指代关系明确，以案例分析的形式探讨本次翻译实践中人称代词的处理方法。

3.　翻译难点及解决策略

Social Life in Greece from Homer to Menander(第八章至第十章)以第一人称及第三人称叙事视角为主，描述了古希腊时期的社会风貌，书中人物较多，人称代词使用频繁。由于人称代词在原文中起到明确逻辑关系、增强语义精确性的作用，因此翻译成汉语可能会出现指代不清、照应不全等问题，从而导致译文逻辑不清、指代不明、语义断裂。因此，笔者认为人称代词的翻译是本次实践中的难点之一。本章主要梳理笔者如何处理所选文本中人称代词的翻译。

3.1　英汉人称代词对比

从英汉人称代词的使用频率来看，汉语人称代词的使用频率明显低于英语。(刘宓庆，1998)英语人称代词可充当句子的主语、宾语、表语、定语等成分，具备成熟的代词系统，有性、数、格之分，倾向于多用人称代词，而汉语没有性、数、格的形态变化，倾向于少用人称代词，而是重复名词、人名或称谓，避免交替使用不同的人称代词，造成上下文逻辑不明、语义混淆等情况。(范仲英，1997)

从英汉人称代词的照应功能来看，英语倾向于使用代词等替代手段进行衔接，而汉语倾向于使用原词复现等重复手段进行衔接。(潘文国，1997：350)汉语不同于英语成熟的代词系统，倾向于排斥代词，尤其是第三人称代词。(潘文国，1997)因此，汉语多通过原词复现的形式，形成具有前后照应关系的语义纽带，以此增强语篇整体的连贯性。

3.2　人称代词的翻译

结合英汉人称代词的使用差异，针对翻译过程中出现的人称代词笔者主要采取如下三种翻译方法：省略法、直译法及复现法。

3.2.1　省略法

美国翻译学家 Nida(1982)认为英汉两种语言在语言学上最重要的区别之一就是形合与意合的不同。英语造句主要采用形合法，词语或分句之间的语法意义和逻辑关系通常用各种连接词来表达，而中文则多通过词语或分句的含义来连接上下文，属于意合法。(连淑能，2010)吕叔湘(1985)指出，英语语言重形合，人称代词作为重要的衔接手段，能够达到语篇连贯的目的，而汉语语篇层面的连贯主要依靠上下文意义的连续而得以实现，人称代词使用频率较低。此外，在英译汉过程中，不恰当地保留原文中的人称代词容易造成译文冗余、衔接不连贯等现象，同时还不利于传达原作的风格和语气(许建平，2003)。因此，省略法是英译汉过程中常用的人称代词翻译手法。

3.2.1.1　第一人称代词的省略

例 1：<u>We</u> see the same attitude in Xenophon's remarkable tract on *Domestic Economy*.

译文：色诺芬的《家庭经济》一书中也有相同的论调。

分析：周领顺(2004：31-34)认为，人称代词的使用往往会为句子增添感情因素和主观成分，在翻译条条框框的内容时，省略人称代词能够将译文变为直白型的说明文体。因此在处理表述客观史实的语句中的人称代词时，可适当删减人称代词，增强译文的客观性。

例 1 中作者描述了希腊名家的作品论调和记叙内容，属于客观史实。若保留原文中画线处的人称代词，则会拉近作者与读者的距离，为客观性的历史信息增添感情因素。因此，笔者在翻译过程中，选择省去 we 不译，在不影响准确传递信息的前提下，通过省略人称代词提高了译文的客观性。

例 2： Peacocks had then been lately introduced into Athens, as <u>we</u> know from allusions in Antiphon.

译文： 但从安提丰的典故中可以看出当时孔雀才刚引入雅典。

分析： 例 2 作者同样在叙述安提丰文章中所写的内容，属于客观史实，作者也并未在其中融入自己的感情和主观因素。为了让译文读起来更加客观，笔者选择省去 we 不译，使译文更加准确清晰地传递历史信息。

3.2.1.2 第三人称代词的省略

例 3： The poet does indeed in some of <u>his</u> splendid parabases, strip off the veil of buffoonery and of satire to give serious advice to the assembled people, and there are not wanting pathetic touches in <u>his</u> rudest scenes.

译文： 在一些精彩的独白片段中，诗人的确揭下了滑稽和讽刺的面纱，严肃地向众人提出忠告，即便是粗俗至极的场景里也不乏令人感伤的笔触。

分析： 赵宏、邵志洪（2002：174-179）指出"汉语倾向于尽可能省略物主代词，在不能省略物主代词时也往往省略所有格标记'的'"。在例 3 中，原文中提到的 the poet 指的是阿提卡时期的喜剧诗人，而后续两处画线的 his 同样都指代的是句子开头提到的 the poet，前后文指代关系明确，不存在产生歧义的情况。因此，笔者选择将两处 his 省去不译，提高译文的流畅性，更加符合汉语的表达习惯。

例 4： Even if her early life had not been free from blame, there is no absolute proof of her want of dignity and morality; nor can I conceive Socrates constantly visiting her, and advising <u>his</u> friends to send <u>their</u> sons to her to be educated, if the charges of Aristophanes and his fellows were in any sense true.

译文： 就算她年轻时受人指责，但也没有绝对的证据表明她就是缺乏自尊心或是道德低下。要是阿里斯托芬等人对她的指控中有可信成分，我可无法想象苏格拉底会经常去拜访她，还建议朋友们把儿子送到她那里接受教育。

分析： 例 4 讲述的是阿斯帕西亚因邀请希腊绅士来到自己家中而备受指责。原文中画线处的 his 指代的是句首的 Socrates，their 指代的是 Socrates's friends，不同人称代词之间的指代关系较为明确。若按照原文直译为"我可无法想象苏格拉底会经常去拜访她，还建议他的朋友们把他们的儿子送到她那里接受教育"，会使得译文较为啰唆，降低了译文的流畅性。因此，笔者选择省译物主代词 his 和 their，提高译文的流畅度。

例 5：Not only is <u>she</u> said to have risen from a disreputable past, but <u>she</u> is openly accused of still pursuing the vilest of professions—that of promoting vice in others.

译文：据说<u>她</u>摆脱了声名狼藉的过去，<u>但仍因从事可耻的事业</u>（助长别人的恶行）而受到众人指责。

分析：英语句型结构完善，句中的主语进一步明确了句子的描述对象，而汉语属于高语境语言，读者可以通过前后文语境来确定原文的描述对象。（钱晗颖、王蕾，2005）因此，在表达同一话题的语篇中，汉语可以通过零前指的形式来降低译文信息处理的负担。王建国（2020：108）认为"话题链由共享一个话题的数个小句或句子组成，这些小句形成对该话题的连续述说"。由此看来，话题的延续能够对汉语构句和构篇起到重要作用，增强语义的连贯性。因此，针对同指人称代词的翻译可适当采取省译法，借由话题的延续性帮助读者确定指代对象，从而增强译文的可读性，符合译入语读者的阅读习惯。

例 5 讲述的是人们对阿提卡时期最杰出的女性——阿斯帕西亚的争议点所在。例句中两处画线的 she 指代的都是阿斯帕西亚，且原文中只有这一个话题，因此在翻译过程中，笔者将第一个 she 直译为"她"作为话题在句间保持下来，同时省去第二个 she 不译，避免不必要的语言重复，在译文中形成话题链结构，通过话题链中语义的延续来提高译文的连贯程度。

例 6：<u>One Athenian gentleman</u>, who kept them, had an open day every new moon, on which the public might come to see them freely, but <u>he</u> refused all admission at other times.

译文：<u>有一位雅典绅士</u>收藏了一些孔雀，每逢新月那天，<u>都会让公众自由前来观赏</u>，<u>但其他时间都不开放参观</u>。

分析：例 6 讲述的是孔雀刚刚引入雅典的故事，其中 them 指代的是孔雀。原文的话题中心是"雅典绅士"，根据语境也可判断出画线处的 he 指代的是前文的 One Athenian gentleman。因此，笔者在翻译过程中选定"雅典绅士"为话题，并将后续小句全部围绕"雅典绅士"进行叙述，省去同指人称代词 he 不译，同时抹平了原文定语从句的界限性，让"雅典绅士"这个话题在句间得以延续，提高了译文的流畅性。

3.2.2　直译法

3.2.2.1　直译第一人称代词

翻译实践所选本文兼有表达型文本的特征，作者引用了大量古希腊历史名家的对话作为史料支撑，故事内容文学性较强，带有一定的情感色彩。同时作者也借助大量史料抒发自己的观点，因此在翻译过程中应注重原作者及所引内容中情感态度的传递。由于人称代词的使用往往能够反映出作者的情感，增强文本的感情色彩（周领顺，2004：31-34），因此，笔者在处理带有强烈情感色彩的语句中的人称代词时，可以适当进行直译来体现原文的情感态度。

例 7：Moaning to his friends and neighbors，"All the little store I have，All is gone！my purchase money for my coffin and my grave. "

译文：他向朋友和邻居们哀叹："我的所有店铺，都没了，我买棺材的钱、我买坟墓的钱都没了。"

分析：例 7 选自作者引用的阿里斯托芬在《阿卡奈人》中的致辞，以此来批判新一代人对老年人的恶劣态度。原文中作者连续使用了三个 my，此处人称代词的使用体现出了强烈的语用含义，抒发了老年人对失去一切而感到的悲哀之情。为了还原原作的情感色彩，向读者传递主人公的哀切之情，笔者在翻译过程中选择将 my 对应翻译成"我"，实现了表达型文本中情感态度的传递。

3.2.2.2　直译第三人称代词

例 8：Of course，the picture of Aristophanes was intended to be a gross exaggeration. He contemplates the women leaving their husbands at home，and going in male attire to the agora，to make laws and reform the state.

译文：阿里斯托芬自然是有意采用了极为夸张的写作手法，他设想女人们留丈夫在家，自己则穿着男装去参加集会，制定法案，进行改革。

分析：Hendricks（1977）认为话语在发展过程中不断补充新信息，代词的回指能够以不覆盖新信息为前提，保证语句之间意义上的关联性，起到淡化旧信息的作用。由于人称代词回指的表达方式是英汉篇章词语照应的重要手段（刘礼进，1997：41-45），因此，针对出场人物较少的语篇中的人称代词回指现象，可采取直译的方式保留原文中的人称代词，进而增强语义的连贯性，同时使得语言表述简练清晰，保证表达手段的经济性。例 8 描写的是阿里斯托芬笔下的戏剧《公民大会妇女》中对女性权利问题的探讨。

画线处的 he 明显指代的是前文提到的 Aristophanes，属于人称代词在后、被指事物在前的回指现象。句中出场人物单一且人称代词与 Aristophanes 位置相近，因此，笔者在翻译过程中将 he 直译为"他",使译文表述清晰明确,保证语句之间意义上的关联性。此外,原文中两句话的主语分别是 the picture of Aristophanes 以及 he,在译文中笔者将原文话题聚焦于"阿里斯托芬",和后半句中起到人称代词回指作用的"他"保持一致,能够使话题在语句之间更好地得以延续。

例 9: The characters in Plato's *Dialogues* always seem to have time at their disposal, they seem to spend but little care upon any professional or private concerns, they are in fact wholly devoted to conversation and society.

译文: 柏拉图《对话录》中的各个人物似乎总是有大把闲暇时间,看上去很少把心思放在职业或私人问题上,其实,他们是把精力都放在互相交流与建造社会这两个方面。

分析: 例 9 原文中画线处的 they 指代的都是前文提到的 The characters in Plato's *Dialogues*。前两个小句描述的都是书中人物闲暇时间较多,在翻译过程中为了使语义更好地在句间延续,笔者将第一个 they 省去不译,提高了译文的流畅性。第二个 they 由于语义发生转折,作者用 in fact 强调了后文叙述的内容,因此,笔者选择将第二个 they 直译为"他们",起到一定的强调作用,借由人称代词的使用来突出强调作者此处语义的转折。

3.2.3 复现法

汉语中的人称代词与英语不同,不像英语那么受性、数、格的约束,因此当同一句子或短语中出现指代不同对象却采用相同书写形式的两个或两个以上的第三人称代词时,可能会引发歧义。(赵宏,2002)Halliday 和 Hasan(1976)认为衔接是构成语篇的各种意义联系,也是语篇连贯的基础,他们进而归纳出省略、指称、连接、替代以及词汇连接五种衔接手段。其中,胡壮麟(1994)认为最直接的词汇衔接方式就是具有同样语义且为同样形式的词汇在语篇中反复出现。因此,当原文中人称代词出现频繁,而直译人称代词会引发歧义,导致译文逻辑指代不清时,笔者采用复现法进行翻译,即还原人称代词所指的对象,形成具有前后照应关系的语义纽带,进一步明确前后文指代关系,增强语篇整体的连贯性。

例 10: He has however constantly heard his sons and their friends talking of him, and is quite surprised that it never struck him that Socrates might be the son of his old neighbour.

译文: 他经常听到儿子和朋友们谈论起苏格拉底,却从未想过他们可能是在说老邻居家的儿子,自己也对此感到十分惊讶。

分析: 在例 10 中,he、his、him 均直译为"他、他的",但原文 talking of him 和

struck him 中，前一个 him 指的是前文中提到的苏格拉底，而后一个 him 指的是老人自己，因此如果均按直译译为"他"则会造成语义混乱，影响译文的准确性。此处笔者将第一个 him 译为"苏格拉底"，通过复现法进一步明确人物关系，增强前后文的逻辑性。

例 11：They both were very careful of their private affairs and of the management of their income, but Pericles had the sense to find a trusty person to whom he committed them, just as he committed routine business in the assembly to friends.

译文：他们俩都很注重自己的私生活，也会细心管理收入，但伯里克利选择将这些私事托付于值得信赖的人，就像他把集会上的日常事务托付给朋友一样。

分析：例 11 讲述的是尼西亚斯和伯里克利在处理公共事务方面的不同。原文画线处的 they 和 their 指代的是尼西亚斯和伯里克利，后半句中的 them 指代的则是前半句中的 their private affairs and of the management of their income。此处若将 them 直译为"它们"则与前文衔接不够紧密，增大了读者的阅读压力，也容易引发歧义。由于汉语倾向于使用重复手段进行语篇衔接，英文倾向于使用代词组织语篇（潘文国，1997），因此笔者将 them 还原为它本身所指代的"这些私事"，使译文表达更加流畅，进一步明确了前后文的指代关系，避免发生歧义。

3.3 人称代词的翻译结果分析

针对本次翻译实践中人称代词的翻译，笔者主要运用了省略、直译及复现三种翻译方法。经过三轮审校工作后，笔者节选翻译项目中的第八章及第九章（部分）共计10065 个单词，统计了原文及译文中各类人称代词的数量，统计结果如表 3.1 所示。为了更为直观地呈现统计结果，笔者将表 3.1 制作为折线图（见图 3.1），并进一步统计了原文及译文中第一、第二及第三人称代词占比（见表 3.2）：

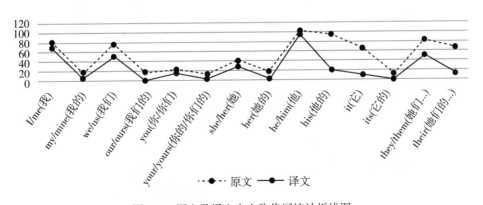

图 3.1 原文及译文中人称代词统计折线图

表 3.1　原文及译文中人称代词对比

	原文	次数	译文	次数	降低百分比
第一人称代词	I/me	79	我	69	12.66%
	my/mine	15	我的	7	53.33%
	we/us	76	我们	51	32.89%
	our/ours	18	我们的	2	88.89%
第二人称代词	you	22	你/你们	15	31.82%
	your/yours	10	你的/你们的	2	80.00%
第三人称代词	she/her	41	她	29	29.27%
	her	16	她的	3	81.25%
	he/him	101	他	94	6.93%
	his	94	他的	21	77.66%
	it	66	它	11	83.33%
	its	12	它的	1	91.67%
	they/them	83	她们/他们/它们	49	40.96%
	their	67	她们的/他们的/它们的	13	80.60%
总数		700		367	

表 3.2　原文及译文中第一、第二及第三人称代词占比

	原文	次数	占比	译文	次数	占比
第一人称	I/me	79	26.86%	我	69	35.15%
	my/mine	15		我的	7	
	we/us	76		我们	51	
	our/ours	18		我们的	2	
第二人称	you	22	4.57%	你/你们	15	4.63%
	your/yours	10		你的/你们的	2	
第三人称	she/her	41	68.57%	她	29	60.22%
	her	16		她的	3	
	he/him	101		他	94	
	his	94		他的	21	
	it	66		它	11	
	its	12		它的	1	
	they/them	83		她们/他们/它们	49	
	their	67		她们的/他们的/它们的	13	

根据表 3.1 及表 3.2 数据，笔者总结了本次翻译实践英语原文及汉语译文中人称代词的差异及原因：

(1)各类人称代词在汉语译文中的出现次数均小于英语原文。

由于英语倾向于多用人称代词，而汉语倾向于重复，因此人称代词的使用频率低于英语。(刘宓庆，1998)从数据上来看，本次翻译实践符合英汉人称代词的使用频率差异。

(2)从各类人称代词的降低百分比来看，my/mine、our/ours、your/yours、her、his、its、their 在译文中的降幅较高。

汉语倾向于尽可能省略物主代词。(赵宏、邵志洪，2002：174-179)不恰当地保留原文中的物主代词容易造成译文冗余、衔接不连贯等现象，不符合译入语读者的审美。因此，在处理本次翻译实践中出现的物主代词时，笔者在不造成歧义的前提下，主要采取省译的方式，导致物主代词对应的汉译出现频率要低于英语原文。

(3)从各类人称代词的降低百分比来看，I/me 以及 he/him 在译文中的降幅偏低。

从文本特点来看，所选文本以第一人称及第三人称叙事为主，作者常常借由史料抒发自己的观点，因此 I/me 所对应的"我"在译文中出现次数较多。此外，由于以第三人称进行叙事时，所指关系通常要由先行词表明，因此 he/him 所对应的"他"在译文中的出现次数较多。

(4)与原文相比，译文中第三人称占比下降了 8.35%，而第一人称代词占比提高了 8.29%，第二人称占比基本保持不变。

译文中第三人称占比下降的主要原因是"他的"及"它"的出现次数较低。刘宓庆(2006)认为，汉语有时会出现通过在名词后加"的"来表示格的情况，通常这个"的"字可以省去不译。而"它"的出现次数较低是由于 it 在原文中除了起指代作用之外，还会充当形式主语、形式宾语等成分，因此在原文中出现次数远多于译文。

3.4　小结

针对本次翻译实践项目中人称代词的翻译，笔者通过查阅相关文献了解了英汉人称代词的使用差异，并以此为指导，采用省略、直译以及复现三种翻译方法灵活处理文中出现的人称代词：(1)针对客观性语句中的人称代词，笔者主要采用省略法处理。(2)针对原文中的物主代词，笔者在不产生歧义的基础上主要采用省略法处理。(3)针对同指人称代词，笔者可适当采用省略法，将原句处理为汉语中的话题链结构。(4)当原文带有一定情感色彩时，笔者可采用直译法翻译其中的人称代词。(5)针对出场人物较少的语篇中人称代词回指的情况，可以采取直译法使语言表述简练清晰，增强语义连贯性。(6)针对原句中人称代词频繁出现的情况，笔者采用复现法进行翻译。

此外，笔者对本次翻译实践报告译文中出现的人称代词进行分类汇总，统计了各类人称代词的出现频率，并同原文中人称代词使用频率进行对比分析，总结了原文及译文中人称代词的使用频率差异。从数据中可以看出，本次翻译实践报告对译文中人称代词的处理符合英汉人称代词的差异，即：英语中人称代词的使用频率高于汉语，以及汉语倾向于尽可能省略物主代词；同时符合所选文本以第一人称及第三人称叙事为主的文本特点。

4. 翻译项目总结

通过本次翻译实践，笔者积累了一定的历史类文本翻译经验，对古希腊社会生活有了更加深入的了解。针对笔者在翻译实践中遇到的问题——如何恰当地处理文中出现的人称代词，进而保证句段间语义紧密衔接、人物间指代关系明确，笔者主要采用省略法、直译法及复现法三种翻译方法来解决本次翻译实践中人称代词的翻译，希望能够为人称代词的翻译研究提供语料参考。

4.1 项目总结

本翻译实践项目由西安巴顿伊万广告文化传播有限公司委托，由华东理工大学外国语学院老师统筹安排整本书的翻译和审校工作，翻译实践项目语料为 *Social Life in Greece from Homer to Menander*(《古希腊的社会生活：从荷马到米南德》)，项目团队由外国语学院指导教师及包括笔者在内的 5 位学生组成，笔者负责翻译书中第八章"阿提卡时期的希腊人(完结篇)"、第九章"阿提卡文化"以及第十章"阿提卡文化(完结篇)：贸易与职业"三章内容，并选取书中第八章及第九章撰写本次翻译实践报告。

本翻译实践项目共历时 11 个月，在指导教师及团队成员的共同努力下圆满结束。回顾整个翻译流程，人称代词的翻译为笔者得出语义连贯、逻辑严密的译文造成了很大阻碍。由于原文本包含大篇幅的历史叙述性文本，出场人物较多，若人称代词处理不当，则可能出现指代不清、逻辑混乱、语义不连贯等情况，因此，人称代词的翻译是本次翻译实践过程中的难点之一。笔者结合英汉人称代词的差异，通过省略法、直译法及复现法处理文中出现的人称代词，具体内容概括如下：（1）在处理表述客观史实的语句中的人称代词时，可适当省略人称代词，增强译文的客观性。（2）针对原文中的物主代词可适当采用省略法，提高译文阅读的流畅性。（3）当原文相连句子的话题涉及同一事物时，可以适当采取省译法省略同指人称代词，将句子处理为汉语中的话题链结构，借由话题的延续性帮助读者确定指代对象，从而增强译文的可读性。（4）针对出场人物较少的语篇中人称代词回指的情况，可以采取直译的翻译方法使语言表述简练清晰，增强译文语句的连贯性。（5）针对感情色彩较重的语句中的人称代词，可采取直译的方式增强译文语气。（6）当原句中人称代词频繁出现时，可以采用复现法明确前后文的指代关系，增强译文的逻辑性。

在亲身经历过完整的翻译项目后，笔者基于整个翻译流程总结出了自己的心得：（1）在译前准备阶段，若专有名词出现多版译文，应通过多方检索渠道交叉搜索，仔细考察译文的权威性后再做决定，并将译文来源记录下来，以便日后与小组成员共同复核。在整理专有名词的过程中，笔者还对主要出场人物之间的逻辑关系及作者对历史的评判态度有了初步了解，为后续正式动笔翻译打下良好基础。（2）在译中处理阶段，笔者深刻意识到了文献查找能力对历史类文本翻译的重要性。在知网中检索原作者引用的历史书籍能够在较短时间内对特定书籍进行垂直式深入了解，把握原书的写作背景及大致内容后，才能更准确地翻译作者引用的部分文章，提高翻译效率。

4.2 问题与不足

结束本次翻译实践项目后，笔者意识到自己还存在许多问题及不足。首先，笔者百科知识储备量的薄弱迫使自己不得不经常打断翻译思路着手查找相关文献，对翻译效率造成了一定影响。经过本次翻译实践，笔者意识到历史类文本翻译须在日常进行大量背景知识的积累，短时间内无法消化庞杂的知识体系。其次，笔者时常受限于英语原文的思维模式，不能在翻译过程中灵活地进行转换，导致部分译文表达生硬，不够符合译入语读者的阅读习惯，在今后的翻译学习过程中，笔者应注重把握英汉思维方式上的差异，学习如何以恰当的语言形式进行呈现。最后，笔者虽已对译文进行润色和修改，但由于自身翻译能力的限制，译文还有待改进，希望老师们能予以批评指正，笔者将在日后的翻译实践工作中正视自己的不足，不断提高自己的翻译水平。

（作者：姜雨杉）

三、*The Dogs*（节选）语法标记英译汉实践报告

1. 翻译项目简介

The Dogs（《警犬拉拉》）英译汉翻译项目所选文本为加拿大作家查尔斯·罗伯茨的作品 *Sonny and the Kid*（《小狗桑尼与孩子》）和 *MacPhairrson's Happy Family*（《麦克菲尔森的幸福家庭》），汇编于《警犬拉拉》一书。本报告对此次翻译项目进行介绍，同时对翻译过程进行描述，并对翻译难点——语法标记的显化翻译策略进行汇报。

本章从翻译任务背景、翻译文本类型分析及项目意义三个方面来分别进行介绍。其中，翻译任务背景包括项目背景与基本信息；翻译文本类型分析包括目标读者及其特点与儿童文学语言要求；项目意义包括对笔者、读者和儿童文学翻译三方的意义。

1.1 翻译项目背景与基本信息

The Dogs（《警犬拉拉》）（节选）英译汉翻译项目由北京少年儿童出版社委托进行。北京少年儿童出版社是北京出版集团旗下的专业少儿社，主要编辑出版科普图书和儿童文学图书，秉持"崇尚价值、以文化人"的出版理念，出版了一系列精品佳作，如《红蚂蚁自然丛书》《中华民族奇幻故事集》与《解读生命》等，为无数读者奉献了一批批优秀的精神食粮，深受广大读者的喜爱和好评。①

本项目包括八册系列图书，每册前半部分是著名动物小说作家沈石溪的作品，后半部分是加拿大作家查尔斯·罗伯茨的作品，由六个故事汇编成册。*The Dogs*（《警犬拉拉》）一书包括沈石溪撰写的《警犬拉拉的故事》《第七条猎狗》《双面猎犬》和查尔斯·罗伯茨撰写的 *The Dog That Saved the Bridge*（中文译名《奇犬救古桥》）、*Sonny and the Kid*（中文译名《小狗桑尼与孩子》）和 *MacPhairrson's Happy Family*（中文译名《麦克菲尔森的幸福家庭》），共六个故事。其中，查尔斯·罗伯茨的三个故事由两位译者合作完成初译，笔者负责后两个故事的翻译，共计 12484 英文词。*Sonny and the Kid* 讲述了小狗桑尼为保护小主人与大山猫英勇搏斗的故事，*MacPhairrson's Happy Family* 则讲述了伐木工人麦克菲尔森与九只小动物组成大家庭的温馨故事。

委托方对译者的要求有五点：（1）忠实于原文表达的内容，无漏译、错译现象，

---

① ［2022-03-15］．https：//baike. baidu. com/item/% E5% 8C% 97% E4% BA% AC% E5% B0% 91% E5% B9% B4% E5% 84% BF% E7% AB% A5% E5% 87% BA% E7% 89% 88% E7% A4% BE/907081.

且不能与市场上已翻译的查尔斯小说产生版权纠纷。(2)符合中文表达习惯,尽量使用少年儿童能理解的词语,多用短句表达,语言流畅,有较强的可读性。(3)符合儿童教育学要求,内容要适宜小学高年级读者阅读,不得宣扬血腥、暴力、不良习惯、误导三观等内容。(4)交稿要求:一段英文原文一段中文译文对照,方便后续审校。(5)对八册图书进行统稿,保证语言风格、翻译标准等一致。

1.2　目标读者与译文语言要求

本部分对 *The Dogs*(《警犬拉拉》)项目的目标读者——小学高年级儿童的认知及心理特征进行分析,并指明儿童文学语言要求,即教育性、形象性与故事性相结合。

1.2.1　目标读者及其特点

本项目的目标读者为中国少年儿童,主要是年龄为 8~11 岁的小学高年级读者。目前,出版界普遍以年龄来划分儿童文学类型,这个分类与皮亚杰儿童成长发展理论相吻合,类别如下:0~5 岁的学前儿童;5~8 岁的初年级小学读者;8~11 岁的高年级小学读者;11~13 岁的初中读者(英语称之为"Pre-teen");13~15 岁的青春期读者。[①]

本翻译项目的目标读者为 8~11 岁的小学高年级读者,处于这一年龄阶段的读者,他们的思维高度活跃,虽然有着较为广泛的阅读兴趣,但是还不能保持长时间的阅读专注力,注意力容易分散或转移。因此,相当一部分小学读者喜欢阅读篇幅不长、情节动人的短篇小说或故事等。除此之外,小学高年级读者刚刚开始接触社会,缺乏分辨是非的能力,有强烈的求知欲和探索欲,善于模仿。他们不仅会模仿生活中的人和事,还会模仿电视和书籍中的人物和情节。这个年龄段的儿童还未形成一套完整的价值观、世界观以及是非观。本项目委托方遵照儿童的这一特点,要求译者对原文内容进行删减,要适合小学高年级读者阅读,不得宣扬血腥、暴力、不良习惯、误导三观等内容,以免儿童进行效仿。

总之,译者在翻译过程中要尊重儿童的认知取向和阅读习惯,使译文的可读性和教育性并存。

1.2.2　译文的语言要求

在开始翻译前,笔者具体分析了儿童文学的语言要求,即教育性、形象性与故事

---

① 　[2022-03-13]. https：//baike. baidu. com/item/% E5% 84% BF% E7% AB% A5% E6% 96% 87% E5% AD%A6/647.

性相结合。笔者结合儿童读者的心理特征和认知取向具体分析，准确把握原文风格，确保译文为小读者所接受。

首先，儿童文学语言要具有教育性。儿童文学与成人文学最大的区别就在于儿童文学尤其强调对儿童的教育性。儿童文学作为少年儿童的课外读物，应该要在一定程度上扩展儿童的词汇，提升儿童的语言表达能力。因此，译文语言应该多采用富有音乐感的音响词、明丽鲜艳的色彩词和富有动感的实词(张燕玲，2019：249)，让儿童读者能在阅读过程中积累优美的词句，从而提高审美能力、创作能力以及语言表达能力。

其次，儿童文学语言要形象具体。高年级儿童的抽象思维发展得更为成熟，但具体形象思维仍起到很大的作用。(晓菲，1992：57)根据上文对儿童读者认知取向的分析，8~11岁的儿童正处于具体运算阶段，具有初步的逻辑思维，但是还不能进行抽象思维，对声音、动作、图像等都特别敏感。因此，译文语言要适当运用修辞手法(如比喻、拟人、夸张、反复等)和大量富有表现力的词语(如拟声词、重叠词等)(张燕玲，2019：249)，吸引儿童读者的注意力。同时，句型应以短句为主，适应儿童的阅读能力。应多用叠句，增强语言的韵律感。译者应适当采用口语化句式，让译文语言更为灵活生动。

最后，儿童文学语言要像"讲故事"一样具有童趣感。故事性也是儿童文学的重要特征之一，在儿童文学翻译这种交际活动中，译者通过译作给儿童讲故事。一般来讲，儿童喜欢阅读环环相扣的故事。因此，译文语言既要通俗易懂，又不能缺乏童趣性。要从儿童的视角出发，儿童语言不像成人语言那样严肃正式，合理运用感叹词能够有效地还原儿童情绪化的表达，贴近儿童的说话方式，也更能让小读者接受。比如，原文中"... After a few minutes this utter unresponsiveness chilled even the Kid's enthusiasm..."这句话，译者将其翻译为"几分钟后，桑尼依旧毫无回应。真没劲呀!孩子顿时没了兴趣……"，合理运用感叹词，增添了文本的表现力，译文更加生动、富有童趣。

总之，在翻译过程中，译者要注意采用生动活泼、通俗易懂、趣味性强的语言，符合中文表达习惯，尽量使用少年儿童能理解的词语，多用短句表达，语言流畅，增强译文的可读性。

1.3 项目意义

1.3.1 对笔者的意义

通过这次翻译实践，笔者积累了一些儿童文学的翻译经验，也对整个翻译项目流程有了大致的了解。本次翻译项目的工作流程共包含五个环节：试译、选篇、翻译、译审和定稿。笔者参与了试译、翻译和译审三个环节，大大提升了翻译能力。在翻译过程中，笔者发现把控原文语言风格十分重要。由于儿童文学的目标读者独特的认知与心理特征，以及中英文之间的语言差异，需要灵活运用各种翻译策略处理翻译难点从而达到儿童文学所要求的教育性、形象性与故事性，确保译文既能够给小读者以暗示，又给他们留下思考的空间。本次翻译实践中，由于笔者翻译经验不足，译文初稿语言生硬不自然，虽能让读者理解文章大意，但是并不利于小读者提高自己的语言能力。通过翻译团队成员之间的互相审校和讨论以及译审老师和出版社编辑给出的修改意见，笔者进一步修改译文，同时也不断学习、反复思考，努力提升自己的翻译能力。

1.3.2　对受众群体——少年儿童的意义

本项目有利于帮助儿童塑造正确的价值观，提高孩子对世界的认识。本次翻译实践项目将加拿大著名诗人、短篇小说家查尔斯·罗伯茨的动物小说 *The Dog that Saved the Bridge*（中文译名《奇犬救古桥》）、*Sonny and the Kid*（中文译名《小狗桑尼与孩子》）和 *MacPhairrson's Happy Family*（中文译名《麦克菲尔森的幸福家庭》）与中国动物小说作家沈石溪的经典动物小说《警犬拉拉的故事》《第七条猎狗》和《双面猎犬》整合出版，两位作家塑造了一个个个性鲜明、带有传奇色彩的狗狗形象，表现了狗狗们顽强的生命力，描述了狗与人类之间的紧密关系。在这些故事中，狗狗们遵守道德原则，富有奉献精神，有义务感与责任感。相信通过阅读本书，儿童读者不仅能够提高自己的阅读理解能力与表达能力，还能从中体悟主人公的崇高精神和顽强意志，树立正确的价值观念。

1.3.3　对中国儿童文学翻译的意义

20 世纪 80 年代以来，随着国际环境逐步稳定，国内外学术交流越来越深入，儿童文学翻译的发展可谓百家争鸣。在全球范围内，儿童文学研究不断加深，呈现多元化的研究态势。但是，和其他文学翻译相比，目前国内翻译学界和儿童文学研究界对儿童文学翻译的关注还是太少，研究范围也不广，从事此领域研究的学者也不多，儿童文学翻译在中国翻译界还有大量空缺等着学者去研究。

儿童文学翻译在中国儿童与世界优秀儿童文学作品之间架起一座坚实的桥梁，意义深远。（曹文轩，2014）笔者选择采用显化翻译理论来指导此次儿童文学翻译实践，以期对此类翻译贡献自己的一份力量。

2. 翻译过程

　　此次翻译工作分为译前、译中和译后阶段。在译前准备阶段，译者需要对文本进行研读分析，收集并品读平行文本，对儿童文学文本风格进行整体把握。之后，根据文本翻译量与交稿时间制订翻译计划，准备翻译工具与资源。在译中处理阶段，译者以显化理论为指导，对语法标记进行分类汇总，同时完善术语表。译后审校是翻译工作的最后一步，除了译员自我审校以外，两位译者进行互相审校，后交于专家进行审校，保证译文的准确性与专业性。

2.1　译前准备

　　译前准备是翻译工作的基础。徐德荣(2004：35)指出，儿童文学存在自身独特的语体特征。因此，在制订翻译计划和准备翻译工具之前应该对儿童文学典型作品进行品读，把握文本风格。之后，再根据翻译任务量和翻译难度准备翻译工具，制订翻译计划。

2.1.1　预读文本

　　为了更好地把握儿童文学文本的语言风格共性，笔者又找了一些典型的中英文儿童文学作品进行品读，如郑渊洁的《舒克和贝塔历险记》、曹文轩的《草房子》以及斯托夫人的《汤姆叔叔的小屋》等。除此之外，笔者还阅读了"中国动物小说大王"沈石溪的动物系列小说《狼王梦》和《第七条猎狗》，寻找儿童文学中动物小说的独特魅力。笔者发现这些动物小说能够深入动物的内心世界，生动刻画其心理活动，使得动物故事具有很强的文学性。小说中存在大量的动作描写，比如《警犬拉拉的故事》中就描写了警犬的许多动作，如"收缩腹部""嚎叫""跌跌撞撞"等词，有强烈的叙述动感与活力。除此以外，动作词往往会结合富有音乐感的音响词一起使用，如"咚咚咚地往上撞""嗷嗷怪叫"等，描写格外生动。

　　然后，笔者才再次细读文本，阅读后发现，文本语言生动活泼，在翻译过程中需要格外注意保留原文风格。原文本中存在大量动作描写，并且用了许多修饰词去刻画这些动作，比如"hummed waspishly""retorted harshly"和"jumping about and shrilly chattering"等。为了生动还原原文的风格，译者需要借助词典、搜索引擎、翻译理论书籍等工具，对比选择最为合适的动作词、音响词等词汇表达，灵活运用多种翻译理论知识指导实践，以求译文既简洁易懂，又生动形象，吸引小读者的阅读兴趣。

2.1.2 工具准备

准备合适的翻译工具有助于提高翻译效率，优化译文质量。在本次翻译实践中，包含一些专有名词、人名、地名、动植物名和文化词汇等，同时还涉及多种理论指导，如标记理论、显化翻译理论等。因此，译者准备了一些翻译工具和资源，包括翻译理论著作及相关文献、搜索查找工具、辅助翻译工具等。

词典方面，笔者主要参考了《牛津高阶英汉双解词典》第 8 版和陆谷孙的《英汉大辞典》第 2 版。前者能够提供较为地道的英文释义，而后者收录的词条则更加全面，结合这两本词典的优势，笔者在翻译时能够对原文意义有更好的把握。针对原文中的人名，笔者参考了《世界人名翻译大辞典》（第 1 版），并做好术语整理。同时，笔者还参考了有道词典、百度翻译、DeepL 等电子翻译词典，大大节约了翻译时间。

理论书籍方面，笔者反复阅读王建国的《英汉翻译学：基础理论与实践》、沈家煊的《不对称和标记论》与连淑能的《英汉对比研究》，领悟学者们总结的翻译经验，以更好地支撑自己的翻译实践。同时，笔者在知网、万方和维普等学术网站下载学术研究论文，了解翻译界的新动向，打好理论基础。

表 2.1 翻译工具表

纸质翻译工具	理论书籍	王建国《英汉翻译学：基础理论与实践》（2020）	沈家煊《不对称和标记论》（2015）	连淑能《英汉对比研究（增订本）》（2010）
	纸质词典	陆谷孙《英汉大词典》（第 2 版）	《世界人名翻译大辞典》（第 1 版）	《牛津高阶英汉双解词典》（第 8 版）
电子翻译工具	搜索引擎	维基百科	必应（Bing）	谷歌（Google）
	电子词典	有道词典	Oxford 在线词典	新英汉大辞典
	辅助翻译工具	百度翻译	谷歌翻译	DeepL
	学术网站	CNKI	万方	维普

2.1.3 术语整理

本次翻译为团队合译任务，为保证术语统一、节约翻译时间，团队成员根据各自翻译的内容分工整理出各自的术语及专有名词，制成术语表，以便后续审校统一。在整理术语的过程中，译者主要通过查阅《世界人名翻译大辞典》，对比在电子词典如有道词典中的翻译，选择最为合适的术语翻译，并汇集成表，如表 2.2 和表 2.3 所示：

表 2.2　动植物名库

动物名称库		植物名称库	
原文	译文	原文	译文
chipmunk	花栗鼠	poplar	杨树
partridge	山鹑	stubble	麦茬
lynx	猞猁	spruce	云杉
Gordon	戈登塞特犬	fir	冷杉
Canada goose	加拿大野鹅	hemlock	铁杉
woodchuck	土拨鼠	buckwheat	荞麦
raccoon	小浣熊	buttercup	金凤花
owl	猫头鹰	milk-weed	牛奶草
moose	驼鹿	tansy	三色堇
parrot	鹦鹉	mullein	毛乳草
badger	獾	oat	燕麦

表 2.3　人名库

人 名 库			
原文	译文	原文	译文
Jean Ferréol	让·费雷奥尔	Jim	吉姆
Jan Steen	简·斯汀	Bones	博内斯
Leo	利奥	Ananias-and-Sapphira	阿纳尼娅·萨菲拉
Dirck	德克	Susan	苏珊
Sonny	桑尼	Carrots	卡洛兹
the Kid	孩子	Stumpy	史丹皮
Bill	比尔	Black Angus MacAllister	黑脸安格斯·麦卡利斯特
Joe Barnes	乔·巴恩斯	Red Angus MacAllister	红脸安格斯·麦卡利斯特
Ann	安	Jimmy Wright	吉米·赖特
Jim	吉姆	Billy Smith	比利·史密斯
MacPhairrson	麦克菲尔森	Mike	迈克

人　名　库			
原文	译文	原文	译文
Ebenezer	埃比尼泽	Baldy Pallen	鲍迪·帕伦
the Boy	小男孩	Butters	巴特斯
James Edward	詹姆斯·爱德华	Melindy	梅琳迪

2.1.4　制订翻译计划

制订翻译计划有利于整个项目顺利开展。本次翻译项目总计 12484 个英文词,任务量大,且翻译团队必须在 2021 年 1 月 11 日前定稿。翻译团队主要由在读翻译硕士组成,除了翻译任务外还有较重的课业压力,因此时间较为紧迫。译者给自己每日设定 500 词的翻译量,并且预留 5 天时间来应对突发状况,预计在 1 个月内能完成初稿。为了提高翻译效率,不耽误翻译项目的整体进度,译者在正式翻译前制订了如下翻译计划(见表 2.4):

表 2.4　《警犬拉拉》(节选)翻译过程计划表

时　　间	工作安排
2020 年 10 月 1 日—2020 年 10 月 3 日	译前准备
2020 年 10 月 4 日—2020 年 10 月 30 日	完成初稿
2020 年 10 月 31 日—2020 年 11 月 15 日	自我审校
2020 年 11 月 15 日—2020 年 11 月 30 日	团队成员互审
2020 年 12 月 1 日—2020 年 12 月 30 日	专家审校
2020 年 12 月 31 日—2021 年 1 月 11 日	定稿

2.2　译中处理

译中处理主要包括初稿翻译和翻译难点处理。在初稿翻译过程中,笔者按照一段英文一段中文相对照的格式对原文本进行翻译,并按照翻译计划进行,保证翻译的速度和质量。

笔者通读全文后发现原文存在一些需要处理的语法标记以及结构较为复杂的句子，需要经过反复推敲，将其译成符合中国读者阅读习惯的语句，使整个译文做到语言简单易懂，同时保留原文生动的语言风格。笔者运用了各类翻译工具，在翻译过程中标记出需要后续加工处理的词语和句子，如人名、地名、抽象名词、专业词汇等。具体为：

（1）在翻译过程中对语法标记的特殊翻译进行标记，制作表格进行分类，以便在后续遇到类似语法标记时进行对比研究。

（2）原文为儿童文学，运用了大量修辞、感叹词和富有感情色彩的词汇，译者通过汉语词典查找更加符合原文感情色彩和原文审美风格的词语。

（3）对于原文中暂时无法理解的长难句及复杂句，在通读全文后重新划分句子成分，对其进行翻译，并且与老师、同学交流，最终确定译文。

（4）原文中存在许多隐含文化信息的词语，译者会对其进行标记，利用网络资源进行查找，与其他译者讨论决定译文。例如，在翻译"Taube"一词时，译者通过查询电子词典发现其含义为"陶布"或"鸽子"，但是通读上下文，发现这两个译文都不符合语境。笔者又通过网页搜索图片，发现"Taube"指的是德军的"鸽"式战机，这是德军第一种大批量生产的军用飞机。儿童对于军事领域相关知识的了解甚少，结合原文语境，这辆鸽式战机主要负责侦查。因此，译者将其翻译为"鸽式侦察机"，并做好注释，这在一定程度上能够帮助儿童读者更快地理解故事背景。

2.3　译后审校与质量控制

译后审校是翻译工作的最后一步，能够在很大程度上核查完善译文，"使审校后的译文更能用纯正的译文语言反映原文全貌"（邱晓伦，2000：41）。此次翻译实践项目的译后审校分为自我审校、团队审校和专家审校。具体如下：

第一轮自我审校时，笔者仔细对照原文，检查译文是否存在错译、漏译以及随意增删原文的情况，保证译文忠实于原文。在此基础上，笔者从头开始用更加生动优美的语言对初始译文进行修饰，包括使用修辞手法和增加富有表现力的词语。

第二轮团队审校时，笔者将译文分别整理成英中双语版和中文版两个文件，交给团队另外一名译员进行审校，以提高译文的准确性和可读性，统一译文风格，增加译文的流畅度。

第三轮为专家审校，根据指导老师和出版社提供的建议再次修改译文，确保译文逻辑清晰，为儿童所理解和接受，并且是值得学习的语言。在最后一轮审校过程中，指导老师从逻辑角度指出了译文存在的问题，比如《小狗桑尼与孩子》的第一段翻译：

原文： The little old gray house, with its gray barn and low wagon shed, stood in the full sun at the top of a gullied and stony lane. Behind it the ancient forest, spruce and fir and hemlock, came down and brooded darkly over the edge of the rough, stump-strewn pasture. The lane, leading up to the house from the main road, climbed between a sloping buckwheat field on the one hand and a buttercupped meadow on the other. On either side of the lane, cutting it off from the fields, straggled a zigzag snake fence, with milk-weed, tansy, and mullein growing raggedly in its corners.

初译文： 明媚的阳光洒落在坑坑洼洼的石子路上，路的尽头是一幢陈旧的灰色小屋。屋旁有一间灰色的谷仓和一个矮矮的四轮马车棚。小屋后头是一片茂密的原始森林，那里长满了云杉、冷杉和铁杉树。黑压压的森林一直延伸到崎岖不平、布满树桩的牧场边缘。石头小路的一边是一片斜坡，种满了荞麦，另一边是一片草地，长满了金凤花。小路从小屋一直延伸到大路，两旁围满了弯弯曲曲的篱笆，将它和田野隔开。篱笆周围花草丛生，长满了乳草、艾菊，还有毛蕊花。

审校后的译文： 明媚的阳光下有栋古老的小灰屋，屋旁有间灰色的谷仓和低矮的马车棚。屋后有片茂密的原始森林，云杉、冷杉和铁杉枝繁叶茂，遮云盖日，直至牧场的栅栏边。从大马路到小灰屋，有条坑洼不平的石板小路，小路的一边是种满了荞麦的斜坡，另一边是开着金凤花的牧场。栅栏横亘在小道与牧场之间，如蛇形般蜿蜒曲折，树篱边长满了杂乱的牛奶草、三色堇和毛乳草。

初译文存在明显的逻辑错误。句与句之间的名词所承载的信息毫无关联，仅仅做到了字字对译，完全忽视了篇章功能。"树桩"和"篱笆"、"牧场"和"田野"对应的应该是同一个事物。除此之外，译文缺乏画面感。原文为景物描写，小句较多，若直译，则译文生硬死板，无法构建画面感，不像是文学语言。作为成年人尚且无法理清思路，那么认知水平有限的小读者们就更加无法读懂译文了。汉语往往按照时间和空间上的逻辑对事件和动作进行排列，从远至近，由因及果，而英语句子呈树形架构，它的自然逻辑顺序往往让位于句子的形式架构。因此，译者在老师的指导下将原文形式架构重新组织，彰显汉语的逻辑思维，显化了句与句之间的逻辑顺序，按照由近及远的空间顺序描述，译文读起来清晰明朗。译文经过反复修改，于2021年1月10日确定了终稿。

3. 语法标记翻译难点案例分析

本次 *The Dogs*(《警犬拉拉》) 翻译任务，处理好语法标记翻译是主要难点所在。

在儿童文学翻译中，读者本身具有的特性，如年龄低、认知水平不高、心智发展不充分等会给翻译工作带来一定程度上的制约。根据译前准备中对读者特性的研究和文本类型的分析，译者选择用显化翻译策略对原文中的语法标记进行处理。本章以显化理论为指导，具体分析原文本复数标记、时体标记、语态标记、语气标记、级标记五个语法标记翻译，并对典型案例进行重点分析。

3.1　语法标记类别及翻译难点描述

The Dogs《警犬拉拉》（节选）儿童文学翻译任务共有 12484 词，512 句话，其中有语法标记的共有 1305 词，平均每句话中有 2.5 处语法标记，处理好语法标记的翻译对整个句子的译文质量起到了至关重要的作用。

3.1.1　语法标记类别描述

传统的标记理论是布拉格学派的两位大师 N. Trubetzkoy 和 R. Jacobson 创立的，语言中的标记现象（markedness）是指一个范畴内部存在的某种不对称现象（沈家煊，2015：23）。语法标记指的是以实现语法功能为目的带有的形态或词汇标记（张军平，2009：157），又称屈折变化标记。屈折通过名词变格或动词变位表示某些语法特征（例如，性、数、格与时态等）（王立非，1991），语法标记类型则与屈折变化类型相对应，分类及示例分别如图 3.1 和表 3.1 所示：

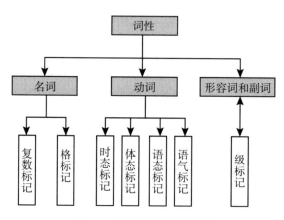

图 3.1　英语语法标记类别

此次 *The Dogs*（《警犬拉拉》）（节选）翻译实践报告主要分析复数标记、时体标记、语态标记、语气标记和级标记五类语法标记翻译。

表 3.1 名词、动词、形容词和副词有标记形式与无标记形式举例

词性	Marked[-]	Marked[+]	Marked[-]	Marked[+]
名词	life	lives	Tom	Tom's
动词	wait	have waited	scan	be scanned
形容词与副词	long	longer	sorrowfully	less sorrowfully

笔者发现，在任务文本翻译过程中，格标记"'s"或"of"结构的翻译方法较为单一，主要是对译，直接将格标记翻译为"的"，或者可以省略。英语代词作宾语的定语比较普遍，而译成汉语时，修饰宾语的代词往往可以省略，因此，本报告将不对格标记进行重点分析。同时，体态和时态这两个语法范畴表示的意义关系既有联系，又有区别，如果把它们放在同一个体系中进行研究可能会使我们更清楚、更准确地理解语法标记想要传达的含义（谢应光，1999：6），因此译者将时态标记与体态标记综合起来进行分析，具体如下：

（1）复数标记。沈家煊（2015）认为："对个体名词而言，单数是无标记项（unmarked），复数是有标记项（marked）；对集合名词而言，复数是无标记项，单数是有标记项。"（见图 3.2）

	个体名词	集合名词
单数	无标记	有标记
复数	有标记	无标记

图 3.2 单复数标记项分类

比如，表示"花朵"的名词 flower，复数要加"-s"这一标记，成为 flowers，单数不加这个"-s"，在这里"-s"就是复数标记。（沈家煊，2015）如：

例 1："What's to be done about the orphans?" was the way Jimmy Wright put the problem.

本句有一处复数标记，个体名词"orphan"的复数形式，添加了语素"-s"，可数名词加"-s/-es"是复数标记的常见形式。

（2）时体标记。时体标记包括时态标记和体态标记。在英语动词的时态范畴中，过去时形式是有标记项，现在时形式是无标记项；英语体态中的进行体（be doing）、完成体（have done）和完成进行体（have been doing）等分别有各自的语法形式，表示不同的动作执行情况。一般体虽然也表示动作的执行情况，但该情况是动作最基本的含

义，例如，"I have breakfast everyday."这个句子中的一般现在时也表示了动作的执行情况，即吃早饭的动作总是会发生。但一般体却没有特殊的语法标记，因此一般体是无标记的(unmarked)，进行体、完成体、完成进行体都是有标记的(marked)。(谢应光，1998：39)如：

例 2：He had cunningly brought some salt in his pocket.

本句话中涉及过去时和完成体，表现为过去完成时，以"had+V-ed"形式体现。一般认为，进行体的标记形式为"be+ing"，完成体的标记形式为"have/had+V-ed"，完成进行体的标记形式为"have been doing"，过去时的标记形式为"-ed"。

(3)语态标记。从形式上看，主动语态是无标记项，被动语态是有标记项。(谢应光，1998：40)如：

例 3：But, one wing being clipped, she did not dare the attempt.

本句话中的被动语态标记以"be+V-ed"形式体现，这也是被动语态的基本标记形式。

(4)语气(式)标记。语气是用于指限定形式(finite forms)的术语，其作用是说明说话人或写作人对他/她所说的或所写的真实情景的态度(王飞华，2005)。有标记的祈使语气和虚拟语气，无标记的事实语气——陈述语气(王飞华，2005)，表现形式为动词的形态变化。如：

例 4：If only the squirrel would come back and play with him, he would not be afraid.

本句存在虚拟语气标记，以"would+动词原形"表现，虚拟语气形式和用法在下文会具体阐释。

(5)级标记：形容词有三种形式——原级、比较级和最高级，以表示形容词说明的性质在程度上的不同。其中比较级和最高级是有标记的，如：

例 5：Bones, the brown owl, who sat all day on the edge of a box in the darkest corner of the cabin.

本句存在形容词的最高级形式，语法标记为"-est"。对于单音节词，词尾通常加"er"和"est"来构成比较级和最高级，这是较为常用的级标记。

3.1.2　翻译难点描述

本次 *The Dogs*(《警犬拉拉》)(节选)英译汉项目语法标记翻译难点主要体现在如下几方面：

(1)英语语法标记难以与中文词汇表达系统地对应。英语为形合语，以它的某个具体的个体来负载某种语法成分，而汉语则为意合语，以它自身构成的状态来适应汉语语法的基本性质与状态。（苏新春，1996：174）绝大部分汉字是形、音、义结合的统一体，这种表示完整意义的单音节方块形结构很难通过自身的局部变化表现语法意义，因此必然要借助词汇等其他辅助手段。（张军平，2009：159）英语的语法标记系统已经形成规模且标记形式明确，而汉语用来表达同种语法范畴的词汇手段并不唯一，二者难以匹配。例如，"The tall church spire, which had risen serenely above its embosoming trees, had vanished, blown off by a shell."这句话中有 2 处过去时态标记、2 处完成体态标记，若是没有合理匹配相应的汉语词汇来翻译语法标记，则会影响上下文的逻辑衔接，并让儿童读者对时间的理解产生偏差，造成阅读上的障碍。

（2）英语语法标记翻译难以还原生动的语言风格。语言文化的差异使原文中的语法标记中存在的共知信息或意图在译文中变成了非共知信息，从而加大了理解译文的难度，容易使儿童读者失去阅读兴趣。（徐德荣、孙明双，2021：74）任务文本为儿童文学文本，儿童文学语言要形象具体，因此，英语语法标记翻译体现原文风格十分重要。例如，"The chickens were an inexhaustible interest to him; and so were the airy throngs of buttercups afloat on the grass, and the yet the butterflies flickering above them, white and brown and red and black and gold and yellow and maroon."这句话中的复数标记"s"可以借助两种词汇手段进行翻译：①借助"们"字。②借助数量词和形容词。译者需结合语境，选择合适的词汇手段传递原文的复数含义，还原原文的语言风格。假如识别错误或者直接忽视作者意图，则会导致译文语言枯燥乏味，不够形象具体，既不能够让小读者在课外阅读过程中积累优美的词句，也不能很好地吸引小读者的阅读兴趣，无法满足儿童文学翻译的教育性与形象性。

综上所述，能否处理好语法标记的翻译，从而达到儿童文学翻译要求的教育性与形象性，会影响整个文本的翻译质量水平。对于语法标记的翻译，译者不仅要了解中英语法差异，还要掌握原文语言风格与儿童读者的阅读习惯及认知特点，采用合适的翻译策略解决上述翻译难点，以增强文本的可读性。

3.2　语法标记翻译理论基础：显化翻译理论

"显化"（Explicitation）的概念最早由 Vinay 和 Darbelnet（1958）提出，该理论指的是"根据上下文语境，把隐含在源语文本中的信息引入目标语言的过程"。显化翻译策略可以用来解决以下三大类问题：（1）英汉两种语言存在句法结构和语义结构上的差异，因此有时必须发生显化，否则目标语言不符合语法规则或表达逻辑。此时发生的是强制性显化。（2）英汉两种语言之间存在文化差异。此时发生的是语用显化。

（3）文本构建策略的需要和译者对两种语言之间风格的偏爱。此时发生的是非强制性显化。（Klaudy，2004：83）可能显化的语义要素包括一个事件中可能存在的任何语义成分，如施动者、受动者和动作等。合理运用显化翻译策略能够使译文符合目的语的语法规则且逻辑连贯，让译文更加地道，使译文符合读者认知，便于目的语读者理解。

本报告主要从英语语法标记层面来分析显化翻译现象，英语语法标记显化策略中最主要的手段就是借助目的语词汇。戴光荣和肖忠华利用语料库提出四点显化翻译策略，即"指示代词+数词+范畴词/属性词"结构明晰化、抽象概念词借助范畴或属性词明晰化、人名后面备注解释性内容，以及语法形态标记明晰化。其中第四点翻译策略语法形态标记明晰化就是指借助词汇手段来显化英语中的时体等标记。（戴光荣、肖忠华，2010：78-80）

本报告选用广义的显化定义，即只要译文中的词句意义比原文更清楚、明确、具体、易懂，逻辑关系比原文更明晰，或中心意思比原文更突出，就算发生了显化。（贺显斌，2003：64）笔者参考各学者对显化翻译策略的解释来指导语法标记翻译难点，再现原文的语言风格，从而满足儿童文学翻译的教育性、形象性与故事性。

3.3 显化翻译策略与案例分析

本部分译者灵活运用显化翻译策略来指导 *The Dogs*《警犬拉拉》（节选）英译汉翻译实践，围绕翻译工作的重点、难点——语法标记的翻译，从复数标记、时体标记、语态标记、语气标记和级标记五个方面来对典型案例进行重点分析。

3.3.1 复数标记的显化

在英汉互译中，名词的翻译始终是个难点，尤其是关于名词"数"的表达。大部分可数英语名词可以通过添加复数标记-s/-es 等语法手段直观地来体现复数意义，但是汉语中的名词很难通过添加表示复数意义的词缀来体现其数量概念。

因此，英语复数标记的显化处理一般是在译文中借助数词、量词等。（戴光荣、肖忠华，2010：78-80）汉语有三种表达名词复数的方式——借助名词所属的句法结构的相关组成成分，凭借语段或语篇上下文和依靠外部语境。其中，借助名词所属的句法结构的相关组成成分可以分为三种：①借助"们"字。②借助数量词和形容词。③借助助词。（莫莎，2019：62）但是，应该要合理运用数量词，而不是处处都要加上数量词，否则会造成译文的累赘。（张培基，2009：151）

例 6：

原文：The chickens were an inexhaustible interest to him; and so were the airy throngs of buttercups afloat on the grass, and the yet the <u>butterflies</u> flickering above them, white and brown and red and black and gold and yellow and maroon.

译文：孩子看到<u>一群毛茸茸的小鸡</u>，还有草地上随风摇曳的簇簇金凤花，以及<u>成群结队</u>在花丛中翩翩起舞的蝴蝶，它们有白色的、棕色的、红色的、黑色的、金色的、黄色的，还有栗色的。这一切都深深地吸引了孩子，让他兴奋不已。

分析：例句中"chickens"和"butterflies"两词中含有表示复数形式的语法标记"-s"，译者使用数量词"一群"和形容词"成群结队的"，显化了屈折词缀的复数含义，使得语言更加自然流畅。在汉语中，"鸡"和"蝴蝶"不包含复数含义。联系上下文可知，孩子来自城里，第一次面对如此之多鲜活可爱的小动物和植物，对此感到十分新奇。

此处，作者想要描述小鸡、蝴蝶和金凤花数量之多。但是，"chickens"和"butterflies"两词前面并没有特别的数量词或修饰词，结合文意并联想作者试图描绘的景象，笔者显化了这两个词语的复数标记，同时也显化了原文活泼生动的语言风格，更好地描绘了一幅热热闹闹的场景。译者选择用成语"成群结队"来修饰蝴蝶"butterflies"，而不是借助"许多""一些"等数量词。相比之下，该成语包含了复数含义，表示蝴蝶数量之多，同时还巧妙地运用拟人的修辞手法，将蝴蝶拟人化，语言生动形象，增强了译文的可读性。这样的复数标记显化处理不仅较好地再现了原句的意思，也达到了儿童文学语言要求的形象性，可谓一举两得。

例7：

原文：The spacious summer air, however, was entertaining strange <u>noises.</u> It thumped and throbbed and thundered. It seemed to be ripped across from time to time with a dry, leisurely sound of tearing. Again, it would be suddenly shattered with enormous earth-shaking crashes.

译文：夏日空气中硝烟弥漫，奇怪的嘈杂声<u>此起彼伏</u>：噼噼啪啪、乒乒乓乓、轰隆轰隆，时不时传来干脆的断裂声，还有地动山摇的碰撞声。

分析：这两句话中有两个词语含有表示复数含义的语法标记"-s/es"，分别是"noises"和"crashes"。译者对"noises"中的复数含义进行了显化，但"crashes"一词中的复数含义不需要进行显化。

例句中的"noises"一词，为了明确表达原文含义，必须对复数标记进行显化处理。原文不对该复数标记进行显化则可以译作"夏日空气中硝烟弥漫，远处传来了奇怪的声音"。不接着阅读下文内容，"远处传来了奇怪的声音"这句话给读者的感觉是远处传来了一种声音。实际上，通读下文可以得知，此处的声音并不只有一种。这句话描述的是战场上炮火轰鸣、硝烟弥漫的景象。并且，从下文中的"from time to time"以及从"thumped"到"sound of tearing"再到"crashes"这几处转变也可以得知，这里的声音不仅仅有一种。因此，需要对"noises"的复数标记进行显化，可以借助"阵阵""不绝""时不时"等形容词来对声音数量进行描述。译者选择用成语"此起彼伏"来描述战场枪炮声接连不断，能够让儿童积累成语，提升写作与表达能力，增加知识储备，这也符合儿童文学语言的教育性要求。

"crashes"一词中的复数标记则不需要进行显化处理。有时，英语名词的复数概念并不需要在译文中体现出来。例如：Students in our school should obey the law. 这句话可以译成"本校学生应遵纪守法"。这里的复数形式表示的是类别概念，指"学生"这一类人，因此不需要对复数标记进行显化。同样地，联系上下文可知，"crashes"指的是包含在"noises"里的一种声音，也表示类别概念，指的是"碰撞声"，因此在翻译时不需要对其进行特别的显化处理。

例8：

原文："Now you've got him, don't let go o' him!" admonished the Boy, and amid encouraging jeers Baldy departed, carrying the bundle victoriously.

译文："现在你抓住詹姆斯·爱德华①了，可别放手!"小男孩叮嘱道。伴着阵阵起哄声，鲍迪·帕伦带着裹好的毯子得意洋洋地离开了。

分析：笔者将此句中的"jeers"一词显化，译为"阵阵起哄声"，添加了量词"阵阵"，目的就是为了凸显"jeers"一词所表达的复数概念。联系上下文，这句话描述的场景是鲍迪·帕伦与小男孩等一群人为了照看麦克菲尔森的小动物们，对这些动物进行抓捕的过程。在抓捕动物的过程中，周围岛民在一旁围观，并且时不时地打趣鲍迪·帕伦一行人。事实上，作者通过此句想要强调抓捕动物的过程热闹极了，这一点联系上文提到的"cries"（叫喊声）和"pleasantries"（打趣声）也可以推断出。所以在翻译这个词语时，译者既要译出"jeer"本身的含义"起哄声"，也要显化其后复数标记"-s"隐含的意义。译文中"起哄"一词体现出了"jeer"一词的含义，而前面的"阵阵"则表达出其复数概念。"阵阵"亦作"陈陈"，是中文中的量词，表示连续而略有间断，此处用来修饰人群之中嘈杂的起哄和嘲笑声，给译文增添了画面感，有利于小读者构思和联想。

3.3.2 时体标记的显化

英语中有一套表达时体的语法规则，英语的时和体主要通过动词的屈折变化来实

---

① 詹姆斯·爱德华：麦克菲尔森大家庭里的公鹅，麦克菲尔森受伤以后由鲍迪·帕伦代养。

现。例如，动词的后缀"-ed"表示过去时态，"-ing"表示进行体态，"will"加上动词原形表示将来时态，而汉语则没有这种变化。

英语时体标记的显化处理表现为必须借助一些必要的状语成分来表示这些时态。例如，用时间名词"现在""如今""将来""以后"，或用时间副词"曾经""已经""正在""刚刚"，以及时态助词"着""了""过"等。（张培基，2009）这种添加构成了英汉翻译中一种特殊的强制性显化。（Klaudy，2004：82-83）

例 9：

原文： "I ain't got no use fer any dawg that don't know enough to take to a kid on sight!" he declared, readjusting the little red cap on the child's curls.

译文： "那种不会和孩子亲近的狗，我才不稀罕呢!"乔·巴恩斯一边说，一边整理了下孩子头上的小红帽。

分析： 该例句画线部分存在动词的时态标记和体态标记，后缀"-ed 或-d"表示过去式，后缀"-ing"表示进行体。这句话在翻译时难度并不大，前半句为语言描写，后半句为动作描写。此处译者显化了原文中的过去时态标记，在译文中使用"了"这一助词。从语法上来说，"了"作语气助词，但它所表示的往往是动作发生的方式状态。"了"通常用在句末，表示的是已经发生的情况，用来强调某个动作的完成。译者借助"了"一字，将原文中隐含在时态标记中的动作先后顺序显性地表达出来，使译文更加流畅自然，便于读者理解。

同时，译者还显化了进行体态标记，以动词的"ing"形式体现。"readjusting"一词为现在分词，表示正在进行的动作。译者使用关联词"一边……一边……"，表示并列关系，强调主人公乔·巴恩斯说话和整理帽子这两个动作是同时进行的。关联词是指能够把两个或者两个以上在意义上有密切联系的句子连接起来组成比较复杂的句子的词语，恰当地使用关联词语，能使我们在说话或者写作时达到较好的表达效果。在小学语文中，学习如何正确地使用关联词是学习的重点，译文在做到显化时体标记的同时也达到了儿童文学教育性的要求。

例 10：

原文： Now the battle was raging all about it. The tall church spire, which had risen serenely above its embosoming trees, had vanished, blown off by a shell. A cottage was burning merrily.

译文： 而现在，战争正如火如荼地进行着。昔日里，教堂静静地矗立着，尖顶高耸入云，周围树木环绕，到处是一派平和的景象，但现在早已被一颗炮弹炸毁了。边上的一间村舍也被烧毁了。

分析：例句中存在两处过去时态标记和两处完成体态标记，以过去完成时的形式"had+done"体现。过去完成时"had+done"表示过去某一时间前就已经发生了的动作对过去的某一时刻造成的某种影响或结果，用来指在另一个过去行动之前就已经完成了的事件。

在例 10 中，第一处过去时态标记是"had risen"，"had risen serenely above its embosoming trees"描述的是战争开始之前，教堂尖顶高耸入云，周围树木环绕的景象，这一景象存在于过去。此处，原文中的过去时态标记隐含了时间意义，译者需要将其显化。译者在句首使用"昔日里"一词，表示从前、过去的意义，并且与前文"而现在"相呼应，增强了文章的逻辑性。同时译者调整了语序，将时间成分放在句首，也符合汉语的语言习惯，使得译文更加流畅自然。

第二处时体标记"had vanished, blown off by a shell"描述的是战争对村庄带来的巨大破坏，表示发生在过去的战争对战争到来前的村庄景象造成了影响。翻译时，为了保持文章的逻辑性，译者显化这一语法标记为"早已"二字。根据《新华字典》，"已"字有如下几个意思：(1)止、罢了。(2)表示过去。(3)后来，过了一些时间，不多时。(4)太、过。(5)同"以"。是用来表达过去时态的常用字。此处译者借助汉字"已"来显化过去完成时"had done"，并结合上下文将其译作"早已"，突出战争时间之久，将过去一派祥和的景象与如今周围一片狼藉的萧条之状形成鲜明对比。

例 11：

原文：His pronounced black and tan seemed to betray some beagle kinship, as did his long, close-haired ears. Whoever <u>had docked</u> his tail, in his defenceless puppyhood, <u>had evidently been too tender-hearted</u> to cut those silken and sensitive ears.

译文：而桑尼的毛黑黑黄黄的，长长的耳朵毛茸茸的，又隐约显露出比格犬的血统。桑尼<u>小的时候</u>，还不知道如何保护自己。<u>那时</u>就有人<u>剪短</u>了它的尾巴，不过看它可怜，这才没剪掉那对柔软灵敏的长耳朵。

分析：在例 11 中存在两处过去时态标记和完成体态标记，以过去完成时"had+done"形式体现。这句话若是直译则可译为"在桑尼毫无防备的幼年时期，不管是谁剪短它的尾巴，显然都心肠太软，没有剪掉那对柔软又灵敏的耳朵"。

译者先将这句话进行拆分并按照逻辑重新整理叙事顺序，首先对句子进行了如下拆分：①Whoever had docked his tail, //②in his defenceless puppyhood, //③had evidently been too tender-hearted//④to cut those silken and sensitive ears. // 笔者将原句拆分成 4 个部分，对这 4 个部分进行了重新排列，顺序为：②→①→③→④。

对于这两处过去完成时，译者使用"小的时候""那时"两个时间名词显化了过去时态标记，并且借助"了"这一助词，表示已经完成的状态，显化了完成体态标记。笔者将时间状语"in his defenseless puppyhood"前置，译作"桑尼小的时候，还不知道如何保护自己"。先叙述先发生的事，后叙述后发生的事，符合汉语言习惯。之后，用"那时"一词与"Sonny's puppyhood"（"小的时候"）相对应，将过去的具体时间段显性地表达了出来，体现了前后句逻辑关系。

英语叙述呈静态（static），而汉语则倾向于多用动词，因而叙述呈动态（dynamic）。（连淑能，2010：133）因此，英语常用动词的同源形容词与弱化动词相结合的方式表达动词的意义。（连淑能，2010：151）译者对原句中的动词"defense"的同源形容词"defenseless"进行处理，将"defenseless"译作动词"保护"，同时显化动作的受动者"自己"，便于小读者理解。

可以看出，这种信息的增加不是随意增加，因为原句本身就隐含这层含义，从以上的例子来看，显化法是英语时态标记汉译的常用方法。

3.3.3　语态标记的显化

英语和汉语分属两个不同语系，对于被动意义的表达方式也不尽相同。英语使用被动式常常是为了表示某种客观、间接和非人称的口气，以迎合某些表达需要。通常情况下，英语被动语态的基本结构为"be 动词+动词过去分词"，其中 be 动词的形式会根据时态而发生相应的变化。汉语则没有使用专门的形态手段作为被动句的标记。

为了显化英语的语态标记，表达同样的口气，汉语往往可以使用"被""让""由"和"挨"等标记词来表达被动意义。因此，在英汉互译时，译者需要合理采用显化翻译策略，将原文语态标记中隐含的意义经过推理而演绎出来。（王建国，2020：99）

例 12：

原文：The riflemen opened fire upon it furiously as soon as it came within range. It was hit several times; but the Taube is a steel machine, well protected from below, and neither the pilot nor any vital part of the mechanism was damaged.

译文：因此，侦察机一进射程内，步枪手就朝它猛烈开火。虽然侦察机数次被击中，但其钢铁机身从下至上都坚固无比，机身任何部位都没有受到损坏，飞行员也安然无恙。

分析：例 12 中存在两处被动语态标记，以"be+done"形式体现，分别为"was hit"和"was damaged"。这句话描述的是侦察机试图隐藏机身，打探古桥的防守，但被我方发现踪迹，于是双方展开激烈交战。此处，译者对这两处语态标记进行显化。在"It was hit several times"这句话中，译者将"was hit"译作"被击中"，直接用"被"字将被动语态显化。虽然按照中文的语言习惯不常用"被字式"，但是联系这句话的语义可以得知此处"被击中"表达的是"不如意或不期望的事"（连淑能，2010：123），因此可以将"was hit"直接显化翻译为"被击中"。

然而，在第二处被动语态显化时，将"neither the pilot nor any vital part of the mechanism was damaged"译作"机身的任何部位都没有受到损坏，飞行员也安然无恙"，译者没有使用"被字式"，而是使用"受到"一词对被动语态进行显化。为了避免译文过于单调，译者使用"受""让""给""挨"等字来表达类似被动语态标记。同时，译者将这句话进行拆分，用不同的词语来修饰飞机和飞行员。根据汉语语言习惯，一般不说人"受到损坏"，此处译者选择用成语"安然无恙"来形容飞行员的状态。"安然无恙"一词的意思为"人或事物平安，未遭伤害"①，不仅显化了被动语态，而且符合儿童文学语言要求的教育性，让小读者在课外阅读过程中能够积累成语，提升读者的语言表达能力。

例 13：

原文： He would then send to the Game Commissioner at Fredericton for a permit, and sell the good soul to the agent for some Zoölogical Garden, where she would be appreciated and cared for.

译文： 到那时，麦克菲尔森会向弗雷德里克斯顿②的动物管理专员申请，把这个可爱的小家伙送到动物园，在那儿苏珊会受到大家的喜爱和精心照料。

分析： 例 13 中的被动语态体现为"be appreciated"和"be cared for"。若将"where she would be appreciated and cared for"直译，则是"在那里，苏珊会被喜爱和照料"。英语中多用被动态，汉语多用主动态，两者之间的关系与过程和结果表意之间的关系是类似的。主动态是过程，是 n，被动态是结果，是 n+1。（王建国，2019：210）原句是具有结果状态的句子，其结果为"苏珊被大家喜爱和照料"，在翻译时为了贴合汉语重过程的特点，译者显化过程"大家喜欢苏珊，对她精心照料"。

显然，将这句话中的被动语态标记显化为"被字式"，译文生硬不自然，不符合汉语语言习惯。同时，也会给小读者造成阅读障碍，不利于吸引读者的阅读兴趣。因此，译者用"受到"一词来替代"被"字。汉语"受""受到"与"受予"等词只强调某种行为被施加于受事者这一事实，并不暗示该行为对受事者有不利或有利影响，既可以用

---

① ［2022-03-25］. https：//baike. baidu. com/item/% E5% AE% 89% E7% 84% B6% E6% 97% A0% E6% 81% 99/2666.

② 弗雷德里克斯顿：加拿大新不伦瑞克省的首府，位于该省中南部。

于对受事者有利的情况，也可用于对受事者不利的情况。（谭益兰，2019）结合文本语境，这句话描述的是苏珊在动物园受到喜爱与照料，对于受事者苏珊来说是有利的情况。相比"遭到""挨""被"等暗示行动对受事者不利的词，"受到"一词更贴合文意。

3.3.4　语气(式)标记的显化

中英文对于语气的认识不尽相同。英文中有标记的祈使语气和虚拟语气以动词的形态变化体现，而汉语动词没有语气范畴，温锁林（2001：36）曾从语用学的角度解释语气，认为"语气是影响句法结构表达功能的语用因素"，如陈述句、疑问句、祈使句和感叹句。

在英译汉过程中，可以借助词汇手段对英语语气标记进行显化处理。如，显化祈使语气标记，可以借助"应该、必须、务必、要"等词；显化虚拟语气标记，可以借助"假如、如果、要是"等词，将原文含义明晰化，语气标记的翻译必须进行显化处理，否则译文表达逻辑不清，语气标记的显化属于强制性显化范畴。（Klaudy，2004：82-83）

例14：

原文：The German infantry were in position, quite hidden from view, some six or seven hundred yards to the right. They were firing at an equally invisible line of Belgians, who were occupying a drainage ditch some three hundred yards to the left. The two dogs had no way of knowing that the force on their left was a friendly one, so they kept straight on beneath the crossfire. Had they only known, their errand might have been quickly accomplished.

译文：德军步兵已经就位，隐藏在右方大约六七百码的地方。比利时军队同样也隐藏在暗处，德军正向其开火。比利时军队的大本营位于左方约三百码距离的运河边。这两只通讯犬要去的目的地就在那儿。但狗狗们无从知晓，只能在交战双方的火力下直直前行。如果它们知道的话，任务很快就能完成了。

分析：例14中的画线部分为典型的虚拟语气标记。虚拟语气作为三种语气之一，是用动词的不同形式来表达一个意愿、条件、假设或可能性，有着很多作用。它表达的不是一个事实，而是说话者的主观愿望、计划、要求、建议、怀疑、观念、想法等；有时有希望实现，有时则没多少希望和信心。If 在非真实条件句中的虚拟语气形式和用法如表3.2所示。

在虚拟语气中，如果条件句中有 had，were 或 should——这三个词分别是对过去时、现在时和将来时的虚拟，就可以把 had，were 或 should 提前到句首，省略 if，形成倒装句式。

表 3.2　虚拟语气形式和用法

假设类型	If 从句	主句
与现在事实相反	did(be 用 were)	should/would/could/might+do
与过去事实相反	had done	should/would/could/might+have done
与将来事实相反	1)did 2)were to do 3)should do	should/would/could/might+do

例 14 "Had they only known" 转换成 If 引导的条件句则是 "If only they had known..."，这句话描述的是两条通讯犬在执行任务的过程中努力寻找目的地的场景，是对过去事实的虚拟，"知道目的地在哪"不是客观事实，是与事实相反的假设。原句中动词发生形态变化，在翻译时要对虚拟语气进行显化。译者采用显化翻译策略，对虚拟语气标记进行处理。汉语中有一些词能表达虚拟语气，如"如果、假设、倘或、假使、但凡、若非、要是、只要、只有、除非"等。此处，译者增译"如果……的话"，显化了虚拟语气，忠实地还原了原文意义，也帮助读者更好地理解故事内容。

例 15：

原文： But the silence made him more and more afraid. If only the squirrel would come back and play with him, he would not be afraid.

译文： 但四周太安静了，孩子愈发害怕起来。如果小松鼠能回来和他一起玩，他就不会害怕了。

分析： 例 15 描述的是孩子在闯进森林之后紧张的心理活动。过于安静的环境让孩子逐渐意识到森林之中潜在的危险，内心期待他的小伙伴能够出现，给予他陪伴。显然，原句是对将来时态的虚拟，译者使用了关联词"如果……就……"。汉语中，可以用完成体和经历体来表达虚拟语气。汉语的经历体是在动词后加一个"过"来表示，而完成体是在动词后加一个"了"，译者在译文中的动词"害怕"之后加"了"，表示动作的虚拟完成状态，完成对虚拟语气标记的显化翻译，符合汉语的语言习惯。

3.3.5　级标记的显化

在英语中，形容词和副词的比较级、最高级形式通常指形容词或副词表示的质或量在程度上的增加。比较级结构包括同级比较和降级比较等结构，包括"as... as...""... than..."等。除此以外，比较级还存在一些特殊用法，如强调、比喻、类比、对照、否定等修辞手段。比较级与最高级的显化处理主要体现为使用程度副词"更"

"最"等，借助词汇手段来将原文中隐含的级标记意义显性地表达出来。（戴光荣、肖忠华，2010：78-80）

例 16：

原文： With the gate shut, <u>nothing less than</u> a pair of wings in good working order could carry one over to the steep little island in mid-torrent which was MacPhairrson's home and citadel.

译文： 一旦大门紧闭，恐怕<u>只有</u>插上一对强大的翅膀，<u>才能</u>越过急流，来到小岛。麦克菲尔森的家就在这座小岛上。

分析： 首先，从句子结构分析，该句可切分为以下七个部分：①With the gate shut //②nothing less than a pair of wings// ③in good working order// ④could carry one over to// ⑤the steep little island// ⑥in mid-torrent// ⑦which was MacPhairrson's home and citadel. 译者将其拆译成小短句，便于读者理解。

这句话中存在比较级结构式"nothing less than..."，将这句话直译就是："在大门关闭的情况下，没有什么能比一对工作良好的翅膀更能把人带到河谷中陡峭的小岛——麦克菲尔森的家上。"通读这句译文，表面上看来没有太大的问题，译文将比较级结构通过词汇"比……更能"进行显化翻译，能够忠实地还原原文想要表达的语义。但是，这句话语气较弱，不能很好地将麦克菲尔森家周边的环境还原，也不能完全地表达作者的意图。麦克菲尔森的家坐落在一个陡峭的小岛上，屋外有一座小桥横卧在湍急的小河上，小桥中央有一扇大门，由紧密结实的铁丝网编制而成，因此，通过小桥的唯一途径就是通过桥上的大门。此处，译者利用原句中"nothing"这个词在比较级中实现的最高级特点，将其翻译为"只有……才能……"，不仅语言简洁，还能够加强语气。

例 17：

原文： At the sight he stopped abruptly, then sauntered forward with a careless air, as if it was <u>the most ordinary</u> chance in the world that he should come across the Kid, away off here alone.

译文： 看到孩子正聚精会神地盯着一片灌木丛，桑尼猛地停下了脚步，随即又悠哉悠哉地往前走，仿佛碰到这个独自跑出家门的小鬼是世界上<u>再寻常不过</u>的事了。

分析： 三者或三者以上的人或物进行比较时，用最高级。形容词的最高级前面要加定冠词 the，副词最高级前面的 the 可以省略。多音节词和部分双音节词的最高级形式要在词前加 the most。

例 17 原句中"the most ordinary"为形容词"ordinary"的最高级，这句话实际上是一个描写性的句子，用了夸张的修辞手法，形象生动地描写了小狗桑尼的心理活动。面对这个在主人面前和自己争宠的孩子，桑尼表面上掩饰自己对孩子的担忧，假装漫不经心地来到森林中偶遇了孩子。所以说，这种偶遇好像是世界上最普通的事。此处，笔者显化了形容词"ordinary"的最高级，但是并没有直接译成"最普通的事"，而是换成了"再寻常不过的事"，加强了语气，并且译文没那么单调，更加流畅自然，增强了文章的可读性。

例 18：

原文： Sonny did not dare to respond, but lay with his nose on his paws, unstirring, while the child sprawled over him. After a few minutes this utter unresponsiveness chilled even the Kid's enthusiasm. He jumped up and cast his eyes about in search of some diversion more exciting.

译文： 桑尼不敢回应孩子，便把爪子放在鼻子上，一动也不动地躺着。孩子摆出一副八爪鱼的架势趴在桑尼身上，几分钟后，桑尼依旧毫无回应。真没劲呀! 孩子顿时没了兴趣，他跳了起来，四下张望着，想找个更刺激的消遣。

分析： 例句中存在一处比较级标记，以双音节或多音节的形容词前直接加 more／less 构成"more+*adj*"形式，在文中具体为"more exciting"。在英语中，绝大多数形容词有三种形式：原级、比较级和最高级，以表示形容词说明的性质在程度上的不同。但是，在中文中，形容词本身不存在屈折变化，但是可由"很、太、非常"等程度副词修饰。

原文中，"more exciting"是 exciting 的比较级，翻译时必须将其显化，否则会影响原文意思的表达。这句话描写的是孩子与小狗桑尼互动时的情景，孩子醒来时发现家里只有自己一个，便和桑尼打闹起来。但是，桑尼刚刚因为孩子被教训了一顿，心里还有些畏怯。它不敢回应孩子，孩子受到了冷落便想找个更好玩的东西，于是就引出了下文孩子在森林中遇险的情景。此处，笔者显化了语法标记——形容词的比较级，暗示小读者下文孩子的森林"探险"，恰到好处地引出了下文。

这句话中，如果采用照译的方式，将其译作"几分钟后，这种完全没有反应的情况甚至让孩子的热情都冷却了。他跳了起来，四处张望，寻找一些更刺激的消遣"，这样翻译能表达原文的意思，也将比较级形式"more exciting"进行了显化处理。但是，这样的译法最大的问题就是没有处理好句与句之间的联系，平铺直叙、枯燥乏味，不能让读者有接着读下去的欲望。所以，译者增译"真没劲呀!"这个短句，显化了孩子的心理活动情况，既承接了前文桑尼毫无回应、冷冰冰的态度，又与下一句话中"更刺激"相对照，真正做到了句与句、句与段、段与段之间的关联。并且，译者合理运用感叹词,有效地还原了儿童情绪化的表达,贴近儿童的说话方式,增添了文本的表现力,译文更加生动、富有童趣,也更能为小读者接受。

4. 翻译实践总结

儿童文学 *The Dogs*(《警犬拉拉》)(节选)英译汉项目所选文本为加拿大作家查尔斯·罗伯茨的作品 *MacPhairrson's Happy Family*(《麦克菲尔森的幸福家庭》)与 *Sonny and the Kid*(《小狗桑尼与孩子》),该项目旨在为小学高年级读者提供优质的课外阅读材料。

为了高质量地完成本次翻译任务,首先,笔者了解目标读者特点与译文语言要求。其次,在译前做好预读文本、工具准备、术语整理和制订计划四项工作,为正式翻译做准备,之后经过三轮审校工作确定译文。最后,解决本项目翻译难点——语法标记翻译,通过分析归纳语法标记翻译难点,笔者采用显化翻译策略来解决该难点,以期为儿童文学作品中语法标记的翻译带来一些启发和帮助。

4.1 项目发现

本次 *The Dogs*(《警犬拉拉》)(节选)英译汉实践项目为儿童文学作品,原文本中存在大量语法标记,如何处理好语法标记的翻译是本项目难点所在。英语语法标记,又称屈折变化标记,与词类屈折变化相关。译者选取原文语法标记中的复数标记、时体标记、语态标记、语气标记和级标记五类进行重点分析。

笔者通过了解中英语法差异,掌握原文语言风格与儿童读者的阅读习惯及认知特点,发现儿童文学文本中语法标记翻译存在两大难点:(1)英语语法标记难以与中文词汇表达系统地对应。(2)英语语法标记翻译难以还原生动的语言风格。笔者采用显化翻译策略来解决语法标记翻译难点。显化指的是联系语境,把源语文本中隐含的信息引入目标语言的过程。显化翻译策略则能够让原文隐含的意义经过推理而演绎出来,能够让文章逻辑性更强,因为篇章翻译不是句子翻译,必须关注句与句的逻辑、句与段的逻辑和段与段的逻辑。除了忠实还原文意和作者意图,还能进一步彰显儿童文学语言风格,达到儿童文学翻译的教育性、形象性与故事性要求。

笔者采用显化翻译策略解决了语法标记翻译难点,保质保量地完成了本次翻译实践,获得了委托方的认可,让译文便于儿童读者理解与想象,增强了故事的吸引力,也希望本次翻译实践能够为日后的语法标记翻译提供一些借鉴意义。

4.2　项目启示

通过本次翻译实践，笔者对项目流程有了进一步的掌握。译前做好充分准备、译中合理利用资源、译后做好审校工作，能在很大程度上提高译文质量。

首先，在进行翻译工作之前，要做好充分的准备工作。先通过阅读平行文本等方式了解文本语言特点，以便更好地把控译文风格。由于儿童文学的目标读者独特的认知与心理特征，儿童文学语言要尽可能地做到直观具体、生动形象、干净利落，让译文便于儿童读者理解与想象，增强故事的吸引力。

其次，翻译过程中要借助合适的资源与工具。本次翻译实践中，笔者借助了大量的纸质和电子词典，以采取更为地道的释义，也大大节约了翻译时间。利用多种搜索引擎，包括维基百科、必应、谷歌等，来弥补百科知识方面的不足。同时，笔者参考知网、万方、维普等学术网站，检索相关文献，对显化翻译理论有了更深、更透彻的理解，能更好地解决翻译过程中的难点。

最后，译后审校能够在很大程度上核查完善译文。第一轮自我审校时，笔者仔细对照原文，检查译文是否存在错译、漏译以及随意增删原文的情况，保证译文忠实于原文。第二轮团队审校时，笔者将译文分别整理成中英双语版和英文版两个文件，交给团队另外一名译员进行审校，以提高译文的准确性，统一译文风格。第三轮为专家审校，根据指导老师和出版社提供的建议再次修改译文，确保译文逻辑清晰，能够为儿童理解和接受，并且是值得学习的语言。经过三轮修改，译文质量得到了显著提升。由此可见，译后审校与质量控制工作是整个翻译流程必不可少的一个环节。

4.3　问题与不足

通过此次翻译实践，笔者也认识到自身的不足。

首先，笔者的文学语言功底还有待加强。之前笔者所接触的大多是较为正式的文本，与语言生动活泼、富有童趣的儿童文学文本大为不同。因此，在翻译实践之初，初译稿语言生硬不自然，不像文学语言。语言表述的故事性是文学翻译与经管类翻译的最大区别。由于笔者能力有限，在翻译中对部分词语和句子把握不够准确，译文有些地方仍然需要修改。在翻译的过程中，儿童语言与成人语言的界定困难是笔者面临的主要问题。因此，在今后翻译文本之前，应该对原文本反复阅读和理解，也可以通过阅读平行文本熟悉文本语言的特点。

其次，笔者对于显化理论与标记理论的认识和理解还有待加强。此次翻译实践中，笔者重点关注的是语法范畴的标记现象。根据沈家煊提出的新标记理论，新的标记模式是"相对的"多分模式，而传统的标记模式是"二分模式"，即一个范畴只有两个成员的对立，一个是有标记项，一个是无标记项。本报告采用的传统的"二分模式"，对于语法标记的有标记项和无标记项的界定存在一些局限。同时，笔者发现传统的显化翻译理论不够全面，不能很好地区分英汉、汉英翻译差异，因此需要综合参考学者们对显化的理解与解释，来更好地指导翻译实践。在未来的学习过程中，笔者会加强理论学习，以便更好地用理论来指导实践。

（作者：陈燕）

四、*The Family of the White Elephants*（节选）长句英译汉实践报告

1. 翻译任务描述

本报告基于笔者参与的图书 *The Family of the White Elephants* 英译汉翻译任务撰写，报告描述了翻译任务和翻译过程，同时基于英汉界限差异，重点汇报了长句翻译难点的翻译策略。

本章从翻译任务背景、任务文本分析和翻译任务意义三个部分对 *The Family of the White Elephants*（节选）翻译实践进行介绍。翻译任务背景主要概述了委托方、所选文本和任务要求；任务文本分析总结了任务文本类型和语言特点；翻译任务意义包含对出版社、目标读者和笔者三方的意义。

1.1　翻译任务背景

The Family of the White Elephants 一书是由北京少年儿童出版社委托的英译汉翻译任务。委托方北京少年儿童出版社主要编辑出版科普图书和儿童文学图书，针对 0~18 岁不同年龄段的读者，除国内出版的《蓝夜书屋》等优秀图书①外，北京少年儿童出版社还致力于国外图书的译介和出版，如安万特科学图书奖《可怕的科学》系列丛书、美国图书馆协会推荐童书奖《摆渡船》系列丛书，翻译的图书广受国内儿童读者喜爱。

本任务 *The Family of the White Elephants* 一书包括 *Toomai of the Elephants*（《大象的图迈》）、The Elephant's Child（《大象宝宝》）、Moti Guj—Mutineer（《大象莫迪·古

---

① ［2022-01-20］．Baike. baidu. com/item/北京少年儿童出版社/907081.

吉》）三个以大象为题材的儿童文学故事。笔者主要负责 *The Family of the White Elephants* 一书中 *Toomai of the Elephants* 的翻译，译文定稿约 12165 个汉字。

Toomai of the Elephants 为英国作家约瑟夫·鲁德亚德·吉卜林的儿童文学作品，文本讲述了印度图迈家族中勇敢机智的男孩小图迈在大象卡拉·纳格的帮助下发现象群跳舞，从而赢得周围成年人尊重和钦佩的神奇经历。同时通过大象卡拉·纳格挣脱脚链，参与象群跳舞，传达了对自由的渴望以及人与动物和谐相处的主题。作者约瑟夫·鲁德亚德·吉卜林生于印度，童年时在英国接受教育，大学毕业后又重回印度工作，曾获 1907 年诺贝尔文学奖。① 其作品多以印度风情为主题，反映印度本土文化，具有显著的地域特征，本任务文本 *Toomai of the Elephants* 便是以印度为背景撰写的儿童文学作品。

The Family of the White Elephants（节选）英译汉任务自 2020 年 9 月起至 2021 年 1 月结束，历时 5 个月。为满足目的语小学义务教育阶段儿童的阅读需求，委托方对译者的要求有以下四点：(1) 多使用小学义务教育阶段儿童能理解的词语，多用短句表达。(2) 语言生动形象，具备儿童文学的趣味性。(3) 故事主题正面、积极，如有动物之间的血腥打斗场景，要做适当处理。(4) 定稿分为双语版和中文版两版，双语版按照段落英中对照。

1.2　任务文本分析

在开始翻译前，笔者仔细分析了所译文本 *Toomai of the Elephants*（《大象的图迈》）的文本类型及其语言特征，确保准确全面地理解源语文本，为笔者在翻译过程中作出的具体翻译决策提供可靠的基石。

文本类型上，*Toomai of the Elephants*（《大象的图迈》）属于儿童文学作品，具有表达类文本特点。翻译理论家纽马克提出文本分为三大类型：首先是表达型文本，主要功能是向读者传递原文本作者的思想感情；其次是信息型文本，主要功能在于传递真实信息；最后是劝说型文本，主要功能在于号召读者按照源语作者的预设做出反应。(Newmark，1981：176-180) 任务文本作者吉卜林通过描绘小图迈历经千辛万苦看到象群跳舞的场景，向儿童读者传递了只要满怀希望、不断探索，一切皆有可能的主题思想，因此项目文本属于表达型文本。

语言特征上，*Toomai of the Elephants*（《大象的图迈》）具有英译印度词汇多、用词抽象、长句繁复、修辞手法多样等特征。具体体现在如下几点：

---

① 　[2022-01-21]. Baike. baidu. com/item/约瑟夫·鲁德亚德·吉卜林/2609761.

（1）英译印度词汇多，用词抽象。由于任务文本作者吉卜林接受英国和印度双重文化教育，除现代英语外，任务文本多使用古英语和印地语，如使用古英语"thou""thee""thy"表示"你"的含义，使用印度语"mahout"表示英语"elephant driver"的含义，同时多用印地语特有的语气词和专有名词，如 Somalo（careful）表示"小心"的含义，Keddah（a stockade trap for the capture of a full herd of elephants that was used in India①）表示"印度捕象围场"的含义；任务文本还含有较多抽象意义词汇，如"good behavior"，词汇语义抽象，若直译为"好的行为"，不符合汉语惯用表达习惯，需仔细推敲，将词汇具象化，确保译文符合目的语小学义务教育阶段儿童的认知水平。

（2）长句繁复，信息量大。项目文本虽是儿童文学作品，但由于英语句子具有句尾开放的特征，修饰语等成分可以后置，导致各种附属结构错综复杂，同时又有关系词连接，使得句子不断向句尾延伸，句子长度大大超过汉语。相反，汉语多使用小句或流水句，以保证译文的流畅性和可读性。（连淑能，2010：89-102）任务文本长句中掺杂大量从句和插入成分，同时使用连词"and""or"长篇叙述，达致一气呵成的修辞效果，句子信息量较大。如"Little Toomai was just going to sleep, too, when he heard the coir string snap with a little "tang," and Kala Nag rolled out of his pickets as slowly and as silently as a cloud rolls out of the mouth of a valley."一句中，"and"连接两个并列小句，前后两个小句附属成分较长，既包含时间状语从句又有同级比较并列成分。因此，为保持篇章的语义和连贯性，解决长句翻译难点是本翻译任务的关键，需要译者理清各小句之间的逻辑关系，将长句化繁为简。

（3）多用比喻、拟人、夸张等多样化修辞手段。任务文本使用比喻，如"a great wild tusker with his little pig's eyes glowing like hot coals"，将野象小小的眼睛比作烧红的煤块一样闪闪发光；拟人，如"A tree was creaking and groaning somewhere near him"，将被挤的树比做人一样在哀嚎；夸张，如"Now Petersen Sahib had ears all over him"，通过彼得森先生浑身长满耳朵的夸张描写，突出其敏锐的听觉。修辞手法的运用重点描绘了事物的突出特征，使人物描写和环境描写更形象化和具有趣味感，有利于增强目的语小学义务教育阶段儿童的理解力，妙笔生花的修辞能引发儿童读者更多的联想和想象，增强儿童对文学作品美的感知力。

（4）语篇叙述夹杂大量环境描写。任务文本情节叙述与景物描写交相呼应，如"The grass began to get squashy, and Kala Nag's feet sucked and squelched as he put them down, and the night mist at the bottom of the valley chilled Little Toomai."既叙述了关于

---

① ［2022-01-21］. https：//en. wikipedia. org/wiki/Keddah.

大象卡拉·纳格的情节，又描写了其身边的自然景象，需要译者在顺畅翻译故事情节的基础上将客观的环境描写融入生动的故事情节，使行文连贯自然。

1.3　翻译任务意义

本次 *The Family of the White Elephants*（节选）翻译文本 *Toomai of the Elephants* 为儿童文学作品，对北京少年儿童出版社、目的语小学义务教育阶段儿童及笔者三方分别具有交流传播、启蒙教育和实践探索的意义。

（1）对出版社具有交流传播意义。外国儿童文学的译介与出版有利于跨文化的传播与交流，不仅满足了我国儿童日益增长的多元文化需求，也促进了全球文化市场的多样性和世界文化事业的共同繁荣发展。北京少年儿童出版社将目标读者精准定位于少年儿童，以儿童喜爱的文学故事为选题，整合资源并翻译出版了《白象家族》一书，紧跟国际潮流，贴合读者需求，不仅为儿童读者提供了精神食粮，还提高了自身的出版传播价值与市场影响力，增加了大众的喜爱度和好评度。

（2）对目标读者具有启蒙教育意义。儿童文学具有跨时空、跨国别连绵传播的影响力，此次翻译任务的主要目的是以简短流畅的语言将国外儿童文学展示给中国小学义务教育阶段儿童，这一阶段儿童正处于不断学习和成长的过程，儿童文学作为儿童成长阶段的启蒙读物，对儿童想象力和审美能力的培养及其语言能力的提升有着潜移默化的影响。同时，儿童文学的根本使命是为人类提供良好的人性基础（曹文轩，2018：5-8），任务文本小图迈历经千辛万苦看到大象跳舞的故事展现了儿童不怕艰难、勇于探索的闪光面，鼓舞每一位小读者以小图迈为榜样，学习其进取精神。

（3）对笔者具有实践探索意义。在接到此次翻译任务前，笔者所接触的翻译任务主要为社科类以及科技类文本，儿童文学翻译实践文本涉猎较少。通过本次翻译实践任务，笔者积累了丰富的儿童文学文本翻译经验，学习到儿童文学文本翻译既要满足简洁易懂、生动形象的基本语言要求，还要考虑目标儿童读者的接受度，对文本中血腥或晦涩难懂的文字进行删减或淡化。同时，在翻译过程中，笔者将所学翻译技巧灵活运用于翻译实践中，并不断发现与反思自身的不足，总结儿童文本翻译经验，为后续参与相关儿童文学文本翻译的译者提供一定的借鉴。

2. 翻译过程描述

本章主要描述了 *The Family of the White Elephants*（节选）译前准备、译中处理和译后审校三个阶段。译前准备工作进一步细分为文本阅读、翻译工具准备、术语整理和翻译计划制订；译中处理主要是开展初译和解决翻译过程中遇到的实际问题；译后审校包括译者自审、团队成员互审、专家评审和出版社审校四个阶段。

2.1　译前准备

充分的译前准备工作是后续翻译工作顺利开展的奠基石。笔者从 2020 年 9 月接到 *The Family of the White Elephants*(节选)翻译任务后，主要进行了文本阅读、翻译工具准备、术语整理、翻译计划制订四方面的准备工作。

2.1.1　文本阅读

接到任务文本后，笔者在文本阅读环节进行了预读文本、阅读背景资料和平行文本的准备工作，具体如下：

(1)预读文本。为熟悉任务文本内容和语言特点，在接到翻译任务后，笔者对任务文本进行了详读，了解文章大意，阅读过程中标注了需要查找的专业术语、文化负载词和造成翻译困难的词句等，初步了解任务文本英译印度词汇多、词汇抽象化、句子较长的语言特征。

(2)阅读背景资料。由于任务文本是由英国作家描绘的发生在印度的儿童故事，而笔者在印度文化背景知识方面相对薄弱，熟悉故事写作背景及作者写作意图可进一步帮助笔者了解任务文本，为任务文本翻译提供有效的背景信息，因此笔者利用搜索引擎阅读熟悉了作者的基本信息以及故事发生的时代背景。

(3)阅读平行文本。本次翻译实践的目标读者是小学义务教育阶段儿童，译文的汉语表达符合其阅读习惯至关重要，为润色译文，笔者阅读了中国著名儿童作家曹文轩、儿童文学故事大王郑渊洁、儿童动物故事大王沈石溪的儿童文学故事，熟悉儿童语言表达风格和特点，为译中处理储备语言知识。

2.1.2　翻译工具准备

合适的翻译工具可以提高翻译效率和翻译质量。在文本阅读过程中，笔者发现 *Toomai of the Elephants*(《大象的图迈》)是具有特定印度国家背景的儿童文学故事，书中涉及大量具有印度文化特征的地名、人名、战争名等专有名词，需要在译前制定术语库，确保专业术语使用的统一性。为解决翻译过程中出现的术语及翻译难点等问题，保证后续翻译工作的顺利进展，笔者确定了以下翻译工具：

(1)准备网络搜索引擎和电子词典，查找印度特色文化词汇。任务文本以印度为背景，有很多印度特有文化词汇，为准确翻译相关文化词汇，笔者借助 Google、百度等搜索引擎查找相关资料，同时借助 Longman 等电子词典查找词义，确保印度文化词汇的地道性。

（2）准备印度史书和英国史教材，查找相关战争名称。任务文本对英印相关战争的描述未以大写专有名词的方式呈现，而只是描写某一年或发生在某个国家及城市的战争，虽未以专有名词方式呈现，但前后语境暗示其为某一场英印参与的战争。因此笔者查阅了《印度史》《印度通史》《英国史》等史书和历史教材，确保战争名的准确性。

（3）准备权威专业类别词典，查找人名、地名等术语。针对任务文本中出现的人名、地名，笔者查阅了《世界地名翻译大辞典》《世界人名翻译大辞典》等，确保术语准确性。

（4）准备翻译理论书籍，提供英汉语言转换理论基础。为确保翻译过程中英汉两种语言的恰当转换，笔者阅读了王建国的《英汉翻译学：基础理论与实践》、刘宓庆的《文体与翻译》、连淑能的《英汉对比研究》等理论书籍，确保英汉语言合理转换。

（5）准备计算机辅助翻译软件，保证翻译任务效率和质量。为确保术语翻译的统一性、审校和翻译质量监控的便捷性，笔者准备了 SDL Trados、SDL MultiTerm 等翻译辅助软件，高效化翻译流程，避免一切非语言因素造成的翻译问题，如电脑系统不同导致的 Word 等文字处理软件生成的文件乱码，进而影响译后审校工作。

主要需准备的翻译工具如表 2.1 和表 2.2 所示：

表 2.1　纸质翻译工具

纸质工具类型	名　　称		
理论书籍	王建国《英汉翻译学：基础理论与实践》（2020）	刘宓庆《文体与翻译》（2012）	连淑能《英汉对比研究》（2010）
纸质词典	《世界地名翻译大辞典》	《世界人名翻译大辞典》	陆谷孙《英汉大词典》
纸质史书	《印度史》	《印度通史》	《英国史》

表 2.2　电子翻译工具

电子工具类型	名　　称		
电子词典	Longman	Lingoes 灵格斯	欧路词典
搜索引擎	Google	百度	Wikipedia
辅助翻译软件	SDL Trados Studio	SDL MultiTerm	ABBYYFineReader

2.1.3 术语整理

在准备好所需的翻译工具后,笔者团队在译前协作制定了术语库,利用 SDL MultiTerm 导入 SDL Trados Studio 计算机辅助翻译软件,保证翻译前后专有名词的一致性,并在翻译过程中不断更新与完善,方便后续翻译工作的开展。部分术语汇总如下(见表 2.3):

表 2.3 *The Family of the White Elephants*(节选)术语

人名	译文	地名	译文
Toomai	图迈	Cawnpore	康朴尔
Black Toomai	黑图迈	Moulmein	毛淡棉
Petersen Sahib	彼得森老爷	the Garo hills	加罗丘陵
Barmao	巴茂	Dihang River	底杭河
Emperor Theodore	西奥多皇帝	Abyssinia	阿比西尼亚
Big Toomai	大图迈	Magdala	马格达拉
Machua Appa	马丘亚·阿帕	Keddah	捕象围场
大象名	译文	战争名	译文
Radha Pyari	拉达·皮亚里	the Afghan War of 1842	第一次英阿战争
Kala Nag	卡拉·纳格	the Abyssinian War	阿比西尼亚战争
Pudmini	普德米尼	The Upper India	英印远征阿比西尼亚

2.1.4 翻译计划制订

合理有序的翻译计划可以保证任务的有序推进。*The Family of the White Elephants*(节选)英译汉任务为儿童文学翻译,词汇丰富,长句较多,翻译难度较大,在制定好术语库后,为保证初译按时交稿以及后续审校流程的顺利推进,同时确保图书按时出版,笔者根据任务进度要求、任务量和自身实际情况制订了详细的翻译计划。同时制定了突发情况紧急预案,若因当天课业繁重无法进行翻译,则压缩到第二天空余时间加班加点翻译,确保偏离规划的任务及时重回正轨,翻译计划如表 2.4 所示:

表 2.4　*The Family of the White Elephants*（节选）翻译计划

时间	翻译计划
2020 年 9 月 28 日—2020 年 11 月 1 日	完成初译（每周约 3000 词）
2020 年 11 月 2 日—2020 年 11 月 11 日	自我审校
2020 年 11 月 12 日—2020 年 11 月 27 日	团队成员互审
2020 年 11 月 28 日—2020 年 12 月 15 日	专家审校
2020 年 12 月 16 日—2020 年 12 月 31 日	出版社审校
2021 年 1 月 1 日—2021 年 1 月 11 日	完成定稿

2.2　译中处理

　　译中处理包括开展初译和解决翻译难点。翻译的过程包括理解、转换与表达三个阶段。（王建国，2020：1-2）在翻译过程中，笔者严格按照制订的翻译计划进行初译，首先利用准备好的翻译工具，将任务文本导入 SDL Trados，通过 SDL Trados 计算机辅助翻译软件进行双语对照翻译。在理解、表达与转换的翻译过程中，笔者基于对英汉思维、审美、语用差异的理解进行选词、造句和构篇，判断源语与目的语恰当转换的方式。

　　译中还对翻译难点进行了针对性的解决。在翻译过程中笔者用黄色标记出难以理解以及无法确定的词句，通过查找阅读资料和团队成员商讨，及时解决翻译过程中出现的难点，力求准确再现原文本，主要进行了以下难点的处理：

　　（1）对原文中出现的印度英语、古英语和抽象词汇进行词源和词义的搜索查证，确保异域文化术语的准确性。同时根据特定语境具象化抽象概念名词，确保译文生动形象、富于趣味性。

　　（2）对原文中出现的晦涩难懂的长句进行句法结构分析和意群划分，深入了解中英思维、审美和语用差异，不断修改完善长句翻译，摆脱英语长句固有形式的束缚，确保将长句化整为零，同时富于儿童文学的故事性。此外，笔者对原文出现的长句翻译难点进行整理归类，基于英语句式结构形式特征和 Butler 按照英语句子单词数量对英语句子的分类，将任务文本长句划分为三大类，方便后续长句翻译难点的研究。

2.3　译后审校与质量监控

　　译后审校与质量监控是翻译任务的关键环节，是对译文表达和风格再现的进一步深化。质量监控贯穿整个翻译流程，译后审校分为以下四个阶段：

第一阶段为译者自审。笔者先通过 SDL Trados 对任务双语平行文本进行阅读，主要检查是否存在漏译、错译、语法错误以及错别字、标点符号使用错误等问题，并及时进行修改。再脱离任务原文本，对译文进行通读，核查是否存在搭配不当、语句不通或表意不明等问题，确保译文衔接连贯、意义准确。

第二阶段为团队成员互审。团队成员重点审核了术语是否一致，并检查译文是否存在"翻译腔"和欧化语言等问题，对没有统一的术语，团队成员进行了深入的探讨并查找相关资料，最终确定术语的一致性。对"的的不休"等"翻译腔"、介词翻译、被动语态翻译等受英文框架句式导致的欧化语言进行词性转换和语态转换，确保译文符合中文表达习惯。

第三阶段为专家评审。专家主要对译文表达进行了语言上的润色和风格上的调整，对逻辑不清的句子按照时间、空间、情节推进等顺序进行重组，保证译文语义连贯达意。

第四阶段为出版社审校阶段。出版社主要指出了译文语篇上可能造成儿童阅读障碍的问题，如句子过长、用词生僻。基于第四轮出版社审校意见，译者进行了第四次译文修改，并向出版社反馈，最终得到了出版社的肯定，进行译文定稿。笔者进而对定稿的文体、稿例进行校对，确保数字使用符合国家标准《出版物上数字用法》(GB/T 15835—2011)规范，标点符号使用符合国家标准《标点符号用法》(GB/T 15834—2011)规范，翻译语言符合国家《翻译服务译文质量要求》(GB/T 19682—2005)规范，做到出版社要求的规范化和标准化。

翻译质量监控贯穿任务启动阶段至收尾阶段。本次翻译任务利用计算机辅助翻译软件 SDL Trados 开展，在译前、译中、译后阶段，翻译管理员都可随时抽检项目文档，及时跟踪审查翻译速度和翻译质量，定时与翻译成员沟通，向出版社汇报完成进度，有条不紊地开展翻译任务。

3. 长句翻译难点及案例分析

The Family of the White Elephants(节选)涉及大量长句，句中用词抽象，能否处理好长句的翻译关系着整个译文的质量。中国儿童文学简单易懂、富于趣味的语言和审美特征也加大了本任务英语长句翻译的难度，因此长句翻译成为本任务的翻译难点和研究重点。本章重点描述了长句翻译难点，并基于英汉界限差异对长句案例进行分析，归纳长句翻译策略。

3.1　翻译难点及其分类

Butler(1985：121)根据英语句子单词的数量,将含有 1~9 个英语单词的句子分为短句,含有 10~25 个单词的句子分为中长句,含有 25 词以上的句子分为长句。*The Family of the White Elephants*(节选)翻译任务文本 *Toomai of the Elephants* 共 295 个英语句子,其中超过 25 个英语单词的句子有 114 个,这些句子的单词数量从 26 个至 131 个不等,占翻译任务篇幅近一半,对文本翻译造成极大困扰。基于英语长句翻译难点,本报告对本任务文本英语长句进行分类,为英语长句的汉译提供语言框架基础。

3.1.1　长句翻译难点描述

本任务文本 *Toomai of the Elephants* 长句翻译难点主要体现在形式结构识别难和文化审美信息表达难两方面。

英语长句形式结构复杂,清晰识别难,主要体现在长句内代词繁多、长句内成分繁多和长句内小句繁多。

(1)长句内代词繁多,导致指代关系难识别。任务文本 114 个长句内,共出现 72 处第三人称代词,7 处第二人称代词,其中一些长句代词频繁复现。如:

例 1："Yes," said Big Toomai, <u>his</u> driver, the son of Black Toomai who had taken <u>him</u> to Abyssinia, and grandson of Toomai of the Elephants who had seen <u>him</u> caught, "there is nothing that the Black Snake fears except <u>me</u>. "

分析：本句出现三处第三人称代词,一处第一人称代词。代词的回指对句内衔接起着重要作用,若回指不清或回指错误,会导致长句错译,进而造成儿童读者对译文的误解,产生阅读偏差。

(2)长句内成分繁多,导致主谓宾结构难识别。任务文本为达致排比修辞的美感与张力,多堆砌排列,长句内多并列宾语、并列谓语或并列介宾结构,如:

例 2："①<u>There were white-tusked wild males</u>, with fallen leaves and nuts and twigs lying in the wrinkles of their necks and the folds of their ears；②<u>fat, slow-footed she-elephants</u>, with restless, little pinky black calves only three or four feet high running under their stomachs；③<u>young elephants</u> with their tusks just beginning to show, and very proud of them；④<u>lanky, scraggy old-maid elephants</u>, with their hollow anxious faces, and trunks like rough bark；⑤<u>savage old bull elephants</u>, scarred from shoulder to flank with great weals and cuts of bygone fights, and the caked dirt of their solitary mud baths dropping from their shoulders；⑥and <u>there was one</u> with a broken tusk and the marks of the full-stroke，the terrible drawing scrape，of a tiger's claws on his side. "

分析：这一句的结构为：小句①和小句⑥为并列句；小句①通过主谓结构"there were"并排铺叙①②③④⑤五个宾语成分，描写了公象、母象、老公象、老母象、小象的神情状态，各小句内部又多"with"结构短语，信息含量较大。若主谓宾成分识别不清，会造成长句意义理解困难，增加长句的翻译难度。

（3）长句内小句繁多，导致句内逻辑关系难识别。任务文本长句内多"which""when"等界限标记功能词，标识主从句或各小句间关系，文本长句中多嵌套从句和并列从句。如：

例3："①His mother Radha Pyari，—Radha the darling，②—who had been caught in the same drive with Kala Nag，told him，③before his little milk tusks had dropped out，④that elephants ⑤who were afraid always got hurt. "

分析：本句结构为：小句①为主谓结构；小句②⑤为定语从句；小句③为时间状语从句；小句④为宾语从句。一个主句后紧跟三个从属小句，宾语从句④内又嵌套定语从句⑤，小句繁多，从句内嵌套从句，如无法捋清各个主从句关系，会造成误译甚至错译。

英语长句异域文化与审美元素较多，准确表达难。（1）文化元素。由于原作译者受欧美和印度双重文化熏陶，语篇中印度英语、古英语以及英语三语混杂，其中包含一些印度特有文化词汇，很难查找，如"tom-tom"一词，指的是印度特有的一种乐器，翻译既要保留其异域文化，又要在中文中找到对应成分，让中国读者理解并接受，使得异域文化语言转换难度较大。（2）审美元素。为保持文学作品的美感及特殊的修辞效果，长句内多使用拟声词，如"grunting""gurgling""trumpeting"，用以精确描述大象的声音，但汉语中关于大象的拟声词没有英语丰富，相关描述较少，对应词汇查找困难，造成审美元素表达困难。

综上所述，任务文本长句频繁复现，如何将长句化整为零，使用目的语小学义务教育阶段儿童接受的语言表达方式，成为本次翻译任务的重难点。对于英语长句的翻译，译者不仅要了解中英句法差异、捋清句子结构，还要透彻分析原文文化与审美元素，保持源语文本的语言和审美特征，根据目的语读者的阅读习惯及审美方式的需求，采用合适的语言降低目的语小学义务教育阶段读者阅读的难度，提高阅读效率。

3.1.2　文本长句分类

根据本任务长句特点，为方便解决长句翻译难点，本报告对任务文本英语长句进行了划分。传统英语语法书根据英语结构形式，将英语句子分为简单句（Simple Sentence）、并列句（Compound Sentence）和复合句（Complex Sentence）（Eckersley, C. E. and Eckersley, J. M., 1983；张道真, 2002）。基于英语句子结构形式特点以及上文 Butler 对英语长句的定义，笔者对任务文本英语长句进行分类，主要分为简单长句、并列长句和复合长句三类。任务文本 *Toomai of the Elephants* 包含 114 个英语长句，其中简单长句 8 句，并列长句 83 句，复合长句 23 句。

（1）简单长句：简单句指只有一个主谓结构的句子。（Eckersley, C. E. and Eckersley, J. M., 1983：163-165）张道真（2002：7-8）还补充道有两个或更多的并列主语拥有一个共同的谓语，或者有两个或更多的并列谓语拥有一个共同的主语的句子也属于简单句。根据上述两种定义，本文将超过 25 个英语单词的只有一个主谓结构，或有并列主语或有并列谓语的简单句划分为简单长句。如：

例 4：①The next few days were spent ②in getting the elephants together, ③in walking the newly caught wild elephants up and down between a couple of tame ones to prevent them giving too much trouble on the downward march to the plains, and ④in taking stock of the blankets and ropes and things that had been worn out or lost in the forest.

分析：本句共 62 个英语单词，①是长句的主谓结构，主语为"the next few days"，谓语为"were spent"，表示被动语态，谓语动词后紧跟介词"in"引导的②③④三个介宾结构，形成了一个主谓结构紧跟三个介宾短语的句子，属于简单长句。

例 5：He ①had been hoisted into a ship at the end of a steam crane and ②taken for days across the water, and ③made to carry a mortar on his back in a strange and rocky country very far from India, and ④had seen the Emperor Theodore lying dead in Magdala, and ⑤had come back again in the steamer entitled, so the soldiers said, to the Abyssinian War medal.

分析：本句共 68 个英语单词，主语为"he"，后紧跟①②③④⑤五个并列谓语，共享同一个主语"He"，属于简单长句。

（2）并列长句：并列句指借助连接词（and/but/or/so）连接两个或两个以上不同的主谓结构的句子。（Eckersley, C. E. and Eckersley, J. M., 1983；张道真, 2002）根据上述定义，本文将超过 25 个英语单词的并列句划分为并列长句。如：

例 6：①He would shout, and ②the big fight between Kala Nag and the wild elephant would sway to and fro across the Keddah, and ③the old elephant catchers would wipe the sweat out of their eyes, and find time to nod to Little Toomai wriggling with joy on the top of the posts.

分析：本句共 52 个英文单词，由两个连接词"and"连接①②③三个小句，③小句内又包含两个并列谓语成分。小句①主谓结构为"He would shout"；小句②主谓结构为"the big fight between Kala Nag and the wild elephant would sway"；小句③主谓结构为"the old elephant catchers would wipe"，三个小句主谓结构各不相同，借助连接词"and"连接，属于并列长句。

例 7：①The grass began to get squashy, and ②Kala Nag's feet sucked and squelched as he put them down, and ③the night mist at the bottom of the valley chilled Little Toomai.

分析：本句共 31 个英语单词，由两个连接词"and"连接①②③三个主谓结构构成主体架构，小句①主谓结构为"The grass began to"，小句②主谓结构为"Kala Nag's feet sucked and squelched"，小句③主谓结构为"the night mist at the bottom of the valley chilled"，长句内三个主谓结构相互独立，由连接词"and"连接，属于并列长句。

（3）复合长句：复合句指句子某个成分由从属分句表示的长句（Eckersley, C. E. and Eckersley, J. M.，1983；张道真，2002），包括名词性从句、形容词性从句和副词性从句三大类。根据上述定义，本文将超过 25 个英语单词的复合句划分为复合长句。如：

例 8：①The air was full of all the night noises that, taken together, ②make one big silence—the click of one bamboo stem against the other, the rustle of something alive in the undergrowth, the scratch and squawk of a half-waked bird（birds are awake in the night much more often than we imagine），and the fall of water ever so far away.

分析：本句共 62 个英语单词，主句为①，其中主语是"the air"，谓语是"was full of"，主句主谓结构后紧跟"that"引导的小句②作定语从句，定语从句后通过标点符号"—"表示列举，解释主句宾语"noises"，主从句各司其职，表达完整意义，句子属于复合长句。

例 9：①He was the head of all the Keddah operations—the man ②who caught all the elephants for the Government of India, and ③who knew more about the ways of elephants than any living man.

分析：本句共 34 个英语单词，主句①主语为"he"，谓语为"was"，主句后通过同位语"the man"插入两个"who"引导的②③小句作定语从句，表示独立完整的意义，对主句进行详细的解释说明，呈现演绎式表述，主从句交错，属于复合长句。

3.2　长句翻译策略

在处理任务文本 *Toomai of the Elephants* 长句翻译难点时，笔者主要基于英汉界限差异采取去界限的翻译策略解决上述三类长句的翻译，在此之前笔者首先回顾了学界关于英语长句翻译的研究现状。

3.2.1　长句翻译研究现状

通过中国知网，笔者对2000年以来的儿童文学长句翻译研究进行调研。由于任务文本为英译汉项目，因此笔者主要查找了国内学者对儿童英语长句的研究，国外学者研究暂不包括在内。首先以"儿童文学长句翻译"为篇名关键词进行精确检索①，尚未发现以"儿童文学长句翻译"为篇名的期刊论文。于是笔者以"儿童文学翻译"为篇名关键词进行模糊检索②，共检索到937篇期刊论文。

基于查找到的937篇期刊论文，笔者总结了关于英语长句翻译的论述。查找到的937篇期刊论文主要涉及以下四类内容：(1)儿童文学翻译史概述。(2)儿童文学翻译家思想概述。(3)儿童文学翻译理论研究。(4)儿童文学作品多译本研究。笔者从后三类研究主题总结出儿童文学长句的翻译策略主要有以下三大类：(1)界定翻译标准：儿童文学长句翻译要忠实通顺，有语义逻辑性(原明明，2008；吴术池，2019)。(2)明确词句翻译策略：儿童文学长句翻译要选词简单、用词鲜明且句型简短，通俗易懂(吴艳晖，2007；宋楠、李东霞，2017)。(3)提出儿童本位翻译策略：儿童文学长句翻译要以目标读者为中心，在忠实于原文的基础上采取归化翻译等方法(袁毅，2006；李新朝等，2008)。

对于英译汉长句的翻译，学界也提出多种翻译方法。如刘宓庆(2012：121-140)提出了包孕法、分切法、插入法、拆离法、倒置法、重组法六种翻译方法。张培基(2009：149-156)提出顺序法、逆序法、分译法与综合法的翻译方法。连淑能(2006：292-305)提出顺译、逆序、拆句与并拢的翻译方法。王建国提出去界限的翻译策略。本文主要选取王建国的翻译方法处理任务文本长句翻译。

3.2.2　英汉界限差异理论

英汉界限差异理论是王建国基于多年来的理论实践研究，于2020年在《英汉翻译

---

① [2022-01-22]. https：//kns.cnki.net/kns8/defaultresult/index/儿童文学长句翻译.
② [2022-01-22]. https：//kns.cnki.net/kns8/defaultresult/index/儿童文学翻译.

学：基础理论与实践》中提出的，总结了"总体而言，英语界限性强，汉语界限性弱"的主要观点(王建国，2020：72)。该理论基于英汉思维、审美和语用上的界限差异，从界限视角提出英汉翻译要采取去界限的翻译策略，即削弱界限性，模糊界限意识。去界限英汉翻译策略使句子连续性加强、离散性变弱，主要翻译技巧包括以下四点：

(1)去界限标记。英汉思维上存在界限差异，英语个体意识、时空意识强，讲究主客两分，汉语个体意识、时空意识模糊，讲究主客交融。表现在语言上为英语多虚词和语法标记等界限标记，如"which""of""and"引导不同的语法结构，可以分别看作定语从句、介词短语和并列成分的界限标记，这些标记词具有很强的界限性，标记个体间界限和主从界限，导致英语个体意识强，主客分明。同时英语名词具有很强的界限性，名词有明确的限定和非限定之分，有单复数之分，标记其个体的独立性，具有精确性和排他性。英语长句汉译时采用去界限标记，去除虚词、介词短语、名词的界限性，可以模糊英语长句内个体间界限，使主客交融。(王建国，2020：77)

(2)去抽象化。思维上，汉民族讲究具象思维，英民族讲究抽象思维。英民族各种实词容易通过加上标记成为名词，如-ness，-ment等词缀标记，造成了英文多抽象名词的现象，词汇化程度高，用词精确，减少想象空间，而汉民族讲究具象思维，用词具象化，扩大想象空间。英语长句汉译时采取去抽象化，将抽象化的长句具象化，可以削弱抽象名词界限性。(王建国，2020：78)

(3)构建话题链。英汉审美上存在界限差异，汉语具有模糊性、平面感，英语具有精确性、立体感。表现在语言上为英语每个句子都有主谓结构，谓语具有清晰的时体标记，主谓结构在英语句子中必不可少，标记句子的开始，具有很强的界限性，使各个从属成分与主句形成主次分明的立体结构。而汉语支点不够清晰，句子多流水句，呈流泻式铺排，形成一种平行结构。汉译时使用话题链构建平行结构，能增强汉语审美的平面感，模糊立体审美界限。(王建国，2020：244)

(4)显化过程。英汉语用上存在界限差异，英语属于结果取向，即"压缩一个事件发展过程而突出过程发展的结果"，而汉语属于过程取向，即"把对一个事件发展的感知结果扩展从而突出达致该结果的过程"。汉语的过程是连续的，没有清晰的界限，而英语的结果是有界的，结果取向的表述使得英语界限性更强。英汉翻译采取显化过程的策略，将结果取向的英文转化为过程取向的中文，可以使句子更具连续性和动态感。(王建国，2019：79)

综上所述，英语的界限性表现在主谓结构突出、多使用连词等虚词、用词倾向于名词和抽象名词、表述多结果取向等。英语长句汉译时，去界限的翻译策略可以将界限性较强的英语长句转化为界限性较弱的汉语表达，使译文更具连续性。

3.3　案例分析

　　任务文本 *Toomai of the Elephants* 为英国作家吉卜林的英语文学作品，文本长句具有鲜明的英语语言特征，长句内多并列连词等界限标记词用以连接各小句，主谓突出；多从属连词用以连接各主从句，层级明显；用词多使用意义含量较大的名词和抽象名词；表述多趋于结果取向；这些特点凸显了英语长句界限性明显的特征，符合英语界限性强的特点。基于英汉界限差异，任务文本长句翻译主要采取了去界限标记、构建话题链、去抽象化和显化过程四种去界限翻译策略。去界限翻译策略对上述总结的简单长句、并列长句和复合长句这三类长句的翻译具有显著的指导意义，因此本节以翻译方法为小节进行长句翻译案例分析。

3.3.1　去界限标记

　　去界限标记指在长句英译汉翻译中，对界限性较强的虚词或语法标记进行删除或将语法标记所隐含的语法意义显性或隐性地表述出来。（王建国，2020：76-77）英语长句内有很多词类，如连词、介词、关系词等，都具有界限标记的功能，这些词大多为功能词，标识英语中界限很强的结构。而汉语较少甚至省略各种连词，但并不减损句子的连续性和逻辑性。在长句英汉翻译中，若采取去界限标记的翻译策略，则可淡化这些割裂语篇连贯性的词类界限功能，打破原文构成结构界限的各类词句等，削弱长句内主次界限性。减少译文虚词的使用可以有效避免翻译腔，满足汉语行云流水的表达特征，增加译文连贯性，使目的语小学义务教育阶段儿童读者阅读更顺畅。

　　例10：①When thou art old, Kala Nag, ②there will come some rich rajah, and ③he will buy thee from the Government, on account of thy size and thy manners, and ④then thou ⑤wilt have nothing to do but to carry gold earrings in thy ears, and a gold howdah on thy back, and a red cloth covered with gold on thy sides, and ⑥walk at the head of the processions of the King.

　　译文：大象卡拉·纳格，等你老了，就会有富甲一方的皇家贵族过来，看你体格健硕、习性温顺，就从印度政府手里买下你。那么你就只要戴着金色的耳饰，披着红底金花的毯子，驮着金色的轿子，在皇家出行队伍前领队。

　　分析：本句主干由小句②③④并列组成，为并列长句，形式结构相对复杂，主要结构为：时间状语从句①+②③④并列小句（其中④小句内⑤⑥作并列谓语，谓语⑤后紧跟三个并列宾语）。长句内小句与并列成分繁多，小句内嵌套小句和并列成分，造成长句结构复杂，小句间逻辑关系难以理清。

如前所述，英语文本界限性强主要表现在采用介词、连词这样具有明确形式界定的界限标记，这些词使句子主次分明、结构清晰。（王建国，2020：17）而本句共出现四类界限标记词：（1）使用六处标识并列关系的界限标记词"and"，其中三处标记各并列小句间顺序，三处标记各并列成分间先后顺序，各小句间及各并列成分间通过界限标记词关系明朗化。（2）使用一处标识从属关系的界限标记词"when"引导时间状语从句，使得主从句间通过界限标记词关系清晰。（3）使用介词"in""on"标记其前动宾结构所处空间位置，体现了英语较强的空间界限性。（4）名词有明确的有定和无定之分以及单复数之分，具有强界限性和排他性。（王建国，2019：83）长句中使用"size""manners"，表达需要一个短语或句子来表达的较为复杂的语义，标识了名词的界限性。长句内界限标记词繁多，译文主要采取以下四步去界限标记的策略将本句界限分明的长句转化为界限较弱的汉语句子。

第一，相较于英语的强界限性，汉语界限性较弱，连续性强，一般很少或不使用连词，并列关系隐含在字里行间，通过句间语义便可析出句间逻辑关系。因此译文去除了连接②③④小句的并列关系标记词"and"，隐化其表示时间顺序的"然后""接着"等含义，并去除④小句内标记列举关系的界限标记词"and"，隐化其"和""或"的含义，虽然没有各种连词标识各个小句的时间顺序和并列宾语成分的列举顺序，但译文的连贯性和逻辑性并不减损，去除界限标记后译文减少了虚词的使用，更具流畅性。

第二，对于引导时间状语从句的界限标记词"when"，由于中文同样需要词汇表示时间含义，而汉语表达多倾向于使用动词，因此译文没有使用"当"这一界限性较强的介词，而是通过"等"这一具有动作意义的词汇，将英文界限标记词"when"显性表达出来，相对于原文连词的强界限性，译文动词的界限性更弱。

第三，小句④内使用了三处"介词+名词"的结构，即"in thy ears""on thy back""on thy sides"，用以标识其前动作发生所处的空间位置，介词使用频率高，标识了主句谓语和介词短语后名词的空间结构关系，体现了很强的空间界限意识。若将介词短语直译为"在……"，容易产生"虚词浮肿"，造成翻译腔，阻断语言的连贯性，产生很强的界限感，与汉语连续性强的特征不符。而介词短语所表示的空间位置皆可从其前动宾结构析出，即介宾短语所表示的空间位置含义已经隐含在动宾结构之中，若重复翻译，会造成译文拖沓，因此对于三处介词翻译，译文没有将其译为界限意识很强的介宾结构，而是也采取了去界限标记的翻译策略，显化表示结果状态的介词短语的动作过程，使用"戴着""披着""驮着"等界限性较弱的表过程意义的动词进行表达，模糊原文立体空间界限性，构建平面感画面，加强原文介宾短语动作性。

第四，在小句③中，"size"和"manners"作为名词语义含量较大，"size"有大小之分，"manners"有好坏之分，具有很高的概括性与抽象性，若直接对译为"考虑到你的体型和举止"，译文略显生硬，有一定的界限感，不符合汉语表达习惯。汉语四字成语或词语的形象化表达往往能传递英语抽象名词概念。（陈民，2008：126-129）因此译文以四字格的形式将"size"和"manners"分别翻译为"体格健硕"和"习性温顺"，不仅削弱了原文"size"和"manners"这两个高度概括性名词的界限性，形象化地表达了其意义，四字格的使用还使译文结构匀称，富于音韵美，符合汉语对称美的审美特点，保证了儿童文学的美感，使译文更加流畅自然。

例 11："Yes," ①said Big Toomai, ②his driver, ③the son of Black Toomai who had taken him to Abyssinia, and ④grandson of Toomai of the Elephants who had seen him caught, "there is nothing that the Black Snake fears except me. He has seen three generations of us feed him and groom him, and he will live to see four."

译文：大象卡拉·纳格是大图迈的爷爷象图迈捕获到的，后来他的爸爸黑图迈赶着卡拉·纳格远赴阿比西尼亚，如今大图迈是卡拉纳格的主人，"没错，卡拉·纳格什么都不怕，但它怕我。我们家三代人都给它喂过食洗过澡，以后我儿子小图迈也会给它洗澡喂食"。

注：阿比西尼亚：今埃塞尔比亚旧称。

分析：本句非直接引语部分只有①一个主谓宾结构，主语是"Big Toomai"，谓语是"said"，属于简单长句，主谓结构①后紧跟②③④三个并列同位语成分作背景信息，后两个同位语还嵌套了两个界限标记词"who"引导的定语从句，修饰"the man"，长句内并列同位语与定语从句繁多，造成小句间逻辑关系难以理清。

如前所述，英语主次分明，界限清晰，表现出明显的立体感，汉语个体结构之间没有鲜明的主次之分，各个结构之间连续性和平面性较强。（王建国，2020）本句长句内使用两个界限标记词"who"引导定语从句，作为主句的背景性小句，强化了原文的主从关系，主次结构界限清晰，表现出英语精确的个体界限意识。同时长句使用两处双引号和较长的插入成分将完整的话语割裂成两部分讲述，标记话语界限。译文主要采取以下去界限标记的策略处理本长句：

第一，考虑到汉语的流畅性和平面感，译文对界限性较强的定语从句做了平面处理，去除从属关系界限标记词"who"，将两个处于从属地位的定语从句独立成句，使用流水句将从句与主句并排铺叙，弱化了原文的主次界限性，使译文更具汉语的平面感。

第二，标点符号本身具有界限性，本句前后两部分的直接引语叙述者为同一人，但中间插入成分过长，界限性明显，割裂了话语的连续性，有较大的意义断裂。因此译文将被阻断的两部分直接引语合并表述，放在一个引号里，去掉一个双引号的界限，以保持对话的连贯性。而插入成分属于背景信息，用以介绍卡拉·纳格的三代赶象人，汉语表达习惯先介绍背景信息，因此译文将原文进行了语序上的调整，将插入的背景信息置于句首，通过"祖辈""父辈"的代际先后顺序介绍引出直接引语叙述者"大图迈"，再将两句直接引语合并置后翻译，使译文更具条理性。

同时，对于长句内出现的第三人称代词"his""he""him"，由于英语代词有格的变化，作为英语中小词的一类具有较大的语义含量，译文根据前后文语境，将代词进行还原，即指明代词所指人物，避免指代不清导致错译。

例 12：①One night he slid down from the post and slipped in between the elephants and threw up the loose end of a rope, ②<u>which</u> had dropped, to a driver ③<u>who</u> was trying to get a purchase on the leg of a kicking young calf（calves always give more trouble than full-grown animals）.

译文：一天晚上，小图迈从柱子上滑了下来，溜进了捕象围场，看见一个赶象人正试图捆绑一头小象，小象总是比成年大象更难对付，这头小象不停地踢腿挣扎，原本捆在它腿上的绳子松掉了下来，小图迈见状捡起绳子扔给了这位捕象手。

分析：原文为复合长句，①为主句，包含三个并列谓语，由两个并列界限标记词"and"连接，又包含小句②③两个定语从句，句子结构相对复杂。

英语具有大量的时体标记，时间界限清晰，而汉语缺乏时间性的语法标记，表述起来非常依赖时间顺序。（王建国，2020：39）本长句内小句①谓语动词为过去时态，小句②定语从句谓语动词为过去完成时态，小句③定语从句谓语动词为过去进行时态，各个时态标记标记了谓语动词的发生时间，即使不按照谓语动词先后发生顺序，依旧构成完整的符合英语语法的长句，时态标记的使用体现了英语较强的时间界限意识。

汉语缺乏时态标记手段，叙述多以事件为核心来组织，因此在英汉翻译时，若长句包含多个动作，在汉译时必须将其打散，按照时间顺序重新组织。（潘文国，1997）据此，笔者对本句进行了意群划分和拆分重组：

①One night he slid down from the post //②and slipped in between the elephants//③and threw up the loose end of a rope, // ④which had dropped, //⑤to a driver// ⑥who was trying to get a purchase //⑦on the leg of a kicking young calf（calves always give more trouble than full-grown animals）.

若将本句按照英语长句内各个小句先后顺序翻译成"一天晚上，他从柱子上滑了下来，溜进了捕象围场，把松了的绳子扔给了一个正费力捆绑一只不停踢打的小象的捕象手(小象总是比成年大象更难对付)"。译文最后一个小句长达 29 字。一般来说，汉语句段较短，最佳长度短句是 4 或 9 字，长句是 11 到 20 字左右。(刘宓庆，2006：236)同时，若定语从句照搬翻译，译文出现三个"的"字，造成了中式英语"的的不休"的情况，"的"属于虚词，不具有概念意义，具有很强的界限性，虚词的滥用常常会导致句子结构失衡。沈家煊(1995：367-380)也指出："的"具有使无界变为有界的功能，因此"的"重复使用不符合汉语界限性弱的特征。汉语平面审美使得各种意象呈平面连续出现，而英语的立体审美使得各种意象层次性间续出现。

考虑到汉语习惯按照事件发生的时间顺序的表达方式，汉语句子的安排应该是按照①→②→⑥→⑦→④→③→⑤的线性情节发展逻辑顺序，译文将原文句子打散，按照这种线性时间顺序扩展陈述，使表达符合汉语逻辑叙述习惯。调整后的句子去除了定语从句"who""which"等界限标记，弱化了主次关系，使主从句并排铺叙，避免了"的的不休"的翻译腔，平面化的译文更加流畅自然。

3.3.2　构建话题链

构建话题链指将英语中包含多个主谓结构小句的长句按照汉语平行结构构建具有平面感的连续话题链。话题链由共享一个链首话题的数个小句组成。(吴碧宇，2015：9)汉语是话题突出型语言，英语是主语突出型语言。(Li and Thompson，1976)英语通过主谓一致构建句子，强调主语的显性化，若句子主语不明还必须使用"there"或"it"等虚主语或形式主语(吴碧宇，2015：150-153)，主语的显性化导致英语句子界限性较强。而汉语一旦确定话题，后续小句话题位置可以不再出现显性同指形式，顺序铺排，因此小句间界限性较弱。英语长句汉译时，若采取话题链的构建可以使译文更具连续性(王建国，2020)，削弱英语主谓形式造成的小句间界限感与离散性，减轻目的语小学义务教育阶段儿童读者的阅读负担。

例 13：Then ①the elephants were chained by their hind legs to their big stumps of pickets, and ②extra ropes were fitted to the new elephants, and ③the fodder was piled before them, and ④the hill drivers went back to Petersen Sahib through the afternoon light, ⑤telling the plains drivers to be extra careful that night, and laughing when the plains drivers asked the reason.

译文：到了大象营地后，赶象人$_i$把象群拴在了大树桩上，Ø$_i$给新捕的野象多绑了几条绳索，Ø$_i$又给象群喂了食。趁天还没黑，丛林赶象人$_j$动身返回彼得森老爷那边，Ø$_j$临行前嘱咐平原赶象人今晚要格外小心，Ø$_j$一听到平原赶象人询问原因时，他们$_j$便大笑起来。

注：①②③④⑤代表各小句及从句；i、j 标识话题，$\emptyset_i$、$\emptyset_j$ 表示同指话题零形式，下标英文字母表示同指关系。

分析：本句是并列长句，①②③④每一个小句的主谓结构突出，由三个"and"连接，各小句主语转换频繁，造成小句间的界限性，译文不仅要淡化英语长句主谓结构突出、主语变换频繁造成的小句间界限性，还要解决界限标记词"and"频繁复现造成的界限性。

①②③三个小句的主语分别是"the elephants""extra ropes""the fodder"，主语变换明显，话题转换频繁，译成汉语时会造成话题链连续性不强，产生较大的心理时间间隔。同时①②③小句中谓语为"were""was"，具有标识被动语态的功能，属于界限标记，被动语态的使用使句子表述更加客观，体现了英民族的客体思维。若将三个被动语态小句直译为"……被……"，会造成汉语界限性强，行文阻塞。汉语主体性思维较强，通常将受事施事化。（刘宓庆，2012）同时汉语使用生命度高的名词实体更容易形成话题链。（孙坤，2013）因此译文通过显化施动者表述原文，将①②③中"the elephants were""extra ropes were""the fodder was"三个主谓结构变动明显的并列式小句进行重构，构建以其施事者"赶象人"为共享话题引导①②③三个小句的话题链，其中后两个小句的话题以零形式呈现。以"赶象人"的视角表述客体事件，拉近主客距离，并将原文的三个小句按照事件发生顺序作为话题链的述题部分进行排列，增强了译文的主体特征，使译文趋于直线推进模式，表现出很强的平面推进感，场景再现具有画面感，减轻因话题切换频繁造成的阅读负担。

而小句④和从句⑤共同描绘了丛林赶象人的情节，与①②③小句群在情节上相互独立，因此译文将④⑤小句单独成句。从句⑤是小句④的从属成分，包含一个并列句和一个时间状语从句，英语并列结构和主从结构有显性的标记，具有较强的界限性，而汉语经常没有显性的标记。（吴碧宇，2015：48）因此译文没有将"and"译为"并"，也没有将"when"译为"当"等虚词，而是通过构建话题链的形式，将④⑤句主从结构平面化，去除了"and"和"when"作为界限标记的界限性。通过构建以"丛林赶象人"为话题链链首共享话题，并兼用两个零形式和一个同指代名词形式延续话题链。通过两个话题链的构建，原文①②③④小句的三个并列主谓结构和④⑤句构成的主从结构界限性被大大削弱，译文连贯性大大增强。

同时，在英语中，指示代词"that"多指时间或空间上的远距离，标识较强的时间界限，而汉语由于主客体界限不够清楚，常常通过心理调节来调节现实时空距离，表现在用"这"来指心理距离近的事物或事件，用"那"指心理距离远的事物或事件。因此，根据语境，译文将长句中"that night"翻译成"今晚"而不是"那晚"，对客观时间做出了主观调整，拉近了时间上的心理距离，削弱了原文的时间界限感，时间距离拉近后，译文也更符合汉语的地道表达。

例 14：Sometimes ①<u>a tuft of high grass</u> washed along his sides as a wave washes along the sides of a ship，and sometimes ②<u>a cluster of wild-pepper vines</u> would scrape along his back，or ③<u>a bamboo</u> would creak where his shoulder touched it.

译文：卡拉·纳格$_i$时而如破浪般冲过一片茂密的草丛；Ø$_i$时而擦过一簇野胡椒藤；Ø$_i$时而穿过一片竹林，Ø$_i$挤得竹子吱吱作响。

分析：此句为并列长句，①②③三个小句主语各不相同，主谓结构突出，小句间通过具有界限性的连接词"and"和"or"连接，体现了英语较强的界限性，而汉语界限性较弱，较少转变话题，注重话题的连贯性。

①②③三个小句都以物称作主语，客观表述卡拉·纳格前行经过的自然景观。英民族注重客体思维，多以客观表述事物。汉民族注重主客交融，多从自身出发表述事物。（连淑能，2010：105）相较于英语使用物称作主语，汉语更倾向于使用人称构建话题。①②③三个小句的主语分别为"a tuft of high grass""a cluster of wild-pepper vines""a bamboo"，虽然形式不同，但内容上都属于卡拉·纳格前进过程中经过的地方，属于卡拉·纳格的受事者。因此译文将原文三个主语不同的小句进行整合，构建了以"卡拉·纳格"为共享话题的话题链，展开描述卡拉·纳格的行动轨迹，原文①②③三小句的主语转换为译文中述题的一部分，形成了以主观为驱动，把客观控制在主观视野范围内的表述方式，体现了汉语的主体性思维，让客观描述表现出很强的主体性特征，增强了画面的平面感与连续性，更符合汉语行云流水的特点，削弱了原文并列长句的界限性，小句间内容衔接更加顺畅。

例 15：①Little Toomai's face was gray and pinched，and ②his hair was full of leaves and drenched with dew，③but he tried to salute Petersen Sahib，and cried faintly："The dance—the elephant dance! I have seen it，and—I die!"

译文：小图迈$_i$灰头土脸的，Ø$_i$看起来很憔悴，Ø$_i$头发上还沾满了树叶和露水，但他$_i$还是强撑着向彼得森老爷打了招呼，Ø$_i$虚弱地喊道："跳舞——大象跳舞! 我看见了，可是——我要死了!"

分析：本句为①②③小句组成的并列长句。小句①主语为"Little Toomai's face"，小句②主语为"his hair"，小句③主语为"he（Little Toomai）"，长句内包含三个主谓结构，各个小句主语不同，话题转换频繁，又由界限性较强的并列连接词"and""but"连接，③小句内又包含两个并列谓语成分。英语主语多为名词或代词等名词化结构，名词的出现意味着新话题链的开始（Li，1985：46），导致小句间界限性较强，译文需要去除主谓结构繁多与连词等界限标记词导致的长句界限性。

英语句子界限清晰明朗，断句有章可循，只要找到主谓结构等形态标记，就能识别英语句子，而汉语缺乏印欧语系所具备的显性形态标记，由于没有形式机制的完备性，很难对其结构做出清晰界定。（吴碧宇，2015：1-2）因此译文去除界限标记词"and"，将原文主谓分明、小句间个体独立的长句按照汉语"话题-述题"的结构进行重建，构建了新的以有灵生命体"小图迈"为链首的共享话题，并依靠这个共享话题的零形式和同指代名词进行铺叙，将原文界限性较强的三个主谓结构转化为界限性较弱的连续话题链，相较于原文的客观冷静陈述，前后衔接紧密的译文更富于儿童文学的故事性。

3.3.3 去抽象化

去抽象化指将抽象意义转化为具象意义，由此一些相关抽象词的词义被隐含化。（王建国，2020：72）英语词义虚化手段丰富，包括词缀、词化、一词多义等，以表达虚泛的意义，使得英语多用名词，表达具有抽象性。汉语用词倾向于具体，没有英语那样的词缀虚化手段，语义抽象化程度较低，常常以实的形式表达虚的概念，以形象表达抽象的内容。（连淑能，2010：172）英语长句汉译时，若采取去抽象化的策略，可以化虚为实，将抽象意义转换为具象意义，削弱抽象概念界限性，使译文富于儿童文学的故事性。

例 16： And ①as soon as there was a lull ②you could hear his high-pitched yells of encouragement to Kala Nag, ③above the trumpeting and crashing, and snapping of ropes, and groans of the tethered elephants.

译文： 驱象的嘈杂声暂时平息下来，就能听见小图迈高声呼喊着，为大象卡拉·纳格加油打气，这声音盖过了象吼声、打斗声、绳索断裂声以及被捕大象哀嚎声。

分析： 本句为复合长句，主要结构为：状语从句①+主句②+介词词组③。句中多抽象概念意义的词汇，如名词"a lull""yells of encouragement"，介词词组③内还包含四个名词："trumpeting""crashing""snapping of ropes""groans of the tethered elephants"，前三个名词皆为其动词加-ing 词缀派生而成，后一个名词"groan"为其动词名词化而成，名词短语内又使用界限性较强的介词"of"连接两个名词，一些名词具有一词多义的特征，语义含量较大，抽象化程度较高，具有较强的界限性。

如前所述，英语构词多以派生为主，各种词类具有界限标记，如名词中有-ment、-tion 等词缀标记，造成了英文多名词，词汇抽象化程度高，用词精确。而汉民族讲究具象思维，用词具象化。（王建国，2020：76）英汉去界限表现在语义具象性增加，因此在英语长句翻译过程中，需要将抽象化的长句具象化。②句中"yells"是动词"yell"的行为名词，"encouragement"是动词"encourage"派生的行为抽象名词，英语派生构词法这一特点就决定了英语界限性强，具有离散性。两个抽象名词间又使用界限性较强的介词"of"连接，若将"yells of encouragement"直译为"鼓励的叫喊"，译文抽象，晦涩难懂，"的"字的使用也造成了译文的界限性。汉语抽象名词少，所以英语抽象名词往往需要转换为具象。（王力，1984）因此译文将"Noun+of+Noun"的介词短语拆分开来，去除界限标记"of"，分开描述两个抽象名词，将"yells"译为"呼喊着"，"encouragement"译为"加油打气"，两个静态抽象的名词扩展为具有动态感且界限性弱的汉语动词，使用流水小句平铺直叙，使译文更具动态感与画面感。

同时，时间状语从句①中的"lull"是表示结果状态性的名词，概念化程度高，具有英语名词的抽象特征，其前的"there be"句型是典型的静态结果句式，其汉译"有"字偏向对结果的描述，呈现客观事实。从语用来讲，英语重结果，汉语重过程（王建国，2020），①句中"there was a lull"表述了环境寂静的结果状态，隐含了环境安静下来的过程，相较于英语的结果表述，汉语更倾向于过程表述，因此译文采取将结果退一步说明的策略，通过显化导致"寂静"的原因，即"驱象的嘈杂声暂时平息下来"，将原本静态抽象的句子动态化，以动代静，化虚为实，相较于直译译文"有一阵寂静"的界限性与抽象感，译文界限性削弱，连续感增强，可读性增加。

对于介词短语③，首先对于界限性较强的介词"above"，译文将其翻译成"盖过"，通过界限性较弱的动词表达形式，削弱了原文介词的界限性。其后的四个名词中，"trumpeting"既有"小号声，喇叭声"的含义，又有"象吼声"的含义，一词多义，语义含义较大，通过前后语境，此部分讲述了围捕大象的情节，因此使用"象吼声"更符合语境；"crashing"既有"坠毁声"又有"碰撞声"的含义，根据语境可以锁定在本句中无"坠毁声"的含义，而"碰撞声"一词语义也过于抽象，令读者费解到底是哪些东西碰撞在一起。根据前文语境大象卡拉·纳格与野象打斗发出碰撞的声音推断，译文将具有抽象概念的"crashing"具象化为"打斗声"。而后两个名词短语"snapping of ropes"和"groans of the tethered elephants"语义较为简单，译文通过去除其中的介词标记"of"，将之翻译成"绳索断裂声"与"被捕大象哀嚎声"。同时去除介词短语③内第一个界限标记词"and"，由于中英文在列举事物时都习惯在最后一个事物和其前事物间使用连接词，标记列举事物顺序结束的逻辑含义，因此译文保留了最后一处"and"的并列语义。

例 17：An Assamese driver, two or three elephants ahead, turned round angrily, crying："Bring up Kala Nag, and knock this youngster of mine into good behavior. "

译文：只见几头大象前站着一位来自阿萨姆的赶象人，他转过身来，怒气冲冲地叫唤着："让卡拉·纳格过来，教训一下我这头小象，让它老实点。"

注：阿萨姆：印度东北部邦国。

分析：本句是由一个主谓结构构成的简单长句，主语为"An Assamese driver"，谓语为"turned round"。在本句直接引语内，"good behavior"意义较为抽象，若直译为"良好的行为"，范畴化程度高，具有抽象性。其所搭配的动词短语"knock... into"表示"用力敲使得……"的含义，具有结果取向意义，若将"knock this youngster of mine into good behavior"直译为"用力敲我这头小象，让他行为良好"，译文意义抽象，晦涩难懂，具有很强的界限感，不符合目的语小学义务教育阶段儿童理解水平，同时"敲小象"一词还带有明显的暴力色彩。因此译文将"good behavior"具象化为"老实点"，虽没有字字对译，但"老实点"暗含了"行为良好"的含义，同时模糊了"knock"（"敲打"）的语义，弱化其程度，将之翻译成"教训"，使其界限性变弱，译文表述具象化，更符合儿童的认知水平。

例18：Kala Nag, at the word of command, ①would go into that flaring, trumpeting <u>pandemonium</u>（generally at night, when <u>the flicker of the torches</u> made it difficult to judge distances）, and, picking out the biggest and wildest tusker of the mob, ②would hammer him and hustle him into <u>quiet</u> while the men on the backs of the other elephants roped and tied the smaller ones.

译文：只听一声令下，大象卡拉·纳格便走进那火光摇曳、象鸣鼎沸的捕象围场里面(通常在夜晚捕象，火光闪烁，野象很难判断距离)，朝着象群中最大最凶猛的野象冲过去，用力捶打推搡，直到对方不再反抗，乖乖归顺。而捕象手则负责捆绑其他较小的野象。

分析：本句主句是由"and"引导①②两个小句的并列句，其中穿插了一个介词短语、一个动名词结构作状语，句子语义含量较大，主从句逻辑分析难度较大。

句中"pandemonium"是由虚化词缀"pan-"构成，属于虚化手段的抽象意义名词，同时句中使用介词短语结构"the flicker of the torches"表达名词的意义，又使用语义抽象的"into quiet"介宾短语，各种抽象名词及语义含量较大的名词堆砌，造成英语较强的界限性。

根据剑桥词典释义，"pandemonium"含义为"混乱的情景"（见图3.1），语义抽象，属于意义较大的范畴词汇，同时译文与其前的"的"字构成了双"的"结构，界限性较强，不符合汉语遣词造句习惯，一定程度上破坏了译文的流畅性。在英汉翻译中，语义范畴趋向从上义范畴转换成下义范畴。（邵惟韺，2017）根据上文"野象被驱

赶入围场"的场景描写，这里的"pandemonium"具体指的是"围场里面"，因此译文将
"混乱的情景"具象化为"围场里面"这一意象，用具体的词语解释抽象的词义，化虚
为实，减弱了抽象意义词汇的界限性，扩展了认知空间，使译文更具象化。

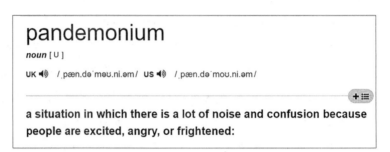

图 3.1　pandemonium 剑桥词典检索图①

同时，英语抽象名词一大典型特征是"Noun+Preposition"结构，即名词短语，典
型的结构是"Noun+of+Noun"。（陈民，2008）长句括号内"the flicker of the torches"短
语中，形式上表示所属结构，但意义上表示主谓结构，动词"flicker"作名词使用，用
名词化表达了动词概念，若按照名词表达译为"火焰的闪烁"，译文生硬不自然，缺乏
叙事性，还存在界限性较强的"的"字，因此译文利用了汉语的动词优势，将短语"the
flicker of the torches"翻译为"火光闪烁"，削减了原文具有抽象含义的名词"flicker"的
界限性，使译文具象化，富于动态感。

最后，在小句②中"hammer him and hustle him into quiet"中的"into quiet"含义为
"进入安静的状态"，若按照字面翻译，"状态"一词属于范畴词，抽象化程度高，同
时这一静态表述与前文"用力捶打推搡"动态性的叙述形成较大的落差，产生语义断
裂，因此译文根据语境进行了调整，将抽象化的"安静状态"具象化表达，译为"不再
反抗，乖乖归顺"，既暗含了原文安静的状态，语境上又与前文动作性描述紧密衔接，
先后表述同一事件的过程和结果，削弱了原文具有抽象含义的词汇"into quiet"的界
限性。

例 19：①Kala Nag will obey none but me，②so I must go with him into the Keddah，
③ but he is only a fighting elephant，and ④he does not help to rope them.

译文：卡拉·纳格只听我指挥，所以我得领着它进入围场，不过它只会负责和野
象作战，不会帮忙捆绑大象。

---

① ［2022-01-22］. Dictionary. cambridge. org/zhs/词典/英语-汉语-简体/pandemonium.

注：驯象和野象作战，消耗其体力，使其放弃抵抗，捕象手趁机捆绑野象后腿。

分析：本句是并列长句。由"so""but""and"三个连词连接①②③④四个小句。句中"a fighting elephant"语义容量较大，含义抽象，界限性较强，若直译为"一头战斗象"，读起来令目的语小学义务教育阶段儿童读者费解"战斗象"的具体含义。

但若展开来，交代"战斗象"的具体战斗对象，使"战斗象"具象化，译文会更具形象感。根据前文文本阅读，卡拉·纳格是捕象手的好帮手，因为它可以通过和野象打斗制服野象，使捕象手顺利捕获野象。因此这里将"战斗象"具化为"和野象作战"，虽然隐去了"战斗象"的字面含义，但仍能从具象化的译文中析出，相较于语义抽象的直译，具象化的译文表述更加细腻，富于儿童文学的故事性，符合儿童的阅读和认知习惯。

3.3.4 显化过程

显化过程是指将英语所表达的结果意义所隐含的过程及意义进行显化，即往后退一步表述。语用上，英语重结果，汉语重过程。（王建国、何自然，2014）"过程"指人对事物或事件做出物理和心理感知行为的一个或多个程序，具有连续性、动态的特征；"结果"指在一定阶段，人们对事物或事件做出物理和心理感知行为后达到的最后状态，具有阶段性、静态的特征。（王建国、谢飞，2020：100-109）英语长句的翻译，若通过显化过程，将界限性较强的结果转化为界限性较弱的过程，可以使静态结果表述更具动态感，符合儿童文本叙事性强、富于故事性的特点。

例 20：①Little Toomai slept for some time, and ②when he waked ③it was brilliant moonlight, and ④Kala Nag was still standing up with his ears cocked.

译文：小图迈睡了一会儿，醒来时皓月当空，此时卡拉·纳格仍竖着耳朵站岗放哨。

分析：本句是由两个"and"连接的并列长句，其中插入②小句作时间状语。③句中"it was brilliant moonlight"表述的是一种结果性的状态，即"月光很亮"的状态，使用形式主语"it"表述具有客观性和概括性，结果性的表述具有界限性和离散性，同时长句内穿插并列界限标记词"and"、时间界限标记词"when"以及"with"结构介词短语，使得文本界限性进一步增强。

在语用上，英语表达呈浓缩型，着重表明行为结果状态，汉语表达呈伸展型，细述每个具体的动作。结果比过程更加静态，结果状态代表的是动作终止完成后所造成的结果，从时间节点来看，具有很强的界限性和离散性；过程由于模糊了动作起始持续的时间界限，故连续性更强。（王建国、谢飞，2000：100-109）因此译文将原文"月光很亮"这一结果性的状态扩展开来，往发生这个结果的过程方向进行了退一步的表述，即：皓月当空。通过将结果性的小句扩展为富于动态的过程性小句，同时使用四字格，生动形象地呈现出月光之皎洁，想象空间大大增加，增加了译文的美感。

小句④中"with his ears cocked"使用"with"结构表示伴随状态，描绘了"耳朵竖着"的结果状态感，译文将"with"介宾结构译为动宾结构"竖着耳朵"，把隐含导致结果状态的动作进行了显化，退一步表述语义，取其过程，更符合汉语过程取向，使界限性较强的静态表述更加动态化，富于故事性。由于②小句前的界限标记词"and"无实际意义，只是作为界限标记连接各小句，因此译文去除了此处的界限标记词"and"。

同时由于②小句中"when"时间状语从句主语与前一句小句主语相同，可以构建共享一个主语的话题链将两个小句衔接起来，因此译文去除了界限标记词"when"，通过省略人称代词"he"，构建以"小图迈"为话题，第二小句话题以零形式呈现的话题结构，将前后小句衔接起来，译文界限性更弱，连续性更强。

例 21：①The next few days were spent ②<u>in</u> getting the elephants together, ③<u>in</u> walking the newly caught wild elephants up and down between a couple of tame ones to prevent them giving too much trouble on the downward march to the plains, and ④<u>in</u> taking stock of the blankets and ropes and things that had been worn out or lost in the forest.

译文：接下来的几天里，大家把大象赶到了一起，让新捕的野象走在两头驯服的大象中间，防止它们在返回平原的路上惹麻烦，又清点了毯子、绳子的数目以及在森林里损坏、丢失了的物品。

分析：本句为简单长句，由①句主谓结构引导，后紧跟三个并列介宾成分，主谓结构简单但宾语成分堆砌，句子主要信息靠后，头轻脚重。

主句①为被动语态，表示结果性含义，具有结果取向表述的界限性。相较于被动语态的结果性，主动语态更具过程性。即先有主动语态，后有被动语态对应先有过程再有结果。(王建国，2020)因此译文采取了显化达致被动语态的过程，即使用主动语态表述原文被动含义，将原文的主语作为时间状语背景信息，同时显化三个介宾短语的施事者"大家"，即前文所述的赶象人，将其作话题展开句子叙述，将具有结果取向的被动语态转化为过程取向的主动语态表述，增强译文的过程性，话语更具连续性。

例 22：①But it grew and grew, and ②Kala Nag lifted up one forefoot and then the other, and③ <u>brought them down on the ground</u>—one-two, one-two, as steadily as trip-hammers.

译文：象群跳舞的声音越来越大，卡拉·纳格交替脚步跳着舞，一二、一二，他抬起一只前脚，放下后又抬起另一只前脚，脚步铿锵有力，如铁杆一般。

　　分析：本句是并列长句，①②③小句通过"but""and"连接，小句②中包含两个并列宾语成分，小句③后紧跟"—"连接的插入语，具有很大的语义割裂感，凸显了英语的界限性。

　　③小句中"brought them down on the ground"中动词短语"bring sth. down"意思为"使……落下"，反映了英语的结果语用倾向，若将此小句直译为"把脚放在地上"，具有明显的结果状态感，译文生硬，具有明显的界限感，缺乏儿童文学的叙述性和故事性。英汉翻译通常将英语所表达的结果意义所隐含的过程意义显化出来，因此译文显化导致"脚放在地上"这一结果状态的过程，即卡拉·纳格"交替脚步跳着舞"这一过程，通过退一步表述达致结果的过程，强化达到最后结果状态的过程细节，相较于"卡拉·纳格把脚放在地上"的翻译，译文的动态感增强，前后小句更具关联性。

　　同时，破折号的使用容易割裂语义，使译文产生断层感，而英译汉不宜过多地在译文中使用破折号，因为汉语行文历来讲究连贯性。（刘宓庆，2012：342-344）因此对于标识各成分间界限的"—"，若去除"—"译文语义并不减损，应尽可能地避免使用破折号。对于原文"—"结构小句，为保持情节的连贯性，译文去除了具有界限标记的"—"，将破折号后的内容紧密排列在破折号前的语句后，去除界限性较强的"—"后，译文不仅意义没有减损，反而衔接更加顺畅，情节叙述更自然。

　　例23：①Before Little Toomai had got the ringing out of his head, ②before even he had shifted his position, ③there was not an elephant in sight except Kala Nag, Pudmini, and the elephant with the rope-galls, and ④there was neither sign nor rustle nor whisper down the hillsides to show where the others had gone.

　　译文：小图迈还没来得及理清头绪，也没来得及变换姿势，周围就只剩下大象卡拉·纳格、普德米尼和身上满是绳索印的那头大象。其他大象都不见了，山坡上既看不到大象的踪迹，也听不见大象穿梭的沙沙声、象群交流的低语声。

　　分析：本句主干由并列的③④组成，为并列长句，主要结构为：时间状语从句①②+并列主谓结构小句③④。

　　长句内包含三处界限性成分：(1)③④小句由具有结果含义的"there be"句型引导，表示结果状态，具有语用层面的界限性。(2)使用两处界限标记词"before"标记时间状语从句。(3)④小句内使用"sign""rustle""whisper"三个名词表达意义含量较大的概念，用词抽象，突出了本句较强的界限性。

　　句中③④两个"there be"句子，表达"有"的含义，具有明显的静态结果取向，若直接将③小句"there was not an elephant in sight"翻译成"视线里没有一头大象"，将④

小句"there was neither sign nor rustle nor whisper"翻译成"既没有踪迹也没有沙沙声，也没有低语声"，这些内容都表示一种结果性状态，呈现静态描述，体现了英语母语者重结果的语用取向。而汉语译文往往会显化达致这种结果状态的过程，因此译文采取退后一步的翻译策略，即显化导致结果的过程，将结果取向的③小句"there was not an elephant in sight"翻译成过程取向的"其他大象都不见了"。同时将④小句"there was neither sign nor rustle nor whisper"翻译成"既看不到大象的踪迹，也听不见大象穿梭的沙沙声、象群交流的低语声"，显化抽象名词"sign""rustle"和"whisper"的施事者，确保译文的连续性和流畅性。

对于①②小句中的界限标记词"before"，其标识了主句谓语和时间状语从句谓语的先后顺序，具有很强的时间界限意识。译文没有将其直译为界限性较强的介词性短语"在……之前"，而是通过界限性较弱的动词表达"还没来得及"表示"在……之前"所承载的主从句时间关系，削弱了界限标记词"before"的时间界限性，译文更具平面感。

4. 翻译实践总结

本次翻译实践任务为儿童文学作品 *Toomai of the Elephants*(《大象的图迈》) 英译汉翻译任务，该文本英语语言特征显著，含有大量长句，长句内多嵌套成分，同时包含一些印度文化信息，造成长句翻译形式结构识别难、文化信息准确表达难。为解决长句翻译难点，笔者对任务文本长句进行分类，并基于英汉界限差异总结了任务文本长句翻译策略。在经历了项目从开始到结束的全过程中，笔者不仅收获良多，也意识到自身存在的不足之处。

4.1　实践发现

Toomai of the Elephants(《大象的图迈》)英译汉翻译任务结束后，笔者总结了从接到翻译任务到译前准备、译中处理以及译后审校各个翻译任务阶段的发现。

（1）译前准备是开展后续工作的奠基石。在接到翻译任务后，首先要了解熟悉委托方翻译要求、熟读任务文本、确定好翻译工具、制定术语库并制订翻译计划表，译前准备完成后再有计划地开展翻译任务。

（2）译中处理和译后审校至关重要。译中处理时要先理解再转换表达，注意英汉语言的差异性，以恰当的方式进行英汉两种语言的灵活转换，确保译文的忠实度、通顺度及美感。译后审校要确保译文风格的再现，同时定稿要符合国家《翻译服务译文质量要求》(GB/T 19682—2005),做到规范化和标准化。

(3)长句重难点处理关系到译文整体质量。基于英语长句特征,首先根据句内语法结构将难翻译的长句进行分类,即简单长句、并列长句和复合长句。然后根据界限理论采用"三步走"翻译过程:第一步识别长句结构类型;第二步析出长句内标识界限的词汇;第三步借助英汉界限差异理论翻译句子。具体方法如下:

①去界限标记。界限标记词多为虚词等功能性词汇,如介词、连词等,英语长句汉译时,要淡化英语长句中的这类界限标记词,汉语译文要尽可能地少用虚词等界限标记词,避免英语界限标记词直译导致的汉语译文翻译腔。

②构建话题链。对于含有多个小句的英语长句,通过识别长句内各小句主语,将英语长句内繁复的主谓结构转化为汉语的话题结构,如由多个共享话题的小句所构成的话题链,并以零形式或同指代名词的形式延续话题链。

③去抽象化。将长句内抽象意义转化为具象意义,如将界限性较强的抽象名词、一词多义名词具象化,使抽象晦涩的长句表达更具形象性。

④显化过程。对含有结果取向表述的长句采取显化其过程的翻译策略,根据静态结果取向的概述追溯导致该结果的过程,并表述该过程,从而将英语长句静态结果概述转化为汉语动态过程叙述。

4.2 实践心得

通过本次翻译实践,笔者圆满完成了 *Toomai of the Elephants*(《大象的图迈》)翻译任务,所学到的不仅仅是简单的英汉语言转换,更充分意识到作为译者要具备扎实的语言基础、广博的百科知识,以及高度责任感等翻译职业素养。

(1)扎实的语言基础。在处理任务文本长句翻译难点时,笔者意识到在应用理论解决长句翻译难点时,还要理清长句结构,只有先弄清长句结构后才能按照理论知识解决长句翻译难点。因此译者要注重提升个人语言基础,通过学习或阅读书籍广泛汲取语言知识。

(2)广博的百科知识。不同类型的翻译文本存在不同的专业知识和背景文化,这要求翻译专业学生不仅仅要有扎实的英语语言功底,还要不断拓展自身的百科知识面,熟悉各种文体类型和风格,提升中文表达能力,实现两种语言的对等转换。

(3)高度责任感。此次翻译任务涉及原作者、译者、出版社和目的语小学义务教育阶段儿童这四方,译者在整个翻译流程中要对自身以外的三方负责,做到译文忠实于原作者文本;产出的译文做到信、达、雅,满足出版社经济效益;同时要符合目的语小学义务教育阶段儿童阅读习惯和认知水平,具有教育启蒙意义,产生一定的社会效益。

4.3　不足之处

通过本次翻译实践，笔者还认识到自身存在百科知识储备贫乏、汉语遣词造句的功底有待提升等不足之处。

(1)百科知识储备贫乏。虽然笔者在译前对文本背景资料进行查找阅读，但在翻译本次以印度文化为背景的文本时，仍需要查找相关历史背景双语资料，查证一些异域词汇含义，如"Shiv"在字典中含义为"刀"或人名"希夫"，但在任务文本中含义为"印度湿婆"，文化词汇的翻译对翻译进程造成了一定的影响。因此在日常生活中，需要通过各种渠道不断积累学习双语百科知识，以便日后遇到专业性强、背景复杂的文本时更高效地解决问题。

(2)汉语遣词造句的功底有待提升。翻译是两种语言间的转换，这要求译者不仅要有较强的英语阅读能力，还要有扎实的汉语表达能力。作为一名译员，不仅要准确理解原文主要内容、语言风格，还要使用地道的汉语再现原文的神韵和风采。在翻译英语长句时，虽然笔者对英语长句结构和内容进行了深入剖析，但在将其转化成汉语时，汉语表达能力和语言组织能力都有待提升，如"And at last, when the flames died down, and the red light of the logs made the elephants look as though they had been dipped in blood too"一句，笔者在初译时将其翻译成"晚宴最后，火焰渐渐熄灭，未燃尽的木头泛着红光，像血一样照在大象身上"。初译将"as though"引导的比喻句中的"blood"这一喻体直译，导致译文呈现出血腥的画面感，而译审后的译文隐化了"blood"这一喻体意象，将最后一小句翻译成"照的大象浑身通红"，表意清楚形象，同时隐含了原文的血腥感。

最后，虽然笔者已经对译文进行多次修改和润色，但由于自身翻译能力有限，译文中尚存在有待改进的地方，理论与实践有机结合方面尚有一定的提升空间，希望老师们能予以批评指正。翻译学习是一个永无止境的过程，笔者在日后的翻译实践中仍会不断积累学习，提高自身的翻译能力。

(作者：佟笑笑)

参 考 文 献

1. Appiah, K. Thick Translation[M]// L Venuti (ed.). *The Translation Studies Reader*. New York: Routledge, 2000.

2. Baker, M. *Routledge Encyclopedia of Translation Studies*[M]. London and New York: Routledge, 1998.

3. Butler, C. *Statistics in Linguistics*[M]. Oxford: Basil Blackwell, 1985.

4. Catford, John. C. *A Linguistic Theory of Translation*[M]. London: Oxford University Press, 1965.

5. Dahl, R. *Charlie, & the Chocolate Factory*[M]. New York: Puffin Books, 2004.

6. Damian, Harper, Piera Chen, & Min Dai. *Lonely Planet China (Travel Guide)*[M]. Beijing: Lonely Planet, 2009.

7. Du Yue, & Gao Xirui. *Atlas of World Heritage: China*[M]. San Francisco: Long River Press, 2005.

8. Eckersley, C. E., & Eckersley, J. M. *A Comprehensive English Grammar*[M]. Hong Kong: Commomwealth Printing Press Ltd., 1983.

9. Genette, Gérard. *Paratexts: Thresholds of Interpretation*[M]. Cambridge: Cambridge UP, 1997.

10. Halliday, M. A. K., & Hasan, R. *Cohesion in English*[M]. London: Longman, 1976.

11. Hardie, Alison. *The Craft of Gardens*[M]. New Haven and London: Yale University Press, 1988.

12. Hatim, Mason. *Discourse and the Translator*[M]. Shanghai: Shanghai Foreign Language Education Press, 2001.

13. Hendricks, W. O. *Grammars of Style and Styles of Grammar*[M]. New York: North-Holland Publishing Company-Amsterdam, 1977.

14. Jiri Levy. *Translation as a Decision Process*[M]// Lawrence Venuti. *The Translation Studies Reader*. London and New York: Routledge, 2000.

15. Klaudy, Kinga. *Back Translation as a Tool for Detecting Explicitation Strategies in Translation, Translation Studies in Hungary*[M]. Budapest: Scholastica, 1996.

16. Klaudy, Kinga. *Explicitation, Encyclopedia of Translation Studies* [M]. Shanghai: SFLEP, 2004.

17. Klaudy, Kinga. *On Explicitation Hypothesis* [M]. Szombathely: Daniel Berzsenyi College, 1993.

18. Lefevere, André. *Translation, Rewriting and The Manipulation of Literary Fame* [M]. London & New York: Routledge, 1992.

19. Levin, B. *English Verb Classes and Alternations: A Preliminary Investigation* [M]. Chicago: University of Chicago Press, 1993.

20. Li, C. I. *Participant Anaphora in Mandarin Chinese* [D]. Florida: University of Florida, 1985.

21. Li, C. N., & Thompson, S. A. *Subject and Topic: A New Typology*[M]. New York: Academic Press, 1967.

22. Mo Yan. *Big Breasts and Wide Hips*[M]. Trans. Howard Goldblatt. New York: Arcade Publishing, 2012.

23. Munday, J. *Introducing Translation Studies: Theories and Application* [M]. New York: Routledge, 2008.

24. Newmark, P. *Approaches to Translation*[M]. New York: Prentice Hall International (UK) Ltd, 1981.

25. Nida, E. A. *Translating Meaning*[M]. California: English Language Institute, 1982.

26. Nida, Eugence A., & Chr. R. Taber. *The Theory and Practice of Translation* [M]. Leiden: E. J. Brill, 1982.

27. Nida, Eugene A. Linguistics and Ethnology in Translation-Problems[J]. *Word*, 1945 (1): 196.

28. Nida, Eugene A. *Toward a Science of Translating*[M]. Leiden: E. J. Brill, 1964.

29. Nord, C. *Text Analysis in Translation*[M]. Amsterdam: Rodopi, 2005.

30. Quirk. *A Comprehensive Grammar of the English Language* [M]. New York: Longman Group Limited, 1985.

31. Reiss, Katharina. *Translation Criticism: The Potentials and Limitations: Categories and Criteria for Translation Quality Assessment*[M]. Manchester: St Jerome Publishing, 2000.

32. Henderson, Ron. *The Gardens of Suzhou* [M]. Philadelphia: University of Pennsylvania

Press，2012.

33. Rowling，J. K. *Harry Potter and the Half Blood Prince*［M］. New York：Scholastic，2005.

34. Verschueren，Jef. *Understanding Pragmatics*［M］. London：Edward Arnold，1999.

35. Vinay，J.，& Darbelnet，J. *Comparative Stylistics of French and English*：*A Methodology for Translation*［M］. Amsterdam：John Benjamins Publishing Company，1958.

36. White，E. B. *Charlotte's Web*［M］. Beau Bassi：Betascript Publishing，2010.

37. Wu，Biyu，Li，Yan. English Paragraph Construction Rules and Implementation Techniques［J］. *Journal of Literature and Art Studies*，2020(3)：216-221.

38. Wu，Biyu Sun，Hui. Methods to Identify Topic Sentences in Paragraphs in TESOL［C］// The 6th International Conference on Information and Education Technology. New York：The Association for Computing Machinery，2021：289-295.

39. Wu，Biyu. *Case Library for Language Teaching and Learning*［M］. London：Culgrid Publisher，2020.

40. Yang，Yuanzheng. *Plum Blossom on the Far Side of the Stream*［M］. Hong Kong：Hong Kong University Press，2019.

41. Zhong，Junhua. *Sights and Scenes of Suzhou*［M］. Beijing：Zhaohua Publishing House，1983.

42. 包彩霞. 动态与静态——谈汉译英中汉语动词的处理［J］. 北京第二外国语学院学报，2003(6)：17-24，32.

43. 鲍川运. 翻译教学的专业化、系统化以及创新［Z］. 全国高等院校翻译专业师资培训讲座，2018.

44. 鲍川运. 汉英翻译问题与理解视角［Z］. 复旦大学讲座，2019.

45. 鲍川运. 中译英策略与方法(三)［J］. 英语世界，2022：41(7)：101-105.

46. 蔡慧君. 广东广播电视台广播新闻汉英编译岗实习报告［D］. 广州：广东外语外贸大学，2020.

47. 蔡瑞珍. 应用型本科院校英语类专业毕业综合训练探索［J］. 浙江万里学院学报，2015，28(1)：111-116.

48. 曹逢甫. 主题在汉语中的功能研究——迈向语段分析的第一步［M］. 谢天蔚，译. 北京：语文出版社，1995.

49. 曹莉. 翻译硕士专业学位(MTI)研究生教育的课程设置探讨［J］. 学位与研究生教育，2012(4)：30-34.

50. 曹文轩. 论儿童文学［M］. 北京：海豚出版社，2014.

51. 曹亚民. 英语的屈折变化与派生变化[J]. 江苏教育学院学报(社会科学版)，1999(4)：72-74.

52. 陈才忆. 英语诗歌的韵律与类型[M]. 成都：四川人民出版社，2008.

53. 陈敏. 口译项目经理实习报告[D]. 广州：广东外语外贸大学，2019.

54. 陈琳.《红楼梦》中"见"的结构功能与翻译[J]. 安徽工业大学学报(社会科学版)，2008(5)：99-101.

55. 陈琳.《红楼梦》隐含视觉主体叙事学解析与翻译[J]. 外国语言文学，2009：26(2)：116-122，144.

56. 陈民. 英语抽象名词表达及其汉译[J]. 重庆邮电大学学报(社会科学版)，2008(3)：126-129.

57. 陈培瑶. 法律口笔译异同对比——法律翻译岗位实习报告[D]. 广州：广东外语外贸大学，2019.

58. 陈学佳. 儿童文学问题[M]//赵景深. 童话评论. 上海：新文化书社，1934.

59. 程舟行. 穿行山乡，追赶太阳[N]. 文艺报，2019.

60. 戴冬梅，刘益洪. 基于 Web 平台的高职院校顶岗实习管理评价体系研究[J]. 计算机光盘软件与应用，2014(12)：247-248.

61. 戴光荣，肖忠华. 基于自建英汉翻译语料库的翻译明晰化研究[J]. 中国翻译，2010(1)：76-80.

62. 范仲英. 实用翻译教程[M]. 北京：外语教学与研究出版社，1997.

63. 傅敬民，徐僡婕. 试论英语抽象名词及其汉译[J]. 上海翻译，2016(1)：25-28.

64. 高强，刘振前. MTI 导师学位论文指导信念与实践个案研究：活动理论视角[J]. 外语界，2017(6)：53-61.

65. 高巧妍. 关于当前翻译研究领域和方向的调查报告——基于对部分 MTI 硕士论文的调查数据分析[J]. 商界论坛，2015(9)：279.

66. 高再兰. "看/听"从感官动词到小句标记语法化的类型学研究[J]. 语言科学，2012：11(5)：489-498.

67. 葛校琴，季正明. 地名英译何去何从？[J]. 上海翻译，2006(3)：57-59.

68. 国务院学位委员会. 学位[2007]11 号文"关于下达《翻译硕士专业学位设置方案》的通知[EB/OL]. [2023-04-10]. http：//www. moe. gov. cn/srcsite/A22/moe_833/200703/t20070330_82704. html.

69. 何伟，闫煜菲. 汉英的主客融合及分离特质——以流水句及其英译为例[J]. 上海翻译，2022(1)：34-39.

70. 何伟，刘佳欢. 英汉语小句间逻辑语义关系及表征方式对比研究[J]. 北京科技大学学报(社会科学版)，2019(2)：1-17.

71. 何伟，伟圣鑫. 英汉小句状语成分分布对比研究[J]. 外语与外语教学，2021(2)：39-48，148.

72. 何自然，于国栋.《语用学的理解》——Verschueren 的新作评介[J]. 现代外语，1999(4)：428-435.

73. 何自然. 汉英翻译中概念结构的转换[J]. 北京科技大学学报(社会科学版)，2015(6)：1-6.

74. 贺显斌. 英汉翻译过程中的明晰化现象[J]. 解放军外国语学院学报，2003(4)：63-66.

75. 侯颖. 论儿童文学的教育性[D]. 长春：东北师范大学，2008.

76. 胡曙中. 现代英语修辞学[M]. 上海：上海外语教育出版社，2004.

77. 胡显耀，曾佳. 对翻译小说语法标记显化的语料库研究[J]. 外语研究，2009(5)：72-79.

78. 胡壮麟. 语篇的衔接和连贯[M]. 上海：上海外语教育出版社，1994.

79. 黄琛，唐青叶. 语篇话题在翻译过程中的导入、延续与转换[J]. 上海翻译，2010(4)：35-38.

80. 黄翔. 浅谈高职软件专业学生职业素养的培养——以《网络数据库技术》课程教学为例[C]//决策与论坛——基于公共管理学视角的决策研讨会论文集. 北京，2015：99，101.

81. 黄友义. 翻译硕士专业学位教育的发展趋势与要求[J]. 中国翻译，2010(1)：49-50.

82. 黄友义. 坚持"外宣三贴近"原则，处理好外宣翻译中的难点问题[J]. 中国翻译，2004(6)：27-28.

83. 贾文波. 汉英时文翻译[M]. 北京：中国对外翻译出版公司，1999.

84. 蒋坚霞. Rose 此处是"玫瑰"，还是"蔷薇"[J]. 上海科技翻译，2002(1)：53-54.

85. 蒋侠. 流水句英译的认知解读[J]. 山东外语教学，2010(3)：94-98.

86. 柯飞. 翻译中的隐和显[J]. 外语教学与研究，2005(4)：303-307.

87. 蓝红军. 浅谈动植物名称的翻译[J]. 中国科技术语，2008(4)：38-40.

88. 李长栓. 如何撰写翻译实践报告：CEA 框架范文及点评[M]. 北京：中译出版社，2020：376.

89. 李红英，肖明慧，王永祥. 基于平行语料库的汉译英中连词显化的研究[J]. 外国语文，2017(6)：116-123.

90. 李军，黄宝印，朱瑞. 改革和完善外语专业研究生培养模式 培养翻译硕士专业学位人才[J]. 中国翻译，2007(4)：6-7.

91. 李新朝，张璐，张杰. 接受：儿童文学翻译的关键——以《哈克贝利·费恩历险记》重译为例[J]. 江苏大学学报(社会科学版)，2008(4)：73-76.

92. 李悦. 多语言翻译项目中翻译质量控制探究[D]. 大连：大连外国语大学，2020.

93. 连淑能. 论中西思维方式[J]. 外语与外语教学，2002(2)：40-46，63-64.

94. 连淑能. 英汉对比研究(增订本)[M]. 北京：高等教育出版社，2010.

95. 连淑能. 中西思维方式：悟性与理性——兼论汉英语言常用的表达方式[J]. 外语与外语教学，2006(7)：35-38.

96. 梁林歆，孙迎宾. 国际应用翻译研究前沿动态及展望[J]. 上海翻译，2021(5)：1-5.

97. 林同济. 从汉语词序看长句翻译[C]//杨自俭，李瑞华. 英汉对比研究论文集. 上海：上海外语教育出版社，1990.

98. 刘军平. 西方翻译理论通史[M]. 武汉：武汉大学出版社，2006.

99. 刘凯芳. 猕猴桃不是 yangtao——谈一些词典中植物译名存在的问题[J]. 解放军外语学院学报，1997(6)：37-39.

100. 刘礼进. 英汉人称代词回指和预指比较研究[J]. 外国语(上海外国语大学学报)，1997(6)：41-45.

101. 刘宓庆. 文化翻译论纲[M]. 北京：中国对外翻译出版公司，2006.

102. 刘宓庆. 文体与翻译[M]. 北京：中国对外翻译出版公司，1998.

103. 刘宓庆. 新编当代翻译理论[M]. 北京：中国出版集团有限公司，2012.

104. 刘宓庆. 新编汉英对比与翻译[M]. 北京：中国对外翻译出版公司，2006.

105. 刘锡诚. 吉祥中国[M]. 上海：上海文艺出版社，2012.

106. 刘小蓉，文军. MTI 学位毕业论文调查：现状与对策[J]. 外语教学，2016(2)：109-112.

107. 刘玉梅. 专业教师深入一线学习锻炼的实践报告[C]//国家教师科研专项基金科研成果(一). [出版者不详]，2016：226-227.

108. 陆冬健. 自塑与他塑：国际传播中的舆论引导[J]. 青年记者，2021(8)：102-103.

109. 吕叔湘. 汉语语法分析问题[M]. 北京：商务印书馆，1979.

110. 吕叔湘. 近代汉语指示词[M]. 上海：学林出版社，1985.

111. 吕叔湘. 由"rose"和"玫瑰"引发的感想[J]. 中国翻译，1984(10)：1.

112. 马晶晶. 基于中西方文化差异谈英语翻译技巧[J]. 科教文汇，2021(1)：182-183.

113. 马绪光. "形合"、"意合"与英汉翻译的句法策略[J]. 上海师范大学学报(哲学社会科学版)，2010，39(1)：112-117.

114. 马逸清，李晓民. 丹顶鹤研究[M]. 上海：上海科技教育出版社，2002.

115. 莫莎. 英汉对比视角下夏济安《作者自序》中复数名词的翻译[J]. 宁波教育学院学报，2019，21(5)：62-65.

116. 莫言. 丰乳肥臀[M]. 北京：当代世界出版社，2003.

117. 穆雷，李雯. 翻译硕士专业学位论文写作模式的再思考——基于704篇学位论文的分析[J]. 学位与研究生教育，2019(11)：33-39.

118. 穆雷，李希希. MTI口译教育：问题与对策[J]. 外国语言与文化，2017(2)：109-119.

119. 穆雷，杨冬敏，邹兵. 翻译硕士专业学位论文评价体系探索[J]. 东方翻译，2011(6)：29-36.

120. 穆雷，邹兵，杨冬敏. 翻译硕士专业学位论文参考模板探讨[J]. 学位与研究生教育，2012(4)：24-30.

121. 穆雷. 翻译硕士专业学位：职业化教育的新起点[J]. 中国翻译，2007(4)：12-13.

122. 穆雷. 翻译硕士专业学位论文模式探讨[J]. 外语教学理论与实践，2011(1)：77-82.

123. 穆雷. 我国翻译教育的理念转变与体制建构[J]. 语言教育，2021(4)：2-9.

124. 聂珍钊. 英语诗歌形式导论[M]. 北京：中国社会科学出版社，2007.

125. 牛新生. 关于旅游景点名称翻译的文化反思——兼论旅游景点翻译的规范化研究[J]. 中国翻译，2013(3)：99-104.

126. 潘文国. 汉英语对比纲要[M]. 北京：北京语言大学出版社，1997.

127. 潘雯，裴正薇. 特色院校翻译实践报告的问题与启示——以南京农业大学为例[J]. 开封文化艺术职业学院学报，2021(9)：132-134.

128. 彭志瑛. 从《夏洛的网》析儿童文学翻译的显与隐[J]. 语文建设，2013(17)：77-78.

129. 皮亚杰. 教育科学与儿童心理学[M]. 北京：文化教育出版社，1981.

130. 齐晓燕. 英诗的美学探究[M]. 北京：中国传媒大学出版社，2008.

131. 瞿云华，冯志伟. 汉语时体的分类和语义解释[J]. 浙江大学学报(人文社会科学版)，2006(3)：169-175.

132. 钱晗颖，王蕾. 英汉前指现象对比[J]. 河北理工学院学报(社会科学版)，2005(4)：156-158.

133. 邱晓伦. 浅谈翻译实践中审校译文的具体原则[J]. 语言与翻译，2000(1)：41-43.

134. 邵惟韺. 抽象化与具体化——英汉表达方法认知对比与翻译中的范畴转换[J]. 华东理工大学学报(社会科学版)，2017(3)：102-109.

135. 邵志洪，邵惟韺. 新编英汉语研究与对比[M]. 上海：华东理工大学出版社，2013.

136. 申小龙. 中国句型文化[M]. 长春：东北师范大学出版社，1991.

137. 沈家煊. 不对称和标记论[M]. 北京：商务印书馆，2015.

138. 沈家煊. "有界"与"无界"[J]. 中国语文，1995(5)：367-380.

139. 双文庭，萧国政. 论英语介词短语动态义的理解与教学——兼谈英语名词的物性结构及其对汉译英的影响[J]. 中国大学教学，2018(8)：51-57.

140. 宋楠，李东霞. 儿童文学翻译作品童趣再现问题研究——以任溶溶译 E. B. 怀特儿童文学作品为例[J]. 语文建设，2017(23)：63-64.

141. 宋金. 项目审校实习报告[D]. 北京：北京外国语大学，2021.

142. 苏新春. 汉字文化引论[M]. 南宁：广西教育出版社，1997.

143. 孙会军. 过程导向 vs. 结果导向：汉英翻译探微[J]. 英语世界，2021，40(7)：111-116.

144. 孙坤. 话题链在英汉篇章翻译中的应用策略与模式[J]. 外语与外语教学，2013(1)：70-74.

145. 孙三军，任文. 翻译硕士学位论文模式探究[J]. 中国翻译，2019(4)：82-90，189.

146. 谭益兰. 浅谈英汉被动语态的差异对比与翻译策略[J]. 西藏科技，2019(8)：40-43.

147. 田华. 析中国儿童文学的语言特点及其发展[J]. 语文学刊，2009(15)：132-134.

148. 田雨. 翻译学学科建设的新起点——2004 年中国译坛综述[J]. 中国翻译，2005(2)：26-29.

149. 涂险兰. 论调研报告的写作[J]. 写作，2005(15)：42-44.

150. 王昶. 诗词曲名句赏析[M]. 北京：商务印书馆，2015.

151. 王飞华. 汉英语气系统对比研究[D]. 上海：华东师范大学，2005.

152. 王建国，何自然. 重过程，还是重结果？——译者的母语对英译文本的影响[J]. 上海翻译，2014(2)：7-12.

153. 王建国. 从关联理论看翻译中的隐化和显化[J]. 江西财经大学学报，2008(5)：79-83.

154. 王建国. 汉英翻译学：基础理论与实践[M]. 北京：中译出版社，2019.

155. 王建国. 译者的母语思维方式对翻译实践的影响[J]. 广译：语言，文学与文化翻译，2016(3)：1-27.

156. 王建国. 英汉翻译学：基础理论与实践[M]. 北京：中译出版社，2020.

157. 王建国，谢飞. 论汉英语用差异对翻译的影响——基于对《边城》四译本的对比分析[J]. 中国翻译，2020(3)：100-109.

158. 王建国，张虹. 论"通顺"为感官动词翻译的主导策略[J]. 外文研究，2016，4(3)：

80-88，107-108.

159. 王力. 王力文集[M]. 济南：山东教育出版社，1984.

160. 王立非. 关于标记理论[J]. 外国语，1991，47(4)：32-36.

161. 王平. 科技翻译中的逻辑活动[J]. 中国科技翻译，2010(4)：1-4.

162. 王若涵. 植物拉丁学名的解析及规范表述[J]. 中国科技翻译，2019(4)：20-23.

163. 王绍增.《园冶》书名英译之刍议[J]. 中国园林，2013(2)：38-39.

164. 王文斌，赵朝永. 汉语流水句的分类研究[J]. 当代修辞学，2017(1)：35-43.

165. 王晔茹. 顺应论视角下汉语听觉动词的英译研究[D]. 上海：华东理工大学，2018.

166. 王寅. 再论语言符号象似性——象似性的理据[J]. 外语与外语教学，2000(6)：4-7.

167. 王佐良. 翻译中的文化比较[J]. 中国翻译，1984(1)：2-6.

168. 文军，穆雷. 翻译硕十(MTI)课程设置研究[J]. 外语教学，2009(4)：92-95.

169. 文军. 论翻译课程的价值与功能[J]. 中国翻译，2004(3)：47-50.

170. 翁其乐. 联合国总部中文制版与校对股审校实习报告[D]. 广州：广东外语外贸大学，2020.

171. 吴碧宇，王建国. 汉英审美观差异及其语言表现[J]. 华东理工大学学报(社会科学版)，2017(2)：98-106.

172. 吴碧宇. 英语读写策略："四分"语篇分析法[M]. 上海：华东理工大学出版社，2023.

173. 吴碧宇. 汉语话题链构成句子的条件[M]. 上海：上海交通大学出版社，2015.

174. 吴术驰. 论翻译过程中的语意逻辑——以汉译儿童文学故事《点金术》为例[J]. 中国翻译，2019(5)：152-159.

175. 吴艳晖. 浅谈儿童文学翻译的策略[J]. 四川教育学院学报，2007(10)：53-55.

176. 原明明. 小议儿童文学翻译的忠实性——兼评《哈利·波特与死亡圣器》第一章翻译[J]. 山西师大学报(社会科学版)，2008(6)：143-145.

177. 吴伟雄. 浅谈汉语对联英译的策略与方法[J]. 上海翻译，2013(4)：16-20.

178. 袁毅. 浅论儿童文学的翻译[J]. 广东外语外贸大学学报，2006(4)：73-75.

179. 晓菲. 儿童的思维特点[J]. 医学文选，1992(5)：57.

180. 肖辉. 翻译过程中翻译主体的思维活动过程[J]. 语言与翻译(汉文)，2001(3)：34-38.

181. 肖志月. 语用顺应论视阈下汉语听觉动词的英译研究[D]. 上海：华东理工大学，2017.

182. 谢建平. 文化翻译与文化"传真"[J]. 中国翻译，2001(5)：19-22.

183. 谢旭升. 汉语动词英译的多端口处理[J]. 中国科技翻译，2002(4)：5-7.

184. 谢应光. 标记理论与英语动词的语法范畴[J]. 外国语(上海外国语大学学报), 1998 (1): 37-42.

185. 邢福义. 汉语语法学[M]. 上海: 上海教育出版社, 1998.

186. 徐彬, 郭红梅. 计算机辅助翻译环境下的质量控制[J]. 山东外语教学, 2012, 33 (5): 103-108.

187. 徐德荣, 孙明双. 论儿童文学翻译中语用显化的风格等效原则[J]. 北京第二外国语 学院学报, 2021(4): 72-84.

188. 徐德荣. 儿童文学翻译刍议[J]. 中国翻译, 2004(6): 35-38.

189. 徐德荣, 姜泽珣. 论儿童文学翻译风格再造的新思路[J]. 中国翻译, 2018, 39(1): 97-103.

190. 徐洁. 顺应论视角下视觉动词的汉英互译研究[D]. 上海: 华东理工大学, 2017.

191. 徐莉娜. 英译汉话题句取向翻译模式研究[J]. 中国翻译, 2010, 31(3): 63-69, 96.

192. 徐群. 调研报告的写作[J]. 理论学习与探索, 2007(1): 69-70.

193. 许家金, 徐秀玲. 基于可比语料库的翻译英语衔接显化研究[J]. 外语与外语教学, 2016(6): 94-102, 122, 150.

194. 许建平. 英语人称代词的翻译问题[J]. 清华大学教育研究, 2003(S1): 106-110.

195. 许钧. 翻译论(修订本)[M]. 南京: 译林出版社, 2014.

196. 许孟雄. 英语介词在汉译英中的作用[J]. 中国翻译, 1983(9): 17-20.

197. 许勉君, 邓军涛. MTI 翻译实践报告写作之新模式、新路径——《如何撰写翻译实践 报告: CEA 框架、范文及点评》述评[J]. 东方翻译, 2021(4): 94-97.

198. 许渊冲. 翻译的艺术[M]. 北京: 五洲传播出版社, 2006.

199. 严学军, 孙炜. 论中国古籍名称英译的难点及应对策略——以中华思想文化术语前四 辑文献出处为例[J]. 中国翻译, 2017(5): 96-100.

200. 杨朝军. MTI 翻译实践报告问题举要分析[J]. 安阳师范学院学报, 2014(1): 98-105.

201. 杨朝军. 产业化视域下的翻译硕士培养模式[J]. 中国翻译, 2012(1): 24-28.

202. 杨鸿勋. 江南园林论[M]. 北京: 中国建筑工业出版社, 2011.

203. 尹景书. 汉语感官动词的触发及其英译——以"看"字为例[J]. 浙江海洋学院学报(人 文科学版), 2012, 29(2): 83-88.

204. 杨蒙. 语境顺应与文化翻译[J]. 外语教学, 2006(3): 87-89.

205. 易磊, 林敬. 违背时令是健康的头号杀手[M]. 上海: 上海科学技术文献出版 社, 2009.

206. 于慧. 翻译实习报告论文模式探究[J]. 今古文创, 2022(19): 100-102.

207. 袁昌明. 英汉修辞比较与翻译[J]. 中国翻译, 1989(4)：13-16.

208. 袁学汉, 龚建毅. 苏州古典园林[M]. 南京：江苏人民出版社, 2004.

209. 张道真. 实用英语语法[M]. 北京：外语教学与研究出版社, 2002

210. 张培基. 英汉翻译教程[M]. 上海：上海外语教育出版社, 2009

211. 张承安. 中国园林艺术辞典[M]. 武汉：湖北人民出版社, 1994.

212. 张锦贻. 论儿童文学民族特点的主要体现[J]. 内蒙古社会科学（文史哲版）, 1993(2)：88-93.

213. 张军平. 英汉语法标记手段对比与翻译中原作内部意义的再现[J]. 外语学刊, 2009(6)：157-160.

214. 张黎. 汉语名词数范畴的表现方式[J]. 汉语学习, 2003(5)：28-32.

215. 张美芳. 文本类型理论及其对翻译研究的启示[J]. 中国翻译, 2009(5)：53-60.

216. 张培基. 英汉翻译教程[M]. 上海：上海外语教育出版社, 2009.

217. 张顺生. "为译文读者而译"——例说《汉英翻译学：基础理论与实践》的英汉互译策略[J]. 英语学习, 2021(10)：72-76.

218. 张万防. 奈达的文化分类及其视角下的翻译研究[J]. 新余学院学报, 2012(6)：54-56.

219. 张薇. 论计成其人与《园冶》其书——《园冶》文化论之一[J]. 中国园林, 2005(7)：45-48.

220. 张燕玲. 探析中国儿童文学的语言特点及其发展[J]. 大观, 2019(11)：248-249.

221. 张莹, 柴明颖, 姚锦清. 翻译硕士专业学位（MTI）实习模块的设计[J]. 东方翻译, 2011(5)：14-17.

222. 张毓强, 尚京华. 唐艾华中国国际传播人才培养的历史沿革[J]. 新闻教育研究, 2010(4)：9-3.

223. 赵宏, 邵志洪. 英汉第三人称代词语篇照应功能对比研究[J]. 外语教学与研究, 2002(3)：174-179.

224. 赵宏. 英汉第三人称代词对比研究[C]//汉英对比与翻译国际研讨会暨中国英汉语比较研究会全国学术研讨会, 2012.

225. 赵彦春, 黄建华. 英语感官动词模块性的语义分析——认知词典论对词库的描写[J]. 解放军外国语学院学报, 2001(4)：11-14.

226. 赵巍. MTI实践报告的问题及对策——基于133篇实践报告的调查研究[J]. 解放军外国语学院学报, 2014(3)：111-117.

227. 郑鉴枢. 楹联讲座[M]. 深圳：海天出版社, 1997.

228. 仲伟合，穆雷. 翻译专业人才培养模式探索与实践［J］. 中国外语，2008（6）：4-8，14.

229. 仲伟合. 翻译硕士专业学位教育点的建设［J］. 中国翻译，2007（4）：9-10.

230. 仲伟合. 翻译专业硕士（MIT）的设置——翻译学学科发展的新方向［J］. 中国翻译，2006（1）：32-35.

231. 周领顺. 从英语人称代词的使用看译者对风格的能动把握［J］. 中国翻译，2004（4）：33-36.

232. 周作人. 知堂序跋［M］. 北京：中国人民大学出版社，2004.

233. 朱建宁，杨云峰. 中国古典园林的现代意义［J］. 中国园林，2005（11）：1-7.

234. 朱自强. 儿童文学概论［M］. 北京：高等教育出版社，2009.

235. 庄绎传. 译海一粟：汉英翻译九百例［M］. 北京：外语教学与研究出版社，2015.

236. 邹宗德. 对联快速入门［M］. 北京：中国诗词楹联出版社，2014.